ABHANDLUNGEN ZUR KUNST-, MUSIK- UND
LITERATURWISSENSCHAFT, BAND 120

LITERARISCHE GRUPPENBILDUNG
IM BERLINER NATURALISMUS

VON KATHARINA GÜNTHER

1972

BOUVIER VERLAG HERBERT GRUNDMANN · BONN

C

ISBN 3 416 00843 X

INHALT

VORBEMERKUNG

Die theoretischen Schriften des Naturalismus erschienen zum großen Teil in Zeitschriften, die in der Regel von geringer Auflage und kurzer Lebensdauer waren. Nur selten wurden Abhandlungen wie z. B. Carl Bleibtreus „Revolution der Literatur" in Buchform veröffentlicht. Diese Quellenlage macht das Material schwer zugänglich, von dem überdies ein unbestimmt großer Teil als verloren gelten muß. Die vorhandenen Quellen sind in geringerem Umfange wissenschaftlich ediert worden als das für andere Literaturepochen der Fall ist. Das gilt besonders für den Briefwechsel. Die einzige wissenschaftliche Publikation, die eine repräsentative Auswahl aus dem theoretischen Schrifttum bietet, liegt von *Erich Ruprecht* vor: „Literarische Manifeste des Naturalismus. 1880–1892." Metzlersche Verlagsbuchhandlung Stuttgart 1962. Über Auswahlprinzip und Anordnung der Schriften gibt der Herausgeber im Vorwort Auskunft. Die beigefügten Anmerkungen und die ausführliche Einleitung bieten ein informatives Konzentrat. Vielleicht könnte bei einer Neuauflage der gegenwärtige Standort der *edierten Quellen* angegeben werden. Dies würde die wissenschaftliche Arbeit noch mehr erleichtern.

Wolfgang Liepe veröffentlichte 1932 im Namen der wissenschaftlichen Gesellschaft für Literatur und Theater in Kiel einen Faksimiledruck von Sitzungsprotokollen des Vereins „Durch" aus dem Jahre 1887. Seine kurzen interpretierenden Ausführungen sind, soweit mir bekannt wurde der einzige Forschungsbeitrag zu dieser für den Naturalismus wichtigen Gruppe.

Für den Schulgebrauch hatte *Hans Röhl* 1926 eine Reihe dichterischer und theoretischer Schriften zusammengestellt, die vorwiegend nach ästhetischen Gesichtspunkten ausgesucht worden waren. Die Auswahl der theoretischen Schriften deckt sich in einigen Abschnitten mit der Ruprechts, nur ist sie aus naheliegenden Gründen weniger ausführlich. Die Abweichungen in der Rechtschreibung gehen anscheinend auf unterschiedliche Druckvorlagen zurück. Röhl benutzte leicht zugängliche, bereits als Buch veröffentlichte Quellen, keinen einzigen Zeitschriftenartikel, selbst die Erinnerungen von Heinrich Hart waren zur Zeit Röhls schon als Buch erschienen.

Der Arbeit liegen außer den im Literaturverzeichnis angegebenen Gesammelten Werke und Einzelausgaben die für die Gruppenuntersuchung besonders wichtigen autobiographischen Schriften und einige Briefwechsel zu Grunde. Sie werden im Literaturverzeichnis gesondert zusammengestellt. Von besonderem Wert für die Arbeit erwiesen sich zahlreiche Aufsätze und kleinere Beiträge, die von den Naturalisten vor allem in den Zeitschriften: „Das Magazin für die Literatur des In- und Auslandes" (1885–90) ,den im Literaturverzeichnis aufgeführten Zeitschriften der Brüder Hart und der „Freien Bühne" (1890–94) veröffentlicht worden sind. Von der Zeitschrift „Die Gesellschaft" lagen mir nur wenige unvollständige Jahrgänge vor. Zur Ergänzung entnahm ich Aufsätze aus der Ruprechtschen Zusammenstellung. Von den zu Grunde gelegten Aufsätzen sind im Literaturverzeichnis nur die wichtigsten aufgeführt. Einige werden in den Anmerkungen noch hervorgehoben. Der Einfachheit halber erhielten die häufig zitierten Zeitschriften in den Anmerkungen eine Abkürzung. Sie werden im Literaturverzeichnis angegeben.

Die Beschaffung der Zeitschriften wurde außerordentlich erleichtert durch die Bibliographie der bekanntesten Literarischen Zeitschriften zwischen 1885–1910, die Fritz Schlawe in den Realienbüchern für Germanisten, Sammlung Metzler, herausgab. Dort werden in systematischer Übersicht Erscheinungsort und -jahr, Mitarbeiter und jetzige Standorte der Zeitschriften genannt. Ein kurzer Überblick über Tendenzwandel und Publikationsmodus der einzelnen Zeitschriften ist für die erste Orientierung sehr nützlich. Ich bin den Mitarbeitern des Schiller-National-Museums in Marbach zu großem Dank verpflichtet, deren freundliches Entgegenkommen eine Menge des verwendeten Quellenmaterials zugänglich machte. Dies gilt besonders für das bisher unveröffentlichte „Bundesbuch" des „Verein Durch" aus Marbacher Besitz, das eine wichtige Unterlage für die Untersuchung dieser Gruppe wurde.

EINLEITUNG: BEGRENZUNG UND METHODE

Die in der Literaturgeschichte als Naturalismus bezeichnete literarisch, kritische Bewegung begann in Deutschland Ende der 70er Jahre, als die Brüder Heinrich und Julius Hart — beide kaum 20 Jahre alt — aus einem noch unbestimmten Protest heraus sich mit der herrschenden Literatur auseinandersetzten und sie in einzelnen, damals anerkannten Autoren angriffen. Sie hatten ohne jegliche finanzielle Hilfe zusammen mit ein paar Freunden 1877 in Münster eine Vierteljahresschrift, die „Deutsche Dichtung",1878 in Bremen die „Deutsche Monatsblätter" und schließlich 1882 die „Kritische Waffengänge" ins Leben gerufen. Während die ersten beiden dieser aus finanziellen Gründen nur sehr kurzlebigen Organe sich vorwiegend mit Gegebenem auseinandersetzten, enthielten die Aufsätze der „Kritische Waffengänge" schon Forderungen an Gegenwart und Zukunft, die programmatischen Charakters waren (1).

Wenig später wurden die Gedanken der beiden Brüder Anlass zu Programmschriften, die eine Schar junger Literaten und Dichter in jugendlichem Idealismus der Öffentlichkeit entgegenschleuderten (2). Ihr Protest richtete sich vor allem gegen die Inhalte einer epigonenhaften Literatur, in deren Handlungsgang und Handlungsdeutung man

---

1 Die „Deutsche Dichtung", Organ für Dichtung und Kritik. Als Vierteljahresschrift herausgegeben vom „Westfälischen Verein für Literatur", Vorsitzender A. Gierse bestand von Frühjahr bis Herbst 1877 und brachte es auf 3 Hefte. „Deutsche Monatsblätter. Zentralorgan für das literarische Leben der Gegenwart" Hrsg. Brüder Hart, Bremen, bestand von April 1878 bis September 1879. „Kritische Waffengänge", Leipzig, Frühjahr 1882 bis Frühsommer 1884 in 6 Heften, unregelmäßiges Erscheinen. Schon in Heft 3 dieser Aufsatzsammlung 1882 fällen die beiden Brüder vernichtende Urteile über heute längst Unbekannte, wie Heinrich Kruse (H. 1), Paul Lindau (H. 2), Hugo Bürger, Franz von Schönthan, Albert Träger. Vergl. Fritz Schlawe, Literarische Zeitschriften 1855—1910. Sammlung Metzler, Stuttgart 1961.
2 Einen kurzen Überblick über die Ausgangsposition der Brüder Hart gibt Dieter Schickling in seiner Diss. Interpretationen zur Entwicklung und geistesgeschichtlichen Stellung des Werkes von Arno Holz. Tübingen 1965, S. 41—43

den Inbegriff zeitgenössischer Verlogenheit sah. Dabei gehen die Meinungen darüber, wer zu den Epigonen zu zählen sei, noch sehr auseinander. So sagt z. B. Heinrich Hart in seinen Erinnerungen (3), daß er für Paul Heyse, den gefeierten Modeschriftsteller jener Jahre, anfänglich begeistert gewesen sei, allerdings habe sein Werk ihm nie genügt. Im allgemeinen übten die Naturalisten jedoch schärfste Kritik an Heyse. Auch die Meinungen über Spielhagen sind geteilt. Die Harts, die ihn anfangs gelten ließen, nahmen 1884 in „Kritische Waffengänge" eine skeptische Haltung ein (4). „Die Gesellschaft", das führende Organ der Naturalisten in München, äußert sich dagegen noch 1885 positiv über Spielhagen (5). Gegen Emanuel Geibel, der als Mitglied des „Münchner Dichterkreises" von der „Gesellschaft" von Anfang an gering geschätzt wurde, wendete sich Arno Holz, der dem Dichter früher sogar einen Gedichtband gewidmet hatte (6). Aus der vergleichs-weisen Gründlichkeit der Brüder Hart in ihrer Kritik an Hintergründen und Gehalt des angeprangerten Epigonentums gegenüber z. B. Conradi und Alberti (7) lassen sich bereits erste Hinweise auf die später immer deutlicher werdenden Divergenzen innerhalb der gemeinhin als einheit-lich geltenden Bewegung gewinnen. Die Brüder Hart bemühten sich von Anfang an um ein tieferes Verständnis der Vergangenheit, die ihnen zu neuen ernsthaften Kriterien der Gegenwart verhelfen sollte. Trotzdem gipfeln ihre Forderungen zunächst in dem ebenso umbestimmten wie emotional betonten Ruf nach „mehr Tiefe, mehr Glut, mehr Größe"(8). Zu Beginn ist „die Unsicherheit des Griffes nach Werten der geistigen Vergangenheit", die Erich Ruprecht in einer Anmerkung zu einem Aufsatz der Brüder Hart hervorhebt, für alle deutschen Naturalis-ten typisch (9).

3 Heinrich Hart, Literarische Erinnerungen. Berlin 1907, S. 31
4 KW 1884, H. 6
5 Die Gesellschaft. Realistische Wochenschrift für Litteratur, Kunst und öffent-liches Leben. Hrsg. von M. G. Conrad, München 1885
6 Arno Holz, Klinginsherz. Lieder. Berlin, Arendt 1883
7 Im Vorwort der Anthologie „Moderne Dichtercharaktere", Hrsg. Wilhelm Arent, Leipzig 1885, das Herman Conradi 1884 schrieb, wird dagegen mit viel größerer Unbekümmertheit verlangt und verworfen aus deutlicher Freude an der schockierenden Wirkung seiner mit lautstarkem Pathos vorgebrachten Worte.
8 „Wozu Wogegen Wofür? " in KW 1882, H. I, S. 7 vergl. Schickling a. a. 0., S. 43
9 Erich Ruprecht, Literarische Manisfeste des Naturalismus. 1880—1892 (Hrsg.) Stuttgart 1962, S. 38, Anmerkg. zu H. u. J. Hart „Graf Schack als Dichter", KW 1883, H. 5. – dgl. S. 57 Anmerkg. zur „Einführung" der „Gesellschaft".

Im Laufe der Zeit entwickelten sich aus der häufig mit großer Emphase vorgetragenen Kritik an der unmittelbaren Vergangenheit, die der Ahnung um die Notwendigkeit einer Auseinandersetzung mit der eigenen Gegenwart entsprang, immer schärfer hervortretende Einzelthesen, die den Schriften der Naturalisten den Charakter von Programmschriften verliehen. Diese programmatischen Thesen wurden auf folgende Weise veröffentlicht:

a) als Manifest oder Aufruf. Als Beispiele seien hier genannt: Hermann Conradi und Karl Henckell: Vorworte in den „Modernen Dichtercharakteren" a. a. O. – Die Einführungssätze der ersten Nummer der „Gesellschaft" 1885 – Die 10 Thesen Eugen Wolffs im Verein „Durch" 1886 – Die Ankündigung der „Literarischen Volkshefte" im „Magazin für die Literatur des In- und Auslandes" 1887, S. 292 – Die Geleitworte zu den Anfangsnummern der ersten drei Jahrgänge der „Freien Bühne für modernes Leben" 1890/1891/1892.

b) im Rahmen wissenschaftlicher oder zeitkritischer Aufsätze, so Wilhelm Bölsche, „Die naturwissenschaftlichen Grundlagen der Poesie. Prolegomena einer realistischen Ästhetik." 1887 und „Charles Darwin und die moderne Ästhetik" in „Der Kunstwart" 1887/1888, Jg. I, H. 4, S. 125–126. – Conrad Alberti, „Idealismus und Philistertum". Magz. 1888, S. 141–143, 162–166. – Arno Holz, „Die Kunst. Ihr Wesen und ihre Gesetze." Berlin 1891 – Conrad Alberti, „Kunst und Darwinismus". Magz. 1887, I. Bd., S. 313–316, 330–333. – Hermann Conradi, „Wilhelm II und die junge Generation. Eine zeitpsychologische Betrachtung." 1889, Ges.Werke, 3. Bd. S. 309–446. – Heinrich Hart, „Am Ausgang des neunzehnten Jahrhunderts". 1890, Ges.Werke, 3. Bd., S. 159–199.

c) durch schriftstellerische Selbstinterpretation, wie zum Beispiel Hermann Conradi, Vorwort zu seinem Gedichtband „Lieder eines Sünders". 1887 und Vorwort zu seinem Roman „Phrasen" 1887 – Karl Bleibtreu, Bemerkungen zu seinem Roman „Größenwahn" im Magz. 1888, I. Bd., S. 148–151 – Arno Holz und Johannes Schlaf zu ihrem Drama „Die Familie Selicke" 1890. In „Neue Gleise". Gemeinsames. Berlin 1892.

d) zwischen den Zeilen einer Rezension, so bei Conrad Alberti, „Aufzeichnungen über die Europäische Gesellschaft." Magz. 1885, S. 711–713, – Hermann Conradi, „Die Dialektdichter der Gegenwart". 1886, Ges. Werke, 2. Bd., S. 276–279. Ders. „Das Literaturdrama". 1886. Ges. Werke, 2. Bd., S.327–335, Wilhelm Bölsche, „Ein Buch vom deutschen Roman". FB 1890, S. 777–781.

e) als Strukturmoment in Lyrik, Epik, Dramatik, beispielsweise in Lyrik: Arno Holz, „Buch der Zeit". 1886. Wilh. Arent, „Des Jahrhunderts verlorene Kinder" in „Moderne Dichtercharaktere" 1885, S. 1 – Hermann Conradi, „Pygmäen", ebd. S. 91 – Oskar Jerschke, „Aus den Elsässischen Liedern", ebd. S. 167 f – John H. Mackay, „Vaterland" und „Am Ausgang des Jahrhunderts" in: „Buch der Freiheit" 1893, S. 284/285 und S. 293 – M. G. Conrad, „Ketzerblut", ebd. S. 372 – Karl Henckell, „Moderne Barbaren", ebd. S. 407. In Epik: Hermann Conradi, „Phrasen". Roman, Leipzig 1887. ..Adam Mensch". Roman. 1889 – M. G. Conrad, „Was die Isar rauscht". Romanzyklus in drei Teilen. 1887, 1889, 1890. – Max Kretzer, „Die Betrogenen". Roman. 1882 und „Die Verkommenen". Roman 1883 – Karl Bleibtreu, „Schlechte Gesellschaft". Berliner Novellen. 1885 und „Größenwahn". Roman 1887, Conrad Alberti, „Wer ist der Stärkere? " Roman. 1887 und „Die Alten und die Jungen". Roman. 1889. In Dramatik: Gerhart Hauptmann, „Vor Sonnenaufgang". 1889. – E. v. Wolzogen, „Das Lumpengesindel". FB 1891. Alle Beispiele sind eine kleine, möglichst typische Auswahl. Aus den Überschriften ist die programmatische Tendenz der Dichtung oft schon ersichtlich.

Mitte der achtziger Jahre gewinnen die literarischen Diskussionen um Inhalt und Form einer neuen Dichtung Gewicht (10). Die Beiträge, die

10 Alle bereits auf Seite 11 unter Punkt a) genannten Manifeste. H. u. J. Hart, „Friedrich Spielhagen und der deutsche Roman der Gegenwart". KW, H. 6, 1884 – Wolfgang Kirchbach, „Was kann die Dichtung für die moderne Welt noch bedeuten? " 1888, Lit. Volksh. Nr. 6 (zit. bei Ruprecht a. a. O.) – Leo Berg, „Der Naturalismus". In: „Der Naturalismus. Zur Psychologie der modernen Kunst. 1888 München, S. 2–242 (Zit. bei Ruprecht a. a. O.) – H. Hart, „Schriftsteller und Dichter". In KR. Jb. H. I, S. 149–155, 1889. ders. „Die neue Litteratur". In: „Berl. Monatsh. 1885 – Max Kretzer, „Zur Entwicklung und Charakteristik des ‚Berliner Romans' ". Magz. 1885 – Leo Berg „Haben wir überhaupt noch eine Litteratur? " Großenhain und Leipzig, 1888

sich mit aktuellen Themen der Gesellschaft befassen, und durch Kritik und Änderungsvorschläge zu kulturpolitischen Streitfragen Stellung nehmen, erscheinen vorwiegend um die neunziger Jahre (11). Zur gleichen Zeit erscheinen die ersten selbstbetrachtenden Schriften, die in einer rückblickenden Zusammenfassung charakteristische Thesen hervorheben, werten und abwerten, und in der veränderten Sicht der Probleme schon neue Strömungen innerhalb der literarischen Bewegung erkennen lassen (12). Ein kurzer Blick auf die dichterischen Werke zeigt, daß sich in Inhalt und Ausdrucksform eine dem programmatischen Meinungsstand parallel laufende Entwicklungstendenz nachweisen läßt. Mit Ausnahme von Max Kretzer, der seinen ersten sozialkritischen Roman „Die beiden Genossen" 1880 veröffentlichte und 1882/83 mit den Romanen „Die Betrogenen" und „Die Verkommenen" ersten Ruhm innerhalb der jungen literarischen Welt errang (13), wird die erste naturalistische Gruppe durch ihre Gedichtanthologie „Moderne Dichtercharaktere" bekannt. Diese Gedichte bedeuten eine Absage an die alte Welt und schwanken, auf der Suche nach neuen Werten und Formen, zwischen Verzweiflung und Sehnsucht.

In den später erschienenen Einzelsammlungen herrschen je nach individueller Neigung entweder sozialkritische Gedichte (John H. Mackay, Karl Henckell) oder individualistische Stimmungsbilder vor (H. Conradi, W. Arent) Auch die lyrische Form fand von den anfänglich noch konventionellen Bildern, Versmaßen und Reimen zu einem eigenen

11 Karl Henckell, „Über Volksliteratur". Berl. Monatsh. 1885 — Bruno Wille, „Die Freie Volksbühne". Magz. 1890 — Arno Holz „Die dunkle Materie im Abgeordnetenhaus". FB. 1890 — Paul Ernst, „Frauenfrage und soziale Frage". FB 1890 — Otto Brahm, „Naturalismus und Sozialismus". FB 1891 — Wilhelm Bölsche, „Der Jugendunterricht und die Thatsachen der Embryologie". FB 1891 — Julius Hart, „Freie Liebe". FB 1891
12 Hermann Bahr, „die Überwindung des Naturalismus". 1891 — E. v. Wolzogen, „Humor und Naturalismus". FB 1891 — J. Hart, „Neue Romane" FB 1890 DISTANZIEREN sich vom Naturalismus, indem sie die ihrer Meinung nach wichtigsten Vorzüge und Schwächen, das Vergangene und das Bleibende hervorheben. Wilhelm Bölsche, „Hinaus über den Realismus", FB 1890 und Leo Berg, „Isten Asten und Janer". In: Moderne Blätter 1891 GEBEN DEN NATURALISMUS NICHT AUF, sondern sind bemüht, ihn von fremden Strömungen freizuhalten. Dabei bemühen auch sie sich um eine Klärung ihrer ehemaligen und jetzigen Ziele,
13 In seiner Rezension über Kretzers Roman „Drei Weiber" Magz. 1886 stellt Bleibtreu Kretzer noch über Zola. Kretzer galt in Literaturkreisen allgemein als der deutsche Zola.

Ausdruck, jedoch ist — mit Ausnahme einiger Gedichte von Arno Holz — die Lyrik der Naturalisten nicht weit über den eigenen Kreis hinaus bekannt geworden.

Die epischen Werke der Naturalisten, die im allgemeinen erst Mitte der 80er Jahre zu erscheinen begannen, sind inhaltlich bereits deutlich gegenwartsbezogen. Einige versuchen, naturalistische Theorien in den epischen Handlungsablauf umzusetzen. Da es ihnen jedoch in der Regel nicht gelingt, Theorie in dichterische Form zu bringen, haftet ihren Werken ein plakathafter Charakter an. Dies trifft vor allem für die schon erwähnten Romane Kretzers zu (14). Andere Schriftsteller ließen ihre Romanfiguren naturalistische Thesen im Dialog erörtern (15). Bei einem Vergleich solcher Romanpartien mit theoretischen Schriften zeigt sich bei den geringer Begabten, daß es ihnen nicht gelingt, sich aus den Formgesetzen der Programmschriften zu lösen. Dadurch wurden ihre Werke zu einer bloßen Verkündigungsplattform weltanschaulicher Thesen. Eine Ausnahme bilden die Novelle „Bahnwärter Thiel" von Gerhart Hauptmann und die epischen Gemeinschaftsversuche von Arno Holz und Johannes Schlaf (16).

Während die Öffentlichkeit von der neuen Lyrik und Epik fast nur wenn es zum Sittlichkeits- und Majestätsbeleidigungsprozess kam, Kenntnis nahm und Stellung bezog, erlebte das naturalistische Drama 1889 seinen ersten Erfolg mit Gerhart Hauptmanns „Vor Sonnenaufgang". Obgleich man, auf den Rat des Juristen *Paul Jonas,* der zu den Protagonisten des Naturalismus gehörte, durch die Aufführung des Dramas im geschlossenen Verein „Freie Bühne" in Berlin die preußischen Zensurbestimmungen umgehen konnte, kam es doch in dem literarisch interessierten Zuschauerkreis zu scharfen Spaltungen des Urteils. "Vor Sonnenaufgang" löste bei Konservativen einen Skandal, in den Kreisen der jungen Dichter Begeisterung aus. Durch diesen

14 Albert Soergel, „Dichtung und Dichter der Zeit". 5. unverändt. Auflg. 1911, hebt bei aller Kritik am Formalen die Verdienste Kretzers als „Stoffinder" hervor. S. 116
15 Karl Bleibtreu, „Größenwahn", 1887 — Conrad Alberti, „Wer ist der Stärkere"? 1887 — Hermann Conradi, „Adam Mensch". 1889 — J. H. Mackay, „Die Anarchisten". 1891
16 Gerhart Hauptmann, „Bahnwärter Thiel". Novellistische Studie aus dem märkischen Kiefernforst. Geschrieben 1887, erschienen 1888 in der „Gesellschaft". — Arno Holz, Johannes Schlaf, „Papa Hamlet". Gesammelte Erzählungen. Leipzig, 1889 (ersch. unter dem Pseudonym Bjarne P. Holmsen)

umstrittenen Erfolg des ersten sozialkritischen Hauptmann-Dramas, besonders aber mit dem 1892 uraufgeführten Drama „Die Weber" wurde der deutsche Naturalismus berühmt und berüchtigt. Nur noch Sudermann, der ganz außerhalb des programmatischen Naturalismus stand, machte Hauptmann beim Publikum den Rang mit seinem ebenfalls 1889 uraufgeführten Drama "Ehre" für eine Weile streitig (17). „Vor Sonnenaufgang" und „Ehre", beides dramatische Erstlingswerke, hatten das gleiche Schicksal, bald vergessen zu werden. Beide litten am naturalistischen Hauptübel: These und Gestaltung vereinten sich nicht zu einem Kunstwerk. Auch Hauptmann hat sich wie Sudermann am theoretischen Kampf des Naturalismus nicht beteiligt. Es gibt z. B. keine einzige theoretische Abhandlung von ihm in den bekannten Publikationsorganen der Naturalisten. So sind „Die Weber" — das erste Stück Hauptmanns, dessen sozialkritischer Inhalt sich nur indirekt auf die Gegenwart bezog — das einzige naturalistische Drama des von mir untersuchten Zeitraumes von bleibendem Wert (18). Es bildet den absoluten Höhepunkt und das Ende der naturalistischen Bewegung. Denn obwohl Hauptmann auch später Dramen mit stark naturalistischer Tendenz schrieb, wandte er sich zu dieser Zeit bereits dichterischen Versuchen zu, die von anderen Strömungen getragen wurden. Überhaupt läßt sich der Künstler Hauptmann zu keiner Zeit und in keiner seiner Dichtungen auf eine Kunsttheorie festlegen. Er entnahm dem Naturalismus lediglich Anregungen für sein Werk. Hierzu Hauptmann selbst in seiner Autobiographie „Das Abenteuer meiner Jugend": „Was ging das Geschwätz vom Naturalismus mich an? Aus Erde ist ja der Mensch gemacht, und es gibt keine Dichtung ebenso wenig wie eine Blüte und Frucht, sie sauge denn ihre Kraft aus der Erde."(19). Blut- und Bodenromantik, in der so mancher Impuls des

17 Gerhart Hauptmann, „Vor Sonnenaufgang". 1889. Uraufgeführt vom Verein Freie Bühne am 20. Oktober 1889 vormittags 12 Uhr im Berliner Lessingtheater. — „Die Weber". 1892 (zweite, dem Hochdeutschen angenäherte Fassung). Uraufgeführt im Verein Freie Bühne am 26. Februar 1893.
    Hermann Sudermann, „Ehre". Uraufgeführt am 17. November 1889 im Berliner Lessingtheater
18 Erich Ruprecht a. a. O. S. 9 sagt sogar: „Neben der Erzählung ‚Bahnwärter Thiel' . . . ist sein Drama ‚Die Weber' die einzige bleibende Leistung des deutschen Naturalismus."
19 Gerhart Hauptmann, „Das Abenteuer meiner Jugend" S. 440

Naturalismus schließlich versandete, wird an dieser Äußerung besonders deutlich. Auch Sudermann löst sich seit seinem Drama „Heimat" immer mehr vom naturalistischen Stil und wendet sich der neuromantischen Richtung zu (20).

Der künstlerische Wert naturalistischer Schriften leidet, wie bereits gesagt, darunter, daß es den Autoren nicht gelang, ihre Thesen hinlänglich dichterisch zu gestalten. Die Frage liegt nahe, ob die zur Erschließung der Thesen anzulegenden Kriterien auch einer sinnvollen Analyse der Kunstwerke voranhelfen könnten (21). Sollte dies der Fall sein, so ergäbe sich die hier nicht weiterverfolgte Möglichkeit, *beides*, Programme und Poesie des deutschen Naturalismus unter einen Gesichtspunkt zu bringen und möglicherweise zu bewerten (22). Die unbefriedigende Qualität naturalistischer Dichtung könnte dann nicht nur durch Mangel an Begabung der Autoren erklärt, sondern auch auf soziale Umstände zurückgeführt werden, deren ungelöste Konflikte die Naturalisten immer wieder zur Abfassung sozialkritischer Programmschriften provozierte (23).

20 Wie weit Sudermanns erste Dramen „Ehre", „Sodoms Ende" 1890 und „Heimat" 1893 naturalistisch sind, soll hier nicht geklärt werden. Die Meinungen der Zeitgenossen selbst gingen darüber sehr weit auseinander. Daß sie über Tendenzstücke nicht hinausgekommen sind, spiegelt sich vielleicht in ihrer Vergessenheit heute.

21 Den zeit- und gesellschaftskritischen Inhalt der Romane untersuchte Margot Lindemann, „Studien und Interpretation zur Prosa des deutschen Naturalismus". Phil. Diss. 1956 an Werken von Wilhelm Walloth, M. G. Conrad, Max Kretzer, Gerhart Hauptmann und Hermann Conradi. Die Arbeit kommt über Einzelinterpretationen aber nicht hinaus.

22 Ludwig Niemann „Soziologie des naturalistischen Romans". Phil. Diss. 1932 ist durch seine soziologische Behandlungsmethode der naturalistischen Romane auf wichtige Ergebnisse gekommen, die dieser Arbeit häufig als Anregung dienten. – Lotte Rausch, „Die Gestalt des Künstlers in der Dichtung des Naturalismus." Phil. Diss, 1931, weist z. B. auf die Ähnlichkeit des Künstlerkreises in Albertis Roman „Die Alten und die Jungen" mit Berliner Naturalistenkreisen hin. Im übrigen verficht die Autorin die Meinung, daß die Untersuchung der theoretischen Schriften und die der Romane, vor allem für das Künstlerselbstverständnis des Naturalismus, zu völlig verschiedenen Ergebnissen kommen würde.

23 Erich Kalisch in seiner Dissertation „Der Gegensatz der Generationen in der Streitschriftenliteratur des deutschen Naturalismus" Berlin 1947 vertritt die Meinung: „Es gelingt ihnen ((den Naturalisten)) nicht, die allgemeinen Grundsätze schlackenlos in künstlerische Gestalt umzusetzen: von der verworfenen Kunstrichtung können sie sich nicht lösen". Er meint, sobald sie angegriffen

Mehr oder weniger artikuliert sozialkritische Strömungen lassen sich über weite Partien der Dichtungsgeschichte nachweisen. Das neue am Naturalismus der zweiten Hälfte des 19. Jahrhunderts ist, daß er in Frontstellung zur offiziell genehmen Literatur seiner Zeit seine inhaltlichen Schwerpunkte auf Sozialpolitik und Naturwissenschaft verlegte. Dadurch gehört er zu den zukunftsweisenden Strömungen des 19. Jahrhunderts. Der deutsche Naturalismus schließt sich in diesen beiden wesentlichen Tendenzen an den modernen französischen, skandinavischen und russischen Realismus an. Ja, die seinen Programmen zugrunde liegenden neuen Ideen sind wesentlich nicht von deutschen, sondern zuerst von ausländischen Künstlern gedacht und gestaltet worden und haben nachträglich eine für Deutschland typische Gestalt angenommen. Diese Tatsache kann in Hinblick auf das künstlerische Selbstverständnis der deutschen Naturalisten nicht ernst genug genommen werden. Denn in dem gerade erst geeinten deutschen Reich konnte es dem Selbstbewußtsein einer aufstrebenden Künstlergeneration nicht gleichgültig sein, woher die Waffen für den Kampf gegen Konvention und erstarrte Tradition ihrer Vorfahren stammten. Gewisse nationalistische und völkische Züge im Naturalismus wurzeln wahrscheinlich in dieser zwischen Bewunderung und Selbstbehauptung schwankenden Unsicherheit.

Im ersten Teil seiner schon mehrfach zitierten Dissertation „Interpretationen und Studien zur Entwicklung und geistesgeschichtlichen Stellung des Werkes von Arno Holz" gibt Dieter Schickling eine gute Analyse der naturwissenschaftlichen Wurzeln naturalistischer Literatur-Ästhetik. Sie ermöglichte es mir, den Schwerpunkt meiner Arbeit auf die gesellschaftliche Seite der naturalistischen Bewegung zu legen. Da die ästhetisch-formalen und gesellschaftlich- inhaltlichen Theorien selbstverständlich nicht säuberlich voneinander zu lösen sind, eine Kenntnis der ästhetischen daher für die sozialpolitischen von Bedeutung sein wird, möchte ich an dieser Stelle ein kurzes Referat der Schicklingschen Untersuchungsergebnisse folgen lassen:

Die Forderung der Naturalisten, die Kunst habe Spiegel der realen Natur zu sein, setzte an zwei verschiedenen Punkten an. Der erste ergab

wurden, hätten sie sich gemeinsam gewehrt. Daher gäbe nur die theoretische Kampfliteratur ein geschlossenes Bild des Naturalismus, „das die einheitliche geistige Einstellung scharf und hell hervortreten läßt." S. 2/3

sich aus naturwissenschaftlichen Erkenntnissen des 19. Jahrhunderts wie den naturphilosphischen Gustav Theodor Fechners und vor allem dem Darwinismus. Für Verbreitung und Interpretation Darwinscher Gedanken sorgten in Deutschland vor allem Haeckel und Ludwig Büchner in der Überzeugung, daß sich „*Naturwissenschaft* und *Philosophie* zu dem großen Ganzen einer einzigen allumfassenden Wissenschaft verschmelzen lassen (24). Da alles Nicht-Sinnliche den Untersuchungsmethoden der Naturwissenschaften verschlossen bleibt, leugnete Haeckel — im Gegensatz zu Fechner, dessen Leib und Seele umschließende Philosophie dann für die 90er Jahre wichtig wurde — dessen Existenz überhaupt und beschränkte sich auf die bloße Wahrnehmung. Für ihn steht alles unter einem mächtigen Kausalgesetz, das den persönlichen Gott ersetzt. Typisch für dieses Denken ist, das es „sich anheischig macht, die *ganze* Welt zu erklären, nicht nur ein mehr oder weniger verbindliches System sachlicher Ergebnisse zu liefern (25). An die Darwinistischen Gedanken Haeckelscher Version knüpft der deutsche Naturalismus an, wenn er in seiner Ästhetik, die ‚Wahrheit‘ im Sinne naturwissenschaftlicher Richtigkeit als oberstes Prinzip fordert. Aus dem Evolutionsprozess wird ein Kausalgesetz, d. h. „Jeder anorganische und organische Zustand aus einem früheren erklärbar und nur aus diesem verständlich. Für die Dichtung, die es mit den Menschen zu tun hat, heißt das, daß alle Verhältnisse, die in einem Roman oder in einem Drama eine Rolle spielen, auf exakt angebbare medizinische, psychologische oder gesellschaftliche Ursachen zurückgeführt werden müssen (26).

Wie im Haeckelschen Monismus, so ist auch im Naturalismus eine Folge der erkenntnistheoretischen Voraussetzungen die Vergötterung der Natur, da die ‚reale Natur‘ nicht nur das einzig Erkennbare, sondern auch — infolge der Wendung dieser Erkenntnis in einen religiösen Pantheismus — das oberste Wesen ist ... (27). In diesem Sinne kann der Künstler, dem es vergönnt ist, die Größe der Natur so rein wie möglich in seiner Dichtung wiederzuspiegeln, geradezu eine priesterliche Funktion ausüben. Eine Kunst, die im Streben nach der Vollendung dem

---

24 E. Haeckel; „Generelle Morphologie der Organismen. 2. Bd. Berlin 1866. S. 108. zitiert bei Schickling a. a. O. S. 21
25 Schickling a. a. O. S. 23
26 Schickling a. a. O. S. 46
27 Schickling a. a. O. S. 51

Vorbild der vollendeten Natur folgt ,ist zwar schon Ideal früherer Künstlergenerationen gewesen, die Radikalität und die Methoden, mit denen Naturalisten jedoch dieses Ideal zu verwirklichen suchten, sind völlig neu.

Den zweiten Ansatz der naturalistischen Kunsttheorie leitet Schickling aus der Reaktion auf die Apologie des schönen Scheins in der Kunst der zweiten Hälfte des 19. Jahrhunderts ab. Die Epigonenliteratur hatte damals „nicht einmal mehr eine scheinhafte Gegenwelt zu den gesellschaftlichen Verhältnissen" errichten können, sondern die Kunst in den Dienst der etablierten Gesellschaft gestellt (28). Aus der Opposition dagegen ist — nach Schickling — die Forderung der Naturalisten nach Wirklichkeit der dargestellten ethischen Probleme erwachsen. Die Angst vor dem Formalismus des Epigonen habe sie in eine Überbetonung der ethischen Fragen getrieben, so daß vor allem in den achtziger Jahren die Diskussionen um den Inhalt der Dichtung die Forderung nach einer dem Wahrheitsprinzip adäquaten Form in den Hintergrund drängte. Diese ist dann in der Methode des sogenannten Konsequenten Naturalismus von Arno Holz entwickelt worden.

Es ist selbstverständlich, daß eine Arbeit, die vorwiegend auf ästhetische Probleme einer speziellen naturalistischen Richtung zielt, besonderes Gewicht auf die Darstellung der naturwissenschaftlichen Einflüsse legt, wenn diese für die *ästhetische Seite der* Richtung augenscheinlich maßgeblich gewesen sind. Trotzdem scheint mir der ästhetische Entwicklungsprozeß im Naturalismus nicht so unmittelbar in gerader Linie auf den Haeckel-Büchnerschen Einfluß zurück zu gehen, wie es nach den Darlegungen Schicklings im ersten, den ganzen Naturalismus einschließenden Teil seiner Arbeit, den Anschein hat. Die Lektüre Haeckelscher Schriften ist zum Beispiel nicht bei allen deutschen Naturalisten nachweisbar. Selbst das meistgelesene Werk, Büchners „Kraft und Stoff", haben vermutlich manche der naturalistischen Schriftsteller nur aus zweiter Hand gekannt. Die künstlerische Verwertbarkeit naturwissenschaftlicher Theorien lernten die deutschen Naturalisten hauptsächlich von Zola, der in Deutschland besonders über seinen begeisterten Bewunderer M. G. Conrad in den Kreisen der jungen Schriftsteller bekannt wurde. Dazu brauchten sie diese Theorien aber nur in populärwissenschaftlicher Form zu kennen. Schickling hat die

28 Schickling a. a. O. S. 59

Bedeutung der Naturwissenschaft für den deutschen Naturalismus im allgemeinen Teil seiner Arbeit hauptsächlich an Alberti und Bölsche gezeigt. Dabei bleibt unberücksichtigt, daß die Auffassung der beiden Schriftsteller über die Bedeutung der biologischen Theorien für die naturalistische Dichtung stark divergieren. Das Bild würde komplizierter, wenn man noch mehr Vertreter des deutschen Naturalismus berücksichtigte. Wie kontrovers die Bedeutung der Evolutionstheorie von den Naturalisten aufgefaßt worden ist, zeigt Alberti, der von Schickling mehrfach zitierte Kronzeuge für naturwissenschaftliches Denken im deutschen Naturalismus, mit seinem scharfen Angriff gegen den konsequenten Naturalismus Arno Holz', in dessen Theorie die naturphilosophische Richtung ihren markantesten Ausdruck gefunden hat (29).

Die Kontroversen der Naturalisten über den Wert der Naturwissenschaft im allgemeinen und der Lehren Darwins im besonderen bieten im Textbefund ein derart verwirrendes Bild, daß es methodisch gerechtfertigt scheint, zur Klärung des Sachverhaltes die Schicklingsche These vom Vorrang der Naturwissenschaft im deutschen Naturalismus auf ihre Konsequenzen zu verfolgen. Bestände die Behauptung Schicklings zu recht, daß der Sozialismus und mit ihm das ethische Engagement nur eine Mode der meisten Naturalisten gewesen sei, so bleibt schlechterdings unverständlich, warum die „ethischen" Implikationen des Darwinismus von der Mehrzahl der Naturalisten nicht nur nicht entwickelt, sondern eindeutig abgelehnt und durch eine dem Darwinismus entgegenstehende Mitleidsethik bekämpft wurden. Um dieses Störungsfeld in der Rezeption des Darwinismus durch die Mehrzahl der deutschen Naturalisten zu erklären, muß man entgegen der Schicklingschen Behauptung annehmen, daß der naturalistischen Konzeption ein weder vermittelter, noch aufgehobener Widerspruch zweier Prinzipien zugrundegelegen hat. In diese Freizone konnten deshalb die heterogensten Strömungen in den deutschen Naturalismus einmünden, die sein Erscheinungsbild in hohem Grade kompliziert haben. Es handelt sich beim Naturalismus eben nicht um *eine*, noch um eine durchdachte Theorie, wie Schickling z. B. behauptet (30). Es treten neben eine christlich gefärbte Mitleidsethik von Darwin inspirierte

29 Schickling a. a. O. S. 61
30 Schickling a. a. O. S. 55

Elitevorstellungen. Ein pathetisch vorgetragener Nationalismus und Rassevorurteile vertragen sich mit aufgeklärtem Europäertum, und dies alles oft bei einem einzigen Menschen.

Die reale Ursache dieses grundsätzlichen Widerspruches liegt wohl in den Lebensumständen der naturalistischen Schriftsteller. Sie waren gezwungen, um die primitivsten Voraussetzungen ihres Daseins zu kämpfen. Zugleich aber waren sie ständig auf das Mitleid von Verlegern oder Intendanten angewissen. Aus der eigenen Misere erklärt sich die Mitleidsetik gegenüber dem 4. Stand. Da sie das Gesetz des struggle for life jedoch nur auf Materielles beschränkten, stand es nicht im Widerspruch zu ihrem elitären Geniebewußtsein und ihrem künstlerischen und gesellschaftlichen Außenseitertum.

So wird denn eine einseitige Untersuchung künstlerischer Manifestationen ohne eine Analyse auch der sozialkritischen Manifeste dem Naturalismus nicht gerecht. Quantitativ überwiegen für die Lösungsversuche des grundsätzlichen Widerspruchs zwischen Darwinistischer Weltanschauung und sozialkritischem Engagement die Entscheidungen zu Gunsten der Mitleidsetik. Da diese nicht von Darwin abgeleitet werden kann, bleibt als Motiv für das sozialkritische Engagement nur ein gedanklich unbefriedigender, in seinen Ausdrucksformen unklarer Drang, auf dessen Herkunft und Äußerungen später noch eingegangen werden soll. Die konsequente Übertragung der Darwinschen Prinzipien mußte dagegen zu einem Ästhetizismus führen, wie ihn Arno Holz vertreten hat. Seiner fortschreitenden gedanklichen Klärung entspricht die schließliche Abkehr vom Sozialismus. Inhaltlich beim Worte genommen konnte der Ansatz bei Darwin andererseits auch zu einem anarchischen Pazifismus führen wie ihn z. B. der anfänglich dem Sozialismus und Naturalismus nahestehende John Henry Mackay vertrat.

An sich liegt es nahe, die naturalistische Sozialkritik zunächst einmal an den einschlägigen Schriften aufzuzeigen und zu untersuchen. Doch soll hier bewußt ein anderer Weg gegangen werden, der vielleicht sicherer durch das Gestrüpp der Widersprüchlichkeiten, von denen die Rede war, führt. Gerade die Sozialkritik der naturalistischen Schriftsteller ist in hohem Maße und immer wieder Gemeinschaftsarbeit, in Diskussionen entstanden, gemeinsam publiziert und gemeinsam verantwortet worden. So soll den gesellschaftlichen, sozialen und kulturkritischen Intentionen der Naturalisten durch eine Untersuchung ihrer

21

Gruppierungen nachgespürt werden, gewissermaßen das personale Substrat der Programmschriften. Dazu ist erst einmal eine Darstellung dieser Gruppen in ihrer literaturhistorischen Folge und ihrem Ineinandergreifen nötig. Gerade der Programmatik des Naturalismus kann eine ästhetische oder dichtungsgeschichtliche Betrachtung, deren Wertungen am Ende nicht ohne eine gewisse Berechtigung immer negativ sein werden, nicht voll gerecht werden. Auch die autobiographische individuelle Betrachtungsweise greift zu kurz, da sie stets auf den mehr oder weniger genialen Künstler als Schöpfer bedeutender Werke aus ist, wobei geistes- und kulturgeschichtliche Strömungen zu leicht vernachlässigt werden. So scheint uns den Leistungen des Naturalismus eine Untersuchungsmethode angemessen, die es erlaubt, die wechselseitige Abhängigkeit von Gruppen- und Programmstruktur in den Einzelheiten zu verfolgen.

I. FRÜHE GRUPPEN UM DIE BRÜDER HART

Der deutsche Naturalismus der 80er und frühen 90er Jahre entstand nicht in den Köpfen einzelner, von einander örtlich und geistig isolierter Dichter und nicht in den Werken einander unbekannter *Literaten*, sondern entwickelte sich in zahlreichen Debatten, die mündlich und schriftlich unter den jungen Schriftstellern ausgetragen wurden. Es würde schon das literarische Bild eines einzelnen Dichters verfälschen, ihn ohne seine Freund- Kritiker- und Feindbeziehungen sehen zu wollen. Das Bild einer ganzen Literaturströmung läßt sich jedoch erst recht nicht zeichnen, wenn man nicht das Ineinanderwirken, das Kreuz und Quer der einzelnen Cliquen, Grüppchen, Bünde und Kreise berücksichtigen will. Gemeinsame Interessen und Ziele und nicht zuletzt die gleichen Abneigungen führten zu Streitgesprächen, gemeinsamem Kampf, gegenseitiger Kritik. Gruppenzusammenschlüsse, in welcher Form auch immer, beruhten zunächst einmal auf gemeinsamer Verneinung von Bestehendem und Herrschendem.

Wie bei vielen Gruppierungen, auch in anderen Lebensbereichen, hatten die jungen Schriftsteller des Naturalismus mehr oder weniger genaue, mehr oder weniger fixierte Vorstellungen von dem, was sie ihrerseits positiv anders und neu gestalten wollten. Ihre Gruppierungen hatten also eine negative defensiv nach rückwärts gewandte und eine positiv offensiv nach vorwärts gewandte Funktion. Dabei trat das negativ defensive Element deutlicher und einmütiger zu Tage als das positiv gestalterische, das häufig sogar den ersten Anlaß zu Zersplitterung und Auflösung der Gruppierungen gab. Die Vermengung sozialreformerischer und künstlerischer Antriebe ist wahrscheinlich eine der Hauptursachen dafür, daß der Bewegung eine eindeutig und dauerhaft kreisbildende zentrale Persönlichkeit, die in sich beide Richtungen überein gebracht hätte, versagt geblieben ist. Die bleibende Dichterfigur Gerhart Hauptmanns hatte zwar eine große Prägekraft für das literarische Publikum, wozu man auch cum grano salis seine größeren und kleineren Mitstreiter rechnen darf. Gerhart Hauptmann hat jedoch weder tatsächlich kreisbildend noch, wie bereits erwähnt, theoretisch gewirkt.

Die Gruppierungen reichten vom engsten privaten Freundeskreis, der z. T. noch aus der Schülerzeit bestand, bis zur entferntesten, nicht einmal persönlichen Bekanntschaft, deren Medium eine der drei großen Zeitschriften waren, in denen naturalistische Ideen vorzüglich veröffentlicht wurden. Ihr öffentlicher Status reichte von locker gruppierten literarischen Zusammenkünften mit gelegentlich daraus hervorgehenden gemeinsamen Veröffentlichungen in der Presse bis zum juristisch genau festgelegten Verein. Die Kreise überschnitten sich sowohl zeitlich als auch personell zum großen Teil. Es gab eine starke Fluktuation hin und her. Es gab Absplitterungen, Neuzusammenschlüsse und neue Absplitterungen. Die Darstellung dieser Verhältnisse gewährt einen Einblick in die naturalistische Literaturströmung, wie er bislang höchstens anklangsweise bei Soergel, gründlich und aufklärend in keiner früheren Untersuchung möglich war.

In den 80er—90er Jahren waren die Hauptsammelpunkte der modernen Schriftsteller Berlin und München. Sie kamen aus allen Teilen Deutschlands dorthin, weil sie aus ihrer provinzstädterischen Enge in die weite Fülle der Großstadt wollten, denn sie glaubten, ihr Wunsch, die deutsche Literatur zu ändern, ließe sich nicht in irgendeinem weltabgeschiedenen Winkel verwirklichen. Am Ende ihres zehnjährigen Bemühens dachten die meisten von ihnen genau umgekehrt, als sie sich in das idyllische Dorf Friedrichshagen zurückzogen.

Bis zum Beginn der 80er Jahre war ihre persönliche Lebensgeschichte sehr unterschiedlich verlaufen, jedoch einte sie: eine humanistische Schulbildung, das gleiche Alter, der Wunsch zu studieren und das Ziel, Dichter zu werden. Die treibenden Motive ihrer Gruppierungen waren zunächst die Verachtung einer zur „Butzenscheibendichtung" herabgesunkenen Gegenwartsliteratur und der Protest gegen die sozialen Folgen der in Deutschland besonders hektischen und im Vergleich zu England schnelleren und expansiver erfolgten Industrialisierung. Er äußerte sich in der Empörung gegen das engmaschige Netz der Maßnahmen einer penibel durchorganisierten Verwaltung, gegen den Pharisäismus, das Protzentum. gegen den an keiner tradierten Gesellschaftsvorstellung orientierten Geist einer schnell reich gewordenen bürgerlichen Schicht. Durch diese gesellschaftliche Situation des jungen Kaiserreichs war die negative defensive Richtung idealistischer Gruppierungen gegeben und konnte nur gesellschaftskritische, lebensreformerische, auf „Natürlichkeit", „Wahrheit", „Wirklichkeit" gerichtete Akzente bekommen.

24

Später dann, am Ende des Kaiserreichs, zogen jüngere Gruppen aus dem gleichen jugendlichen Protest gegen Altgewordenes, Überlebtes, zur Phrase gewordenes genau den entgegengesetzten Schluß. Sie flüchteten — wie das Beispiel des Georgekreises zeigt — aus der sozialen Phrasendrescherei in ein „echteres" Reich des Schönen.

Die frühesten naturalistischen Gruppen bildeten sich um die Brüder Heinrich Hart (geb. 1855) und Julius Hart (geb. 1859). Was wir darüber wissen, ist im wesentlichen aus der Autobiographie Heinrich Harts zu entnehmen, woher auch Soergel offenbar seine Kenntnisse bezieht. Die Brüder kamen im September 1877 von Münster nach Berlin. In Münster hatten sie schon während ihrer Schulzeit einen Gymnasiastenkreis um sich versammelt, schwärmerische und aufrührerische Schriften verfaßt und eine nicht gedruckte illegale Schülerzeitschrift unter dem vielsagenden Namen „Herz und Geist" gegründet. Über den Inhalt dieser Zeitschrift ist nichts bekannt, da sie auf Anordnung des Klassenlehrers kurze Zeit nach ihrer Gründung vernichtet werden mußte. In naturalistischen Schriftstellerkreisen hat sich aus diesem Gymnasiastenkreis nur noch Peter Hille (geb. 1854) einen Namen gemacht. Der Leserkreis der Zeitschrift bestand aus zwanzig bis dreißig Gymnasiasten.

Hinter dem „Westfälischen Verein für Literatur", der als Herausgeber der zweiten Zeitschrift „Deutsche Dichtung" zeichnete, verbarg sich außer den Harts und dem Mitherausgeber Albert Gierse als ständiger Mitarbeiter nur noch Peter Hille. Der kleinen unbekannten Herausgebergruppe gelang es immerhin, als Mitarbeiter ihrer Zeitung damals so bekannte Autoren wie Hamerling, Sacher-Masoch, Arthur Fitzger, Julius Grosse, Joseph Kürschner und Felix Dahn zu gewinnen. Sie erhielten deren Beiträge für die Zeitschrift wahrscheinlich auf Grund schriftlicher Anfrage. Die Schar der Abonnenten „hätte kaum hingereicht, einen mäßigen Saal zu füllen", sagt Heinrich Hart später selbst (31). Durch die redaktionelle Tätigkeit wurden die Brüder ermutigt, ihre Ideen nicht nur in der provinziellen Enge Münsters zu verfolgen, sondern sich 1877 in Berlin nach einem größeren Feld literarischer Tätigkeit umzusehen. Der Aufenthalt in Berlin war zunächst sehr kurz. Ihr Bekanntenkreis umschloß jedoch immerhin von den Jungen Max Stempel (geb. 1857), Hans Herring (geb. 1845) und Oskar Linke (geb. 1854), von den Älteren Richard Voß und vor allem, als

31 Heinrich Hart, Literarische Erinnerungen. Berlin 1907, S. 33

ihren größten Eindruck, Ernst von Wildenbruch. Aus finanziellen Gründen mußten die Harts Berlin bereits im Winter 1877/78 verlassen und wieder nach Münster zurückkehren. Für die in Berlin vorbereiteten „Deutschen Monatsblätter" und für den ebenfalls dort begonnenen „Deutschen Literaturkalender" fanden sie Verleger in Bremen. Mitarbeiter der „Deutschen Monatsblätter" waren u. a. Amyntor, Avenarius, Björnson, Kirchbach, Lingg und Rodenberg, bekannte Namen, die damals eher zu den konservativen Kräften gezählt werden mussten. Die Harts waren in ihren eigenen Zielen noch nicht klar genug, um sich von ihnen abzusetzen. Den „Deutschen Literaturkalender", der Aussicht hatte, das finanziell ertragreichste der Hartschen literarischen Unternehmen zu werden, gaben die Brüder im vierten Jahr seiner Begründung an Kürschner ab. Bölsche schreibt in seinen Erinnerungen: „So gingen die Dinge wie sie konnten. Tolle Bohemien-Jahre. Das einzige wohl, was die Drangsal über die beiden vermochte, war die Erweckung eines gewissen Galgenhumors. Die Verleger, die Zeitungen, kurz die ganze Brotseite der Kunst wurden nicht ernster genommen, als der flotte Student etwa seinen Schneider nimmt" (32). Am finanziellen Gewinn aus ihren Arbeiten waren sie offenbar wenig interessiert. 1881 gingen die Brüder zum zweiten Mal nach Berlin und blieben dort, solange der Naturalismus sich hielt. Durch ihren Aufsatz „Neue Welt" in „Deutsche Monatsblätter" waren sie nun in engeren Literaturkreisen bekannt geworden. Erst im Frühjahr 1882 zogen sie mit den unter dem Sammeltitel „Kritische Waffengänge" erschienenen Aufsätzen die Aufmerksamkeit der jungen radikalen Kräfte auf sich, mit denen sie schriftlich und persönlich in Kontakt kamen. Es bildete sich rasch ein Freundeskreis um sie, der seinen Treffpunkt in ihrer Wohnung hatte. Dieser Kreis, der besonders in den Jahren 1884—1886 Bedeutung für die Entwicklung des Naturalismus bekam, ist in seiner personellen Zusammensetzung nicht mehr ganz erfaßbar. Nach dem Zeugnis Heinrich Harts verkehrten in dieser Zeit vor allem Wilhelm Arent (geb. 1864), Carl Henckell (geb.1864) und Hermann Conradi (geb. 1862) beinahe täglich bei den Brüdern. Auch Otto Erich Hartleben (geb. 1862) und Oskar Linke müssen häufige Gäste gewesen sein, und der Freund aus der Schülerzeit, Peter Hille (geb. 1854), kam gelegentlich.

32 Wilhelm Bölsche, Hinter der Weltstadt. S. 76

Alle Freunde und Bekannte der Harts heben als ganz wesentlichen Charakter die ungewöhnliche Freigiebigkeit der Brüder hervor. So berichtet Wilhelm Bölsche: „Lange Jahre, wenn man zu den Harts kam, fand man in ihrem armen Heim immer und immer die seltsamsten Gestalten. Stellenlose Schauspieler, die auf dem alten Sofa nächtigten, verkrachte Studenten, Bucklige, die sich nachts in eine alte Hose ringelten, in einem Bein geborgen und mit dem anderen zugedeckt, neu zugereiste Halbpoeten, die noch keine Wohnung hatten und auch kaum eine finden würden, litterarische Propheten, die vom Prophetentum nur die Heuschrecken und Kamelshaare besaßen. Das kam und ging, lebte hier Wochen und Monate wie zu Hause, aß, was da war, und pumpte, was bar war. Und alles aufgenommen mit der gleichen unerschöpflichen Gutmütigkeit, alles hingenommen, wie selbstverständlich, alles gefüttert und gepflegt durch Teilen des letzten eigenen Groschens. Mancher Redakteur, der in diesen Jahren gegen die Brüder wetterte wegen eines Vorschusses, der niemals abgearbeitet wurde, mancher Verleger, der ihnen grollte wegen Zahlung auf Versprechen, die nicht gehalten wurden: er ahnte nicht, daß mit seinen Groschen ein Tisch gedeckt stand für die ganzen hungernden Alräunchen und Hutzelmännchen der Berliner Kunst, und daß seine Poeten oft selber hungerten, nur um diese ganz Armseligen zu beruhigen" (33). Die Behausung der Harts, die für viele der Jüngsten so wichtig geworden war, schilderte Paul Ernst in seiner Autobiographie: „Das war ein abenteuerlich langer Raum mit einem einzigen Fenster an der Schmalseite. An der einen Langseite standen in Abständen drei hohe Spiegel mit Schränkchen davor in einer Reihe. In der Mitte zog sich ein langer Tisch von einem Ende des Zimmers bis zum anderen, auf welchem ein solcher Haufen von Büchern lag, daß schwerlich noch mehr gelegt werden konnten. Es waren alles gebundene und aufgeschnittene Bücher, welche besprochen werden sollten. Zwei kleine Stellen auf dem Tisch waren frei gehalten, wo die beiden schrieben, vor jeder stand ein Stuhl. Heinrich nahm gerade stehend sein Mittagessen von einem Teller ein, der in einer Ofenröhre stand" (34).

Bei den Harts oder in irgendwelchen kleinen Kneipen wurde tagsüber und oft bis in die tiefe Nacht hinein über alle Probleme debattiert, die

33 Wilhelm Bölsche, a. a. O. S. 77/78
34 Paul Ernst, Jünglingsjahre, S. 131

die junge Generation damals beschäftigte. Als Zeichen besonderer Genialität galten bei einigen der Hartschen Freunde Irrsinnsanwandlungen und der Nachweis eines oder mehrerer Aufenthalte in einer Nervenheilanstalt. Die Brüder selbst haben sich für diese übersteigerten Selbstvorstellungen nicht erwärmen können. Ihr Einfluß und ihre Förderung galt sachlichen Problemen. Ihre Ideen und Pläne haben den Freunden Anregungen gegeben, wie z. B. die Entwicklungsgeschichte eines der wichtigsten Dokumente des frühen Naturalismus, die Lyrik-Anthologie „Moderne Dichtercharaktere" beweist. Heinrich Hart berichtet (35), daß er und sein Bruder schon mit dem Zusammenstellen einer Lyrik-Anthologie begonnen hatten — Wildenbruch, Kirchbach, Linke, Bleibtreu hatten bereits ihre Beiträge eingeschickt — als Conradi, Henckell und Arent sich für das Projekt zu interessieren begannen. Die beiden Brüder überließen ihnen daraufhin das ganze bereits gesammelte Material. Da die neuen Herausgeber längst nicht mehr ein so enges Verhältnis zu den älteren Vertretern der modernen Literatur hatten, veränderten sie den Plan völlig, indem sie vor allem die jüngste Dichtergeneration in die Sammlung hineinnahmen und der Anthologie dadurch auch qualitativ ein anderes Gesicht gaben. Die beiden Vorworte, die 1884 von Henckell und Conradi geschrieben wurden, zeigen das künstlerische Selbstverständnis der gesamten jungen Dichtergeneration. Nach Erscheinen der Anthologie, die begreiflicherweise in konservativen Literaten- und Kritikerkreisen Mißfallen erregte, erklärten nun Bleibtreu, Kirchbach und Wildenbruch, daß sie mit der Richtung der Jüngsten, wie sie sich in der Anthologie abzeichne, nichts zu tun haben wollten (36). Die öffentliche Distanzierung führte zu einer Abkühlung der privaten Beziehungen.

Der Kreis um die Brüder Hart war ein lockerer privater Freundeskreis, kein Verein mit Statuten. Er war praktisch nur auf rein persönlicher Basis entstanden. Junge, von ihrer Berufung zum Dichter überzeugte Leute, die während ihres Aufenthaltes in Berlin oder durch die vorherige Lektüre erster Veröffentlichungen von einander gehört hatten und sich sowohl sachlich wie menschlich für einander zu interessieren begannen, hatten versucht, in persönlichen Kontakt zu treten. Sie kamen aus den verschiedensten Gegenden Deutschlands:

35 Heinrich Hart, a. a. O. S. 55
36 Heinrich Hart, a. a. O. S. 56

Aus Ostpreußen, Niedersachsen, aus dem Rheinland und aus Berlin. Ihre Väter waren Angehörige des Mittelstandes, Kaufleute, mittlere Beamte, Forstmeister. Sie hatten ihren Söhnen eine abgeschlossene höhere Schulbildung geben können und schickten sie nun, mit mehr oder weniger geringem Wechsel versehen, meist auf Wunsch der Söhne zum Universitätsstudium nach Berlin. In den meisten Fällen hatten sich die Söhne, entsprechend ihren Interessen während der Gymnasialzeit für die philosophische Fakultät entschieden, wo sie Literaturgeschichte, Geschichte, Kunstgeschichte oder Sprachen belegten. Einzelne bevorzugten aber auch ein Jura- oder Theologiestudium (37). Der einzig Vermögende dieses Kreises scheint Wilhelm Arent gewesen zu sein, der zuweilen die Brüder Hart zu Erben seines Vermögens zu machen versprach. Seine finanziellen Zuwendungen an den Freundeskreis werden jedoch nirgendwo erwähnt. Es ist nicht ausgeschlossen, daß er Hermann Conradi gelegentlich bei der Finanzierung seiner Veröffentlichungen unterstützte. Seine eigenen Veröffentlichungen finanzierte er selbst. Auch Arno Holz hatte bis 1886 — dem Todesjahr seines Vaters — ausreichende Unterstützung von Zuhause, mußte dann aber für sich selbst sorgen. Der Ärmste des Kreises war Hermann Conradi, dessen Vater, während der Sohn am Anfang seines Studiums stand, als Kaufmann Konkurs machte und sich davon nicht mehr erholen konnte. Im Grunde waren aber alle diese jungen Leute in der gleichen äußeren Lebenssituation, die eine gewisse Abhängigkeit vom Elternhaus einschloß, sonst aber ein freies, ungebundenes Leben war. Sie lebten irgendwo in einem möblierten Zimmer in Berlin West oder Nord, aßen, wenn sie das Geld dazu hatten, in irgendwelchen Gasthäusern und hatten im übrigen keinerlei Bindungen als die, die sie freiwillig mit Freunden oder Verlegern einzugehen wünschten. Ihr studentischer Status ermöglichte ihnen, sofern sie nicht von sich aus in Konflikt mit der Öffentlichkeit gerieten, ein Leben ohne Kontrolle durch amtliche Instanzen oder Personen. Als Studenten konnten sie frei über ihre Zeit verfügen, so daß sie sich zu jeder beliebigen Stunde des Tages, und wenn es ihnen gefiel, in der Nacht, zusammenfinden konnten. Sie hatten es alle schon vorher mit der Dichtung versucht, hatten auch zuweilen, durch kleine poetische Beiträge oder Re-

37 Für Details wird auf die Tabellen im Anhang verwiesen.

zensionen an irgendwelchen, meist ziemlich unbekannten Zeitungen ihr Öffentlichkeitsdebüt gegeben. Es war ihnen dabei gleichgültig gewesen, welcher weltanschaulichen oder gar politischen Richtung diese Zeitschriften angehörten und daß ihre Beiträge miserabel honoriert wurden. Die Hauptsache war, daß sie überhaupt veröffentlicht wurden. Am meisten Erfahrung im Zeitschriften- und Publikationswesen hatten bis dahin die Brüder Hart gesammelt: durch Beiträge an verschiedenen Organen und ihre eigenen Zeitschriftengründungen. Poetisch hatte Holz, der ungefähr 1884 auf die Harts gestoßen war, bisher am meisten Erfolg gehabt. Er hatte für seine 1882 erschienene Gedichtsammlung „Klinginsherz" den mit 200 Mark dotierten Augsburger Schillerpreis erhalten und galt, trotz der damals noch recht konventionellen Tonart seiner Lyrik, bei vielen seiner Generationsgenossen als hervorragend begabt.

Wegen ihrer Fähigkeit, Menschen zusammenzubringen, ihrer Öffentlichkeitskontakte und ihres wachen Interesses am Schicksal anderer nahmen die Brüder Hart von Anfang an eine, wenn auch unausgesprochene Führerstelle im Freundeskreis ein. Dies änderte jedoch nichts an der völligen Gleichberechtigung der einzelnen Gruppenmitglieder. Jeder konnte seiner z. T. höchst exzentrischen Individualität leben und sie auch während des Zusammenseins mit den anderen zum Ausdruck bringen. Jeder konnte kommen und gehen, mit wem er wollte. Die Bindung eines jeden an den Kreis war also völlig freiwillig. Sie beruhte zunächst auf der grundsätzlichen Überzeugung, daß man eine neue Literaturepoche einleiten wollte. Anfangs wurde sie auch nicht durch verschiedene Meinungen darüber, wie die neue Literatur nun auszusehen hätte, beeinträchtigt. Mehr oder weniger hatten alle eingesehen, daß ein einzelner, noch unbekannter Schriftsteller kaum gegen Dichterfürsten, Publikumsgeschmack, Presse, Kulturpolitik des Staates, gegen allgemeine Gleichgültigkeit und Geistlosigkeit eine neue, in Einzelheiten noch ungeformte literarische Theorie durchsetzen konnte. Die entscheidend neue Position des Dichters im 19. Jahrhundert gegenüber früheren Zeiten war ja, daß er seine Unabhängigkeit vom Mäzenatentum mit einem erbarmungslosen Kampf für die eigene Publizität bezahlen mußte (38). Da finanzielle Verhältnisse und mittelständische Herkunft in den seltensten Fällen ein unabhängiges Leben gestatten, hatten die Schriftsteller, auf sich allein gestellt, selbst mit ganz konventionellen

---

38 P. J. Bouman, Einführung in die Soziologie. Stuttgart 1960, S. 151

Werken große Schwierigkeiten, publik zu werden. Wilhelm Bölsche träumt darum noch 1891, als der Naturalismus schon seinen Höhepunkt überschritten hatte, von einem Schriftstellerverband," der zwei Dinge wieder besitzt, die heute hoffnungslos entschwunden sind in neunzig Fällen: Zeit und Ruhe für jedes Individuum, sich für sein Gebiet heranzubilden, zu lernen, sich auszureifen *vor* dem Gedrucktwerden; und Freiheit, nur da mitzuarbeiten, wo man sich innerlich berufen fühlt, anstatt unserer hohlen Streberei des Konkurrenzkampfes und der jammervollen Jagd nach Brot. Ein Schriftstellerstand, für den das ganze heute bestehende Zeitungs- und Verlagswesen verschwunden ist, wie ein schlechter Spuk. Ein Schriftstellerstand, der nicht erst durch die geschlossene Phalanx von Nichtschriftstellern, die aber dafür Geld-männer und seine Lohnherrn sind, zu seinem Publikum kommen kann (39)." Im Naturalismus verfügte allein Hauptmann über die von Bölsche geforderten „zwei Dinge". Er lebte bis zu seinen ersten großen Erfolgen ausschließlich vom Vermögen seiner Frau. Dadurch hatte er Zeit und Ruhe zum Schreiben.

Besonders Neuerungen, die den Unmut und die Skepsis der herr-schenden Kulturmächte erregen mußten, hatten nur im Schutze einer aktiven Gruppe Gleichgesonnener Aussicht auf Erfolg. Abfällig schreibt Arno Holz in einem Brief an Oskar Jerschke, daß „unsere Jüngsten" d. h. die „Clique" um die Harts „nur von gegenseitiger Reklame leben" (40), ein Standpunkt, den seine finanzielle Lage ihm erlaubte. Die anderen schlossen sich zusammen, um durch die Öffentlichkeitsbe-ziehungen der Gruppen, ihre Publikationsorgane und ihre finanzielle Unterstützungsmöglichkeiten die nötige Durchschlagskraft in der Öffentlichkeit zu erlangen. An der grundsätzlichen Befähigung und Berechtigung zum Publizieren zweifelte keiner der jungen Schriftsteller.

Ein zweites wichtiges Motiv für Gruppenzusammenschlüsse war die Hoffnung auf Gespräche zur Klärung des eigenen Standpunktes. Der literarische Kreis wurde sozusagen der private Ersatz für das Akademie-studium der bildenden Künstler. Die literarischen Freunde waren meistens das erste Publikum sowohl für literarische Theorien als auch für eigene Produktionen, ein Publikum, das unverhohlen und oft drastisch sein kritisches Urteil abgab und dadurch erzieherisch wirkte.

39 Wilhelm Bölsche, Von neuer Kunst (Rez.) in FB 1891, S. 433
40 A. Holz Brief an Oskar Jerschke, Sommer 1885, in A. Holz, Briefe. S. 68

Doch war es ein grundsätzlich wohlwollend eingestelltes Publikum, ganz im Gegensatz zur konservativen Presse. Die Einsicht, daß man aufeinander angewiesen war, führte zu einem echten Zusammengehörigkeitsgefühl, das zwischen einigen, so den Harts, Hille und Hartleben lange erhalten blieb. Dieses Zusammengehörigkeitsgefühl wurde noch gestärkt durch das Gefühl des Bedrohtseins von außen. Nur eine private oppositionelle Gruppe hatte in den Jahren des Soziallistengesetzes den Vorteil relativer Unangreifbarkeit. Durch die heftige Kritik, der die jungen Naturalisten ständig mehr ausgesetzt waren, wurden sie schließlich provoziert, ihre Vorstellungen zu präzisieren und sie als Kampfparolen oder konkrete Vorschläge an die Regierung in die Öffentlichkeit zu bringen. Die Tatsache, daß solche Vorschläge von einer privaten Gruppe bislang völlig unbekannter Intellektueller kamen, brachte sie in der Öffentlichkeit jedoch um jede nennenswerte Wirkung.

Da es sich beim Hartkreis um keine festgefügte, durch Regeln und durch ein genau formuliertes Ziel definierte Gruppe, sondern um einen losen, durch gemeinsames tastendes Suchen charakterisierbaren Zusammenschluß handelt, ist die Identifizierung des Einzelnen mit dem Kreis schwer zu fixieren. Jedoch reichte sie immerhin soweit, gemeinsam eine Anthologie zu veröffentlichen, die allerdings noch Autoren aufnahm, die nicht unmittelbar zum Hartkreis gehörten. Auch in den „Berliner Monatsheften", deren Herausgeber ja die Harts waren, findet man alle engeren Kreisangehörigen neben anderen Namen vertreten. Die Gruppierungsintentionen der Einzelnen, sofern sie nicht bereits genannt wurden, sind ebenfalls nur erschließbar, nicht aber genau festzulegen. Es ist augenscheinlich, daß diese für den deutschen Naturalismus so bedeutsam gewordene Startgruppe schon viele Intentionen späterer Gruppen hatte. So äußerten die Harts in dieser Zeit die ersten Ideen zur Erneuerung des Theaters, die fünf Jahre später den Initiatoren der Freien-Bühnen-Bewegung sicher nicht unbekannt waren. Die sozialpolitischen Ambitionen, die im Hartkreis besonders von Henckell vertreten wurden, sind sicher nicht ohne Wirkung auf viele in gleicher Richtung interessierte Naturalisten geblieben, die sich später in den Gruppen um Wille trafen. Bis zu einem gewissen Grad läßt sich die Identifizierung der einzelnen Gruppenmitglieder mit der Meinung ihrer literarischen Freunde aus den theoretischen Schriften dieser Zeit vermuten. Einige Thesen sollen daraufhin untersucht werden und die Gegenüberstellung einiger Charakterisierungen, die von Gruppenmitgliedern über einander abgegeben wurden, sollen einen Eindruck vom persönlichen Verhältnis zueinander geben.

Heinrich und Julius Hart fordern 1882 in den Aufsätzen ihrer Sammlung „Kritische Waffengänge" vor allem anderen immer wieder von der neuen Dichtung, daß sie „echt national" und „aus der germanischen Volksseele" erwachsen müsse. Die Dichtungen der Epigonen seien am Griechentum und der orientalischen Dichtung orientierte „schmarotzende Mittelmäßigkeit" (41). Nach der politischen Einigung des Reiches müßten „nationale Epen, nationale Dramen, nationales Theater" (42) entstehen. Die Literatur müsse auf einem „nationalen Staate basieren" (43), dessen Vollkommenheit „auf der harmonischen Ausbildung aller Kräfte" (44) beruhe. Im übrigen fordern die beiden Brüder in dieser Zeit eine Staatshilfe für Kultur, Literatur und Theater, die durch die Institution eines dafür allein zuständigen Reichsamtes, das zu entscheiden hat, wem und welchen Unternehmen die Hilfe zuteil werden soll, den kulturellen Mißständen entgegensteuern soll. Alle diese Forderungen zeigen die Unsicherheit des künstlerischen Standpunktes. Die Brüder begnügen sich nicht wie Zola mit der Wahrheit des Experimentes, sondern behaupten „der Naturalismus des Genies" müsse „poesiegetränkte Wahrheit" schaffen. Epigonendichtung ist „zweiter Aufguß der klassischen Dichtung". Ihr fehlt die „elementare, aus dem Herzen der Natur aufquellende Empfindung", das Genie, der Naturalismus „als Gegensatz zum Formalismus" (45). „Nur dann wird unsere Poesie die rechte Mitte finden zwischen erdfrischem Realismus und hoher Idealität, zwischen kosmopolitischer Humanität und selbstbewußtem Nationalismus, zwischen gedankenreicher Männlichkeit und tiefquellender Empfindung, nur dann wird sie das Höchste erreichen, nämlich aus dem vollen Born der Gegenwart schöpfend ursprüngliche, individuell gefärbte Natur zum Ideal verklären" (46). Vollender dieser Forderungen kann nur das Genie sein. Sich selbst schreiben die Brüder eher die Rolle richtungsweisender Kritiker zu, „nur das Genie aber kann die Männlichkeit wiederbringen, den Sturmgeist, der alles Kleinliche

41 H. J. Hart, Wozu, wogegen wofür? in Kritische Waffengänge 1882, HI. S. 7
42 dieselb. Offner Brief an den Fürsten Bismarck. in KW, H. 2, S. 4
43 dieselb. Offner Brief an den Fürsten Bismarck. in KW, H. 2, S. 5
44 dieselb. Offener Brief an den Fürsten Bismarck. in KW, H. 2, S. 3 dieselb. Für und
45 gegen Zola. in KW 1882, H. 2 S. 54
46 H. u. J. Hart, Für und gegen Zola. In KW, 1882, H. 2, S. 54/55

niederwirft ..." (47). „Es gibt daher nur einen Kampf, der der Mühe werth, den Kampf für das Genie, das echte Talent" (48). Ganz ähnliche Vorstellungen verkündet Hermann Conradi 1884 in seinem bekannten Vorwort: „Der Geist, der uns treibt zu singen und zu sagen, darf sich sein eigen Bett graben. Denn er ist der Geist wiedererwachter Nationalität. Er ist germanischen Wesens, das all fremden Flitters und Tandes nicht bedarf." Die bestehende Literatur habe „mit wenigen Ausnahmen nichts Großes, Hinreißendes, Imposantes, Majestätisches, nichts Göttliches, das doch zugleich die Spuren reinster, intimster Menschlichkeit an sich trüge: Sie hat nichts Titanisches, nichts Geniales." Die wahre Mission der Dichter aber sei nach Ansicht Conradis, „Hüter und Heger, Führer und Tröster, Pfadfinder und Wegeleiter, Ärzte und Priester der Menschheit zu sein." „Dazu bedarf es der schrankenlosen, unbedingten „Ausbildung" ihrer künstlerischen Individualität." Wie eng sich diese Gedanken an die der Harts anlehnen, zeigt der Vergleich mit Heinrich Harts Worten, der 1883, also einem Jahr vor Conradi, den modernen Dichter „Prophet, Denker, Charakter, Helfer, Liebekünder" (49) nannte. Auch für Conradi ist die Dichtung heilende Macht:" Ist unsere Lyrik wieder wahr, groß, starkgeistig, gewaltig geworden, dann werden die Gesunden und Kranken wieder zu ihren Quellen pilgern" (50). Und ebenfalls im Sinne der Harts schreibt Hermann Conradi noch 1886 in seinem Aufsatz „Das deutsche Nationaldrama": „Wir sind eben als Germanen Antipoden der Franzosen. Jede wahre Kunst ist national" (51).

Hermann Conradi hatte sich übrigens schon während seiner Schülerzeit in Magdeburg mit den bis dahin erschienenen Schriften der Harts vertraut gemacht. Er war der geistige Führer einer literarisch interessierten Magdeburger Schülergruppe gewesen, die sich „Bund der Lebendigen" nannte. Dem Bund gehörte u. a. Johannes Schlaf (Geb. 1862) an. Nach dem Zeugnis von Schlaf (52) lasen die „Lebendigen" auch die ersten Veröffentlichungen von Karl Henckell, von Karl Bleibtreu (geb.

47 H. u. J. Hart, Spielhagen und der deutsche Roman der Gegenwart. in KW 1884, H. 6, S. 74
48 H. Hart, Berliner Monatshefte 1885, Zum Geleit. S. 1—2.
49 H. u. J. Hart, Graf Schack als Dichter. in KW, 1883, H. 5, S. 9
50 H. Conradi, Unser Credo a. a. O. S. IV
51 ders, Das deutsche Nationaldrama, 1886 in: Ges. Werke 2. Bd. S. 18
52 Johannes Schlaf, Aus meinem Leben. S. 20

1859) und den Brüdern Hart. Die Zusammenkünfte fanden regelmäßg im Zimmer eines Restaurants statt. In seiner Conradi — Biographie erwähnt Paul Ssymank auch die Protokolle des Bundes, die dieser Arbeit aber nicht vorliegen konnten. 1884 kam Conradi aus finanziellen Gründen nicht, wie er gern wollte, nach München zum Studium, sondern nach dem seiner Heimatstadt viel näher liegenden Berlin. Dort suchte und fand er bald Aufnahme im Hartschen Kreise, denn er hatte schon vorher mit den Harts korrespondiert. Schlaf hatte sich nach seiner Schulzeit erst etwas vom „Bund der Lebendigen" distanzieren wollen und ging die ersten beiden Semester nach Halle. Erst im Herbst 1885 kam er nach Berlin, und es darf wohl angenommen werden, daß er auch regelmäßig bei den Harts verkehrte, zumal er seine alten Beziehungen zum „Bund der Lebendigen" und zu Conradi wieder aufnahm. Der Bund tagte weiterhin häufig in einer der Berliner Studentenbuden. Aus seinem Kreis gingen das „Faschingsbrevier für 1885" und das für 1886 hervor (53). 1885 schloß sich Arno Holz (geb. 1863) dem Bund an. Auch J.H.Mackay (geb. 1864) ist Gast der „Lebendigen" gewesen. Die Mitglieder sorgten auch im täglichen Leben für einander. Schlaf hatte z. B. seine Studentenbude einem „Bundesbruder" zu verdanken. Über den Bund lernten sich Schlaf und Holz näher kennen. Später erlosch ihr Interesse daran.

Auch Karl Henckell ist mit seinen Vorstellungen im Vorwort zu den „Modernen Dichtercharakteren" Anhänger der Hartschen Thesen: Kampf für eine nationale Literatur und die Rechte des Genies. „Wir, das heißt die *junge Generation* des erneuten, geeinten und großen Vaterlandes, wollen, daß die Poesie wiederum ein Heiligtum werde, zu dessen geweihter Stätte das Volk wallfahrtet, um mit tiefster Seele aus dem Born des Ewigen zu schlürfen und erquickt und erhoben zu der Erfüllung seines menschheitlichen Berufes zurückzukehren, . . . Wir wollen, mit einem Worte dahin streben, *Charaktere* zu sein. Dann werden wir auch des Lohnes nicht ermangeln, den wir ersehnen: eine Poesie, also auch eine Lyrik zu gebären, die, durchtränkt von dem Lebens-

53 „Faschingsbrevier für 1885", Hrsg. von Johannes Bohne und Hermann Conradi. Zürich 1885/1886. Ssymank hebt Seite CVI u. CXI seiner Conradi-Biographie hervor, daß Hermann Conradi seine „Hohe Kunstauffassung mit der Richtung des Naturalismus nicht vereinen konnte und statt wahren Lebens Unflätereien bot."
54 Karl Henckell, Ueber Volkslitteratur. in „Berliner Monatshefte" S. 559—571

strome der Zeit und der Nation, ein charakteristisch verkörpertes Abbild allen Leidens, Sehnens, Strebens und Kämpfens unserer Epoche darstellt, und soll sein prophetischer Gesang und ein jauchzender Morgenweckruf der siegenden und befreienden Zukunft."

Henckells Gedanken gingen schon früher in eine Richtung, die dem sich seiner Widersprüchlichkeit nicht bewußten harmoniebestrebten nationalistischen Liberalismus der Brüder Hart noch fern lag. Er verfolgte die Arbeiterbewegung bald mit sichtlichem Interesse. Allerdings ist dieses Interesse eher mit dem eines bildungsbeflissenen Schullehrers an seinen unmündigen Kindern zu vergleichen. Die Volksliteratur, d. h. die Literatur, die „in erster Linie den sogenannten produktiven Ständen, dem Industriearbeiterthum, wie dem Kleinhandwerkerthum, wie dem Kleinbauernthum" zugänglich gemacht werden soll, muß „im Dienste wahrer Geistes- und Herzenskultur" arbeiten. D. h, alle „Räuberromane", und „verlogenen Liebesromane" sind für das Volk schädlich. Typisch für die bildungsbürgerliche Erziehung der jungen Naturalisten ist die Ansicht Henckells, daß ausgerechnet der Staat Bismarcks, der Staat des Sozialistengesetzes, in dem doch die vom Hartkreis so stark befehdeten Literaturepigonen gefördert wurden, in der Lage und willens sei, eine Bildungspolitik zum Nutzen des vierten Standes zu treiben. Die Ansicht, daß man nur von Staats wegen genügend durchzugreifen brauche, um den vierten Stand in die bürgerlichen Bildungsvorstellungen einbeziehen zu können, zeigt seine völlige Ahnungslosigkeit über das, was sich gleichzeitig politisch in Deutschland abspielte. Es ist die typische, arrogante Ansicht einer bürgerlichen Intellektuellenschicht jener Zeit, die es nicht nötig zu haben glaubte, nach den eigenen Ideen und Bedürfnissen des vierten Standes zu fragen. „Zur Förderung und Ausbreitung wahrhafter Volkslitteratur verlange ich eine Constituierung eines Reichsamtes für Volkslitteratur, das vielleicht nur eine Abtheilung, allerdings eine Hauptabtheilung, des von Heinrich Hart in seinem ‚Offenen Brief an den Fürsten Bismarck' so hoch bedeutsam angeregten Reichsamtes für Litteratur, Theater, Wissenschaft und Künste zu bilden hätte. Dieses Volkslitteraturamt bestände aus einem Centralamt in der deutschen Reichshauptstadt und aus Zweigämtern in allen größeren Städten, die das umliegende Landgebiet umfaßten. Das Centralamt träte in freie geschäftliche Verbindung mit einer Reihe bedeutender und solider Verlagsbuchhandlungen zur minimal billigen Herstellung und zum minimal billigen Vertrieb ausge-

zeichneter Volksbücher und Schriften, die ihre Nahrung, sei es mittel-
oder unmittelbar, aus allen schon heute dem geistigen Durchschnitts-
maße verständlichen, bedeutenden dichterischen und wissenschaftlichen
Litteraturwerken vergangener und jetziger Zeit zu saugen hätte." „Eine
Hauptaufgabe des Centrallitteraturamtes würde ferner die Herausgabe
einer zum unvergleichlichen Ersatz der heutigen Tageszeitungen bestimmte Allgemeine Reichs- und Volkszeitung bilden" (55). Die private
Tagespresse jener Zeit schien Henckell einen so schädlichen Einfluß auf
den vierten Stand zu nehmen, daß er ihre staatliche Bekämpfung
forderte. Auf diesem Hintergrund soll dann also „mehr Tiefe, mehr
Gluth, mehr Größe" wie die Harts in ihrem Aufsatz „Wozu Wogegen
Wofür" 1882 verlangt hatten, blühen. Aber das Vertrauen Henckells auf
den Bismarckstaat ist grenzenlos: „Und Du, o Bismarck, mächtiger
Genius der That und der Kraft, der Du mit eisernen Hand eingriffest in
die Speichen der Völkergeschichte und Deinem Volke wurdest ein
Grobschmied des Reiches, das da trotzen wird durch Dich allen Wuth-
stürmen, die da stürmen mögen, zu seiner Rechten und zu seiner
Linken, zu seinen Häupten und zu seinen Füßen — der Du gewaltig bist,
aber nicht allgewaltig, denn das ist kein sterblicher Mensch auf Erden,
mögest Du selbst noch brechenden Auges es schauen, wie Deine Nation,
der Du gelegt hast in die rechte Hand das Schwert der Stärke und in die
Linke die Palme des Friedens, sich selbst, mächtigen Fußes dahin-
schreitend durch die Pforte des zwanzigsten Jahrhunderts, aufsetzen
wird die Blüthenkrone des Glückes, den Frühlingskranz heiliger Wahrheit im Vollgenusse einer allvereinenden Volkesdichtung, Volkesweisheit, Volkeskunst (56)." Von solchem Wortschwall hebt sich Arno Holz
angenehm mit seinem Gedicht in den „Modernen Dichtercharakteren
ab:

„Kein rückwerts schauender Prophet,
geblendet durch unfaßliche Idole-
modern sei der Poet,
modern vom Scheitel bis zur Sohle."

Die bisherigen Textproben zeigen die Gemeinsamkeiten der Weltanschauung: Begeisterter Stolz auf das geeinte Reich und der Wunsch, daß

55 Karl Henckell, a a. O. S. 569/570
56 Karl Henckell, a. a. O. S. 571

aus der politischen Einigung auch eine nationale Einheit werde. Jedoch verraten alle die gleiche emotional bedingte Unklarheit gegenüber der nationalen Realität. Die Vorstellung, daß germanische Tradition „quellfrischer" und damit geeigneter als Vorbild einer jungen Nation seien geht Hand in Hand mit der Mißachtung der klassischen Antike und der angeblich verbrauchten Kulturgüter der romanischen Geistesgeschichte. Dies wird dann maßgeblich für die etwas später einsetzende Bevorzugung nordischer Schriftsteller, vor allem Ibsens, die den Berliner Naturalismus vom Münchner unterscheidet. In München wurde unter dem Einfluß des begeisterten Zolaanhängers Conrad, die „Germanische Volksseele" weit weniger betont. Allerdings wurde Ibsen nicht nur als Skandinavier wichtig für die Berliner, sondern vor allem als Dramatiker für den mehr am Theater interessierten Berliner Naturalismus. Die Vorstellungen von Erdfrische und Quellfrische, die vor allem immer wieder von den Harts vorgebracht wurden, schlugen sich literarisch schon im Laufe des Naturalismus in der Heimatkunstbewegung nieder, von der sich nur wenige Naturalisten völlig frei gehalten haben. Sie beeinflußten sogar die Einstellung zum vierten Stand, in dem man Unverbrauchtheit des Geistes erhoffte, den es nur zu wecken und im Sinne der eigenen, höchst verworrenen Bildungsvorstellungen anzuregen galt. Hier liegt der Grund für die späteren Kontroversen mit der SPD über die Arbeiterbildung. Politisch führten diese Vorstellungen zu dem verhängnisvollen Trugschluß, daß es nur genügend Jugendlichkeit, Kraft, Blut und Boden brauche, um in der Geschichte neu anfangen zu können, unbeeindruckt von den kulturellen Leistungen früherer Jahrhunderte. In dem Moment dann, indem man erkannte, daß der preußische Staat stärker war als die Begeisterung einiger Intellektueller und Künstler, zog man sich in die Idylle einer ästhetisierenden Künstlerwelt zurück.

Die Verehrung jugendlicher Kraftgenialität, das zweite hervorstechende Gemeinsame der Hartgruppe, ist ein typisches Charakteristikum des beginnenden Naturalismus. Genie war in seinem dichterischen Selbstverständnis gleichzusetzen mit Leidenschaft, mit Jugend, mit Überschwang des Gefühls. Genie hatte erst einmal da zu sein, über die Leistungen würde man später reden. Genie war an sich Rebellion, gegen was man rebellierte, war erst in zweiter Linie wichtig. Genie bedeutete Verherrlichung der eigenen Individualität, Loslösung von den Konventionen, die dieser Individualität im Wege waren. Genie war anders sein als die alltägliche Umwelt, eben nicht „mittelmäßig". D. h. kurz: Am Genialen lockte das Hervorragende, das Besondere, das Außenseitertum. Daher die merkwürdig anmutende Bewunderung Bismarcks durch die jungen Naturalisten. Da man noch nicht recht wußte, was man wollte, wurde die Größe seiner Leistung gewissermaßen ästhetisch bewundert, ohne ihrem Inhalt und ihren Folgen nachzuspüren. Erst später entdeckte man dann, daß sich konkretes Rebellentum mit Bismarckverehrung schlecht vertrug, aber da hatte man sich häufig schon zu einem revisionistischen Kompromiß entschlossen. Es ging den jungen Dichtern also nicht um Genialität als Leistung, sondern als Lebensform und Statussymbol. Sie sahen ihren Zusammenschluß als Gemeinschaft von lauter Genies und gaben sich als Erkennungszeichen später sogar in einer ihrer Gruppierungen den Namen „Genie Convent". Die Genialitätsvorstellungen kamen aus der Literaturgeschichte und wurden zur Verzerrung. Der göttliche Wahnsinn in Delphi mußte als Rechtfertigung für das Protzen mit Aufenthalten in Irrenanstalten und Nervenzusammenbrüchen herhalten. Aus dem antiken Seher wurde der „allsehende, allmächtige Künstler". Die Geniespielerei hatte ihre eigene Lebensform: Ungepflegtheit oder auffällige Kleidung, lautstarkes Reden, Vorliebe für Kraftausdrücke und den Hang zum Küchenpersonal, zu Fabrikmädchen und Kellnerinnen. Das kollektive Außenseitertum dieser literarischen Jugend gab sich — wohl zum ersten Mal in der neuen Literatur- und Sozialgeschichte — sein besonderes Äußeres durch die Betonung von Häßlichkeit, Lotterei und Mief, womit die literarischen Thesen handfest in eigene Praxis umgesetzt wurden. Von einer wirklichen Bohème im Sinne des späteren Expressionismus etwa kann jedoch schon wegen der kleinbürgerlichen Bildungsschwärmerei der Naturalisten noch nicht die Rede sein.

1885, also in der Zeit als die „Modernen Dichtercharaktere" erschienen, hatte der Hartkreis regen Kontakt mit der Literatengruppe, die sich um Bleibtreu versammelte. Man traf sich kurze Zeit lang an mehreren Abenden in der Woche im Würzburger Bräu zum Bier. Am häufigsten kamen, so erzählt Heinrich Hart, außer Karl Bleibtreu (geb. 1850), Max Kretzer (geb. 1854), Hans Herrig und Oskar Fleischer, dessen Geburtsjahr nicht zu ermitteln war. Die beiden interessantesten Persönlichkeiten waren Max Kretzer und Karl Bleibtreu. Max Kretzer war 1867 mit seinen Eltern nach Berlin gekommen, 1885 hatte er schon seine drei Romane „Die beiden Genossen", „Die Betrogenen" und „Die

Verkommenen" veröffentlicht und damit ersten Ruhm unter der jungen Dichtergeneration erworben. Besonders Bleibtreu schätzte ihn über die Maßen und schrieb überschwengliche Kritiken im „Magazin der Literatur des In- und Auslandes". Bleibtreu war Redakteur einiger bedeutender Zeitungen gewesen. 1885 wurde er Mitarbeiter der Münchner Naturalistenzeitschrift „Die Gesellschaft". Er hatte bis dahin außer einiger Kriegsliteratur einen Band Berliner Novellen „Schlechte Gesellschaft" (57) herausgebracht, 1886 wurde er schlagartig berühmt und berüchtigt mit seinem Buch „Revolution der Literatur" (58), das einseitige Werturteile über die Literatur vergangener Zeiten und eine höchst subjektive Kritik an der jungen Dichtergeneration enthält. Zu Zeiten des Würzburger– Bräu-Kreises war die „Revolution der Literatur" noch nicht erschienen. Viele junge Literaten, wie z. B. Paul Ernst (59), hörten über die Bleibtreusche Revolutionsbroschüre erst von den Berliner Naturalisten. Doch wurde seine Stellung gerade durch diese Schrift im Naturalistenkreise problematisch. Eugen Wolff (60) kritisiert, Bleibtreu stelle sich mit seiner Revolutionsschrift außerhalb der naturalistischen Gruppen. Gegen Ende der achtziger Jahre wurde er Herausgeber der „Gesellschaft" und hatte mehr Kontakt mit den Münchner als mit den Berliner Naturalisten, die sich seit Erscheinen der Berliner Naturalistenzeitschrift „Freie Bühne" heftig befehdeten.

Der Kreis im Würzburger-Bräu entwickelte sich bald zu einem ausgesprochenen literarischen und persönlichen Klatschnest. Die durch gegenseitige Intrigen entstandenen Spannungen sprengten ihn daher, noch ehe er ein Jahr alt war. Die Jüngsten arrangierten schnell ähnliche Wirtshausrunden, deren Einfluß als lockere Zufallszusammenkünfte auf die literarische Meinungsbildung genauso wenig unterschätzt werden darf wie die Anregungen durch die Brüder Hart und ihren Freundeskreis. Die Wahl der Lokale wurde oft durch die Kellnerinnen bestimmt. Bleibtreu besonders trieb, während er mit seinen Freunden zusammensaß, gerne Studien zu seinen Romanen am lebendigen Objekt. Kellnerinnen waren bevorzugte Personen in den Werken der Naturalisten. An den Härten ihres Lebens rollte man die soziale Misere der Zeit auf. Ebenso schnell wie diese zufälligen Gemeinschaften sich bildeten,

57 Karl Bleibtreu, Schlechte Gesellschaft. Berliner Novellen. Berlin 1885
58 Karl Bleibtreu, Revolution der Literatur. Leipzig 1886
59 Paul Ernst, a. a. O. S. 129
60 Eugen Wolff, Zwölf Jahre im literarischen Kampf. S. 97

trennten sie sich wieder, sobald das Interesse am Lokal erloschen war oder andere Kreise in Berlin, Leipzig oder München entstanden. Wolzogen äußert sich einmal zu dem Stammtisch, der unter dem Vorsitz Friedrich Langes in einem Berliner Bierlokal nahe der Potsdamer Brücke tagte: „Es gab wohl keine bedeutsame Frage der geistigen Kultur, der Politik, der Religion, der gesellschaftlichen Ordnung, die nicht an jenem munteren Biertische angeschnitten und bis in die spätesten Nachtstunden hinein mit schönem Eifer durchleuchtet worden wäre." „Die Hauptsache blieb für uns, wie für alle solche Stammtischvereinigungen aufstrebender junger Männer, die gegenseitige geistige Befruchtung durch den Kampf der Ideen, und die fanden wir dort im reichsten Maße" (61).

Der frühe Freundeskreis um die Harts veränderte sich entscheidend, als Conradi im Mai 1886 nach Leipzig ging, wo er sich in einer Gesellschaft bewegte, die außer Otto Erich Hartleben und dem Verleger Friedrich für die Berliner Gruppen nicht interessant war. Conradi entwickelte sich während seines Leipziger Aufenthaltes zum Eigenbrödler und verlor immer mehr den Kontakt zu den früheren Freunden. Karl Henckell ging — nach einem Aufenthalt in München — im Sommer 1886 unter dem Zwang des Sozialistengesetzes nach Zürich, wohin im gleichen Jahr auch Carl Hauptmann und 1888 Gerhard Hauptmann kamen. Auch in Zürich blieb er in politisch links gerichteten Kreisen und korrespondierte viel mit den Berliner Naturalisten. Arent wendete sich der Schauspielerei zu, wurde Herausgeber der „Kyffhäuser Zeitung" und 1885 der Zeitschrift „Die Musen". Mit den naturalistischen Kreisen hatte er anscheinend nur noch wenig persönlichen Kontakt. Sein späterer Lebensweg liegt völlig im Dunkeln.

Der Kontakt mit Bleibtreu hat vor allem die Brüder Hart beeinflußt. Die Betonung des Nationalen und der Genieglaube war allen gemeinsam. Nur war Bleibtreu in allem weniger naiv. 1885 schrieb er in einer Rezension „Zur Literaturgeschichte Franz Hirsch's": „Wahrheit, Wahrheit — große Leidenschaften, abgründige Seelenkonflikte, rücksichtslose Charakteristik und vor allem jener einzig fruchtbare Idealismus heiligen Zornes über die Verlogenheit der konventionellen Kulturbarbaren, dies sind die großen Gesetze der Zukunftspoesie" (62). Der Einfluß von

61 Ernst von Wolzogen, Wie ich mich ums Leben brachte. S. 68
62 Magz 1885 S. 781—785

Bleibtreus wortstarker Persönlichkeit läßt sich im Schrifttum besonders bei den Harts nachweisen. 1885 veröffentlichte Bleibtreu einen Aufsatz in der soeben entstandenen Münchner Naturalistenzeitschrift „Die Gesellschaft" mit den Themen „Das Preussentum und die Poesie". Darin spricht er sich entschieden gegen den Hartschen Plan einer staatlichen Unterstützung für die Literatur aus. Diese Ablehnung der Subvention durch den Staat ist auch eine Kritik an Bismarcks Haltung zu allen kulturellen Fragen. „Staatssubvention und was weiß ich und Interesse für Literatur erbetteln wir von Bismarck und seinen Preußen nicht." ..Der Reichskanzler nennt Gelehrte und Schriftsteller national-ökonomisch ‚unproduktiv'. Vielleicht hat das ideal produktive Wirken der deutschen Dichter es ihm allein ermöglicht, die so lang vorbereitete Einigung Deutschlands an seinen Namen zu knüpfen. Im Bewußtsein solcher produktiven Würde als deutscher Schriftsteller klag ich — Bismarcianer und geborener Berliner — das Preußentum ‚vor Gott und der Geschichte' an" (63). Bleibtreu beweist mit diesen Worten eine wesentlich realistischere Einschätzung der kulturpolitischen Lage Deutschlands. Daß der 1885 von Heinrich Hart verfaßte Aufsatz: Fürst Bismarck und sein Verhältnis zur deutschen Literatur" (64) viel weniger zuversichtlich klingt als sein „Offener Brief an den Fürsten Bismarck" von 1882 geht wahrscheinlich auf Bleibtreus Einfluß zurück. Im späteren Aufsatz heißt es bei Hart: „Den Schlüssel zu der mate-riellen Anschauung, die unser Zeitalter beherrscht, finde ich wie-derum in Aussprüchen des Fürsten Bismarck. Zu wiederholten Malen spricht er in seinen Reden von den unproduktiven Ständen, die Gehälter und Honorare beziehen, und die Schwankungen des Getreide-preises sich wenig zur Sorge gereichen lassen. Da liegt der schwarze Punkt, der Dichter ist wirtschaftlich unproduktiv, er muß daher zufrieden sein, wenn ihn der Staat als unnützen Brotesser überhaupt duldet." Und einige Seiten weiter „Staatshilfe verlangt die Literatur nicht, wohl aber bedarf sie der Staatsgerechtigkeit. Ihre Entwicklung

---

63 Karl Bleibtreu, Das Preussentum und die Poesie. In: „Die Gesellschaft". Jg. I, 1885, H. I, S. 18
64 H. Hart, Fürst Bismarck und sein Verhältnis zur deutschen Literatur. 1885. Ges. Werke Bd. III S. 261, S. 265.

verlangsamt, wenn ihr die Achtung und Teilnahme des Staates und seiner Leiter in solchem Maße wie heute versagt bleibt."

In einer Hinsicht geht Bleibtreu von vornherein etwas andere Wege als die Brüder Hart: Wie die Münchner verehrt er Zola und ist kein Germanenbewunderer wie die Harts. Dies geht ebenfalls aus der Rezension von Franz Hirsch's Literaturgeschichte hervor: „Auf den ‚Herzschlag des Volkstums‘ kommt es überhaupt wenig an, sondern auf den Herzschlag der Zeit — durchpulst dieser die moderne Dichtung, so wird sie eine gewaltige Größe entfalten, wie Zolas ‚Germinal‘, während das reichstreue ‚urgermanische‘ Professorengeträtsch jeden Verständigen kühl läßt. Es schlummern Stoffe für eine große befreiende Dichtung in unserer Zeit, die eine kühne Hand wohl heben mag, aber es muß eine stählerne Hand sein" (65).

Temperaments- und Meinungsverschiendenheiten lassen das freundschaftliche Verhältnis zwischen Bleibtreu und den engeren Freunden der Harts nicht lange andauern. Noch 1885 äußert sich Bleibtreu positiv, wenn auch nicht ausführlich über die soeben erschienenen „Modernen Dichtercharaktere": „Wer uns *Neues* bringt, der soll auch als Lyriker den Vorrang beanspruchen, selbst wenn er gegen die Gesetze der reinen Lyrik hier und da verstößt. Darum ist auch die lyrische Revolution, die soeben durch die oben angeführten Anthologien des jungen Deutschland eingeleitet ist, von entscheidender Wichtigkeit. Sie will dem abgedroschenen nachgepfiffenen Singsang der alten Lyrik, die von den Brosamen Goethes, Heines und Scheffels lebte, ein für allemal den Garaus machen. *Schmerz* und *Leidenschaft* — diese einzigen und ersten Bedingungen wahrer unmittelbarer Poesie sollen wieder souverän in ihrer Rechte treten" (66). Aber bereits 1886 schlägt Bleibtreu ganz andere Töne der Kritik über die „Modernen Dichtercharaktere" an. Die unverfrorene, oft selbstgerechte und ungerechte, aber häufig auch sehr treffende Beurteilung seiner literarischen Generationsgenossen führte zur Abkühlung zwischen Bleibtreu und vielen Berliner Naturalisten. In den Einzelkritiken verfährt er anfangs noch sehr freundlich. Seine

65 Karl Bleibtreu, Magz. 1885, S. 781—785.
66 Karl Bleibtreu, „Andere Zeiten, andere Lieder!", in „Die Gesellschaft".
    Jg. I, 1885, H. 47

positiven Bewertungen und seine negative Kritik an Einzelnen haben sich als unrichtig erwiesen. Die Beurteilung der frühnaturalistischen Bewegung insgesamt ist dagegen viel treffender. Da seine Kritik später immer schärfer wurde, ist es nicht verwunderlich, daß er nie ganz zu einer der bekannten Berliner Naturalistengruppen gehörte (67). Seine Beurteilung der Hartschen Beiträge in den „Modernen Dichtercharakteren" fällt dabei noch relativ günstig aus: „Schwungvoll und nervig sind z. B. die rhapsodischen Verse der Gebrüder Hart, weil bei Julius Hart, einem dramatisch bewegten farbenglühenden Coloristen, die Leidenschaft, bei Heinrich Hart der ideale Gedanke naturgemäß zu machtvollem Pathos drängt." „Wilhelm Arent besitzt vollends eine Gluth tiefbohrender nervöser Empfindungen, die schwerathmend nach prägnanten Zeichen für die intimen Regungen des Unbewußten sucht, welche an Novalis erinnert und jene *innere* Musik verströmen läßt, von der Shakespeare so tiefsinnig spricht. Zwischen den Harts und Arent, welche sich als Vollblutdichter documentieren, und den übrigen Stürmern öffnet sich eine gewisse Kluft. Der Bedeutenste unter diesem eigentlichen Jungen Deutschland ist Hermann Conradi." „Als blosse Lyriker sind hingegen zwei Poeten zu nennen, von welchen der Eine, Arno Holz, theilweise ein Aufsehen erregt hat, das durchaus über das Maß des Berechtigten hinausgeht." „Dass aber Arno Holz unablässig über die Leiden des vierten Standes, des sogenannten ‚Volkes' jammert, auf die Reaction schimpft und dem freiheitsdurstigen Züricher Verlagsmagazin seine lyrischen Tagebücher grosspurig als ‚Buch der Zeit' im Mantel eines Herwegh überreicht, — das lässt mich ganz kalt." „Wir wollen hoffen, dass der hochbegabte Holz sich zu *schöpferischen* Arbeiten ermannen wird: So wie sie ist, gleicht seine Poesie einer unproduktiven Schimpfkritik auf das Bestehende. Von gesunderem Kaliber erachte ich Henckell, welcher nach Arent die zweite Stelle als Lyriker im Jungen Deutschland beanspruchen darf und dessen Hymnen echte Sehnsucht nach dem Ideal durchzittert" (68). „Der Typus dieser ganzen jüngsten

---

67 Eine sehr negative Rezension H. Harts von Bleibtreus „Der Kampf um das Dasein der Literatur", KJB. S. 139 von 1889 verdeutlicht die Entwicklung der Bleibtreu-Hartschen Beziehungen. Auch Bleibtreus Roman „Größenwahn" hatte sich gegen den Hartkreis gerichtet.
68 Karl Bleibtreu, Revol. d. Lit., S. 60—62

Dichtergeneration ist der Grössenwahn, Grössenwahn (69) mit allen seinen widerlichen Auswüchsen des Neides und der Anfeindung jeder anderen Bedeutung. In dieser Boheme tauchen alle Monate neue Genies auf, von denen man keine Ahnung hatte und bilden neue Cliquen, die wieder auf frühere Cliquen losziehen. Kaum ist der Eine als Jesus (70) erbarmend in die Hütten der Armuth niedergestiegen, kaum hat Arno Holz über seinem gottgeweihten Haupte messianisch das Banner der Zukunft wallen gefühlt und sich als Wunder aller Wunder, als sein eigener Dalai Lama, dem Universum gnädigst vorgestellt — so sind schon wieder neue Messiasse, Reformatoren, Naturwunder und andere Hölzer da." „Und darum thut es eben Noth, dass ein getreuer Ekkard sie also anredet: Ihr Lieben, Talente seid ihr ja alle. Aber ihr werdet allen Krämpfen der Ohnmacht verfallen, wenn ihr eure lyrische Virtuosität gleich für Genialität ausgeben möchtet. Das Genie gebärdet sich überhaupt ganz anders. Das kommt nie gestiefelt und gespornt auf die Welt wie ihr, die ihr halb Kinder, halb Greise seid — von gährender Unreife der Weltanschauung und speziell der literarischen Auffassung, und dabei von greisenhafter Ueberreife der technischen Formausbildung. Es ist meist Rhetorik und damit gut. Selbst die Lyrik, der ihr euch so einseitig geweiht habt, betreibt ihr einseitig. Nirgends im ganzen Jungen Deutschland ein Zug zum Historischen, auch nicht zum Historischen der Gegenwart" (71).

Daß Bleibtreus Kritiken an den Mitgliedern des Hartkreises — so treffend sie im einzelnen sind — mehr von persönlicher als von durchdachter Literaturbeurteilung bestimmt waren, zeigt seine völlige Überschätzung Kretzers, der an der Bleibtreuschen Runde im Würzburger Bräu teilgenommen hatte.

Heinrich Hart schreibt über Bleibtreus „Revolution der Literatur" später in seinen Erinnerungen: „Kurz und gut, die Broschüre ist ein beredtes Zeugnis dafür, daß Bleibtreu alles andere eher als ein Prophet war. Eine starke Wirkung aber übte sie aus, vielleicht weniger durch den wirren Inhalt als durch den Titel. Revolution, das war so recht das Wort

69 Die besondere Betonung des Wortes „Größenwahn" ist wahrscheinlich eine Anspielung auf seinen Roman dieses Titels.
70 Das ist wahrscheinlich eine Anspielung auf Conradi, der, nach Symank, sein Genie mit der Gestalt Jesu von Nazareth verglich. Ges. Werke S. CLVII
71 Karl Bleibtreu, Rev. d. Lit. S. 68

für unsere Jüngsten" (72). Und die Persönlichkeit Bleibtreus charakterisiert er: „Wenn jähe Empfindlichkeit eine Wesens-Eigenschaft des Genies ist, so war er schon deshalb eins. Es war eine Kunst, mit ihm umzugehen, denn die kleinste Kritik verletzte ihn aufs tiefste. Diese Empfindlichkeit war denn auch der Anlaß, daß unsere Wege sich trennten." „Er hat später mit wahrer Leidenschaft, wo er nur konnte gegen uns gewütet und gestichelt (73)."

Schon 1885 hatte Holz, der von Bleibtreu 1886 in seiner Broschüre am meisten angegriffen wird, seinerseits folgende Einstellung geäußert: „Ein Mensch, der mir anfangs durch seine Grobheit, die ich heute allerdings für eine schlau berechnete halte, einigermaßen imponiert hat. Seine delphischen Aussprüche wirken auf mich wie Brechpulver. Trotzdem er, wie auch überhaupt alle andern, was ich eigens betone, die ‚Liebenswürdigkeit‘ selbst ist und mich nicht nur an der Kneiptafel, sondern auch in Journalen auf alle mögliche und unmögliche Weise lobhudelt (die ‚Gegenseitigkeit‘ wird er bei mir nicht erreichen), bin ich auch mit ihm im Stillen bereits fertig und werde mich für den Winter und später ebenso gut wie von andern fern halten. Die Gesellen sind mir wahrhaftig alle zu hohl. Man läuft ja Gefahr, vollends in ihrer Gesellschaft zu verflachen." Die in dieser Arbeit schon zitierte Studie „Neue Lyrik" von Bleibtreu nennt Holz „Mist" (74). Conradi dagegen äußert sich 1885 noch positiv über Bleibtreu: „Er ist einer der ersten und glänzensten unter den Vorkämpfern in einer neuen literarischen Blütezeit! Für Vorkämpfer halte ich weiter in erster Linie Heinrich und Julius Hart . . . (75)."

O. E. Hartleben jedoch reagiert auf Bleibtreu mit drastischen Versen, als der den Hartkreis persiflierende Roman „Größenwahn" herausgekommen war. 1888 schreibt er in sein Tagebuch: (76)

72 H. Hart, Literarische E. S. 61
73 ders. Literarische E. S. 58 u. 59
74 Brief an Oskar Jerschke, Sommer 1885, in A. Holz Briefe, S. 66
75 Hermann Conradi, Daniel Leßmann. 1885. Ges. Werke Bd. II, S. 177
76 O. E. Hartleben, Tagebuch. 1906, S. 67

Carlchen Bleibfutsch.

Der ‚pathologische' Roman.
Vom ‚Größenwahn', der überall sich zeige,
sprichst Du — in deinem Buche viel.
O schweige!
Denn alles das erreicht noch lange nicht
den Größenwahn, der — aus dem Buche spricht.

Die negative Haltung zum Hartkreis, die Holz in seinem Brief an Oskar Jerschke äußert, spiegelt sich in den Charakteristiken der anderen von ihm wieder. Holz hatte über die Harts geschrieben: „Da sind zuerst die Harts, die sogen. ‚Führer der jungen Bewegung', von deren Monatsblättern Du so viel hälst, die aber spätestens in einem Jahr den Weg alles Irdischen gehn werden! Beides ein paar, wie man sich gesellschaftlich-euphemistisch auszudrücken pflegt, liebenswürdige alias aalglatte Kerle, deren Wohlwollen ich um alles in der Welt nicht ausgeliefert sein möchte." „Also beides sind aufgeblasene, selbstgefällige Egoisten, die neben sich allenfalls (!) noch Goethe gelten lassen, und ‚machen gegen die andern in ‚Mäzenatentum' (77)." Julius Hart sagt umgekehrt über Holz: „Unter uns schritt Holz erhobensten Hauptes dahin, von Selbstbewußtsein durchdrungen, darin auch sogar Karl Bleibtreu noch überlegen. Ein kühles, satirisch-ironisches, überlegenes Lächeln, welches seine Lippen zumeist umspielte, machte uns allen, wenn wir mit ihm sprachen, klar, wie wenig man ihm gegenüber in der Welt bedeutete." „In allem meinem künstlerischen Denken und Fühlen stehe ich gegensätzlich dem Arno Holzschen gegenüber, und von allen Zeitgenossen und Mitkämpfern blieb mir keiner so fremd wie er, wie seine Kunst und seine kunsttheoretische Welt (78)."

Und Heinrich Hart äußert: „Er (A. Holz) ist der einzige von den Jüngeren, zu dem ich kein rechtes Verhältnis bekommen konnte. Trotz seiner Jugend trug er ein derartiges Selbstbewußtsein zur Schau, soviel kühle Ironie, daß es nicht leicht war, ihn zu ertragen" (79) Nur Conradi wird von Holz einigermaßen positiv beurteilt:„Dieser ist als Mensch,

---

77 Oskar Jerschke war übrigens Mitautor der „Modernen Dichtercharaktere" gewesen.
78 Julius Hart, in Velhg. u. Clasg. 33. Jg. Bd. 2, S. 95
79 Heinrich Hart, a. a. O. S. 60

wenn auch furchtbar verschroben, abstoßend, eckig, griesgrämig, größenwahnwitzig, übelnehmerisch, humorlos und unverdaulich, so doch wenigstens durchaus achtbar und ehrlich! Von Conradi als Poet halte ich nach hundertfachen Erwägungen gar nichts. Aber er ist ein großes feuilletonistisches Talent. Darin muß ich Bleibtreu recht geben. Als Dichter mangelt ihm vor allem jedes Formgefühl, das übrigens keiner, in geringem Maße höchstens hier und da Henckell, besitzt" (80). Henckel wird überhaupt als einziger von allen positiv beurteilt. Conradi schreibt: „Henckell hat so gar nichts Manieriertes, mühsam Ausgetüfteltes, so gar nichts Gemachtes und Erlogenes. Bei ihm ist alles, was er singt und sagt, wahr und ohne Geste und Pose. Nur die Gesetzestafeln des Herzens sind ihm Richtschnur. Das ist für einen echten und rechten Poeten wohl auch die Hauptsache" (81). Heinrich Hart sagt von ihm: „Ein Niederdeutscher von bester Art, kernig gesund, aber auch niederdeutsch in seiner Weichheit und Verträumtheit. Er war der Schweiger unter den Jüngsten, er konnte stundenlang zwischen uns sitzen, ohne ein einziges Wort zu reden. Seine Verse waren schlicht in der Form, aber voll quellender jugendlicher Frische. Er hatte nichts von den umstürzlerischen Neigungen der anderen, nichts von ihren Perversitäten, ihrer krankhaften Überreizung. Er war gut national gesinnt, als er zu uns kam" (82). Die Großstadt mit ihrem Elend hat ihn schnell zum Sozialisten gemacht. Diese Weltanschauung behielt Henckell bei und bestärkte sich in ihr bei den Sozialisten in Zürich.

Unsere Auswahl von Aussprüchen läßt vermuten, daß die Sonderstellung von Holz und Bleibtreu und des letzteren Fernbleiben von späteren naturalistischen Zusammenschlüssen auf persönliche Einstellung zu ihren literarischen Generationsgenossen zurückgehen. Holz hat den Trennungsstrich allerdings nie völlig gezogen, hat an den sozialistischen Bestrebungen Ende der achtziger Jahre jedoch nicht mehr teilgenommen. Holz sowohl wie Bleibtreu hatten ein stark ausgeprägtes Individualitätsgefühl, das sie immer wieder in Gegensatz zu den anderen brachte und die Anpassung an noch so lose Gruppengegebenheiten erschwerte. Das gleiche galt für Conradi, der sich sogar räumlich absetzte. Er trieb die Selbstüberschätzung so weit, daß er sich zuletzt

80 Arno Holz, a. a. O. S. 69
81 Hermann Conradi, Quartett. Rez. in Deutsche Akademische Zeitschr.
    Ges.Werke S. 283
82 Heinrich Hart, a. a. O. S. 53

mit fast allen ehemals Gleichgesonnenen überwarf. In seiner frühen Leipziger Zeit war er allerdings sehr mit Hartleben befreundet, der durch ihn zum Verleger Friedrich Kontakt bekam. Beide schufen in Leipzig für kurze Zeit einen ähnlichen literarisch interessierten Kreis, wie sie ihn aus den Berliner Jahren gewohnt waren, allerdings handelte es sich dabei kaum noch um naturalistische Schriftsteller. Peter Hilles Sonderlichkeit haben offenbar alle von vornherein anerkannt. Über ihn gibt es außer den Erinnerungen (83) von Heinrich Hart keine Äußerungen der Freunde aus der frühen Zeit. Er eignete sich wohl kaum zum Mitstreiter, schon wegen des Vagabundenlebens, das er führte und das ihn nur gelegentlich mit den anderen in Berlin zusammentreffen ließ.

Die Harts übertrugen ihr Harmoniestreben aus der Literatur auch auf ihre menschlichen Kontakte. Sie hatten kaum individualistische Neigungen, sondern waren auch in den späteren Jahren immer zu Gruppierungen, gleich unter welchem Motto, bereit. Da ihre schöpferischen Kräfte mit ihren theoretischen Vorstellungen nicht Schritt halten konnten, sahen sie geradezu ihre Aufgabe in der Förderung der Pläne von Gesinnungsgenossen, im Knüpfen von Beziehungen, im Organisieren und in journalistischer Tätigkeit. Daher umgab sie so ein wenig die Atmosphäre von Mäzenen. Sie wirkten viel positiver als Holz es in seiner ungerechten Kritik wahr haben will. Sie haben ihre Beziehungen jederzeit für jeden halbwegs begabten jungen Dichter spielen lassen und immer mit Geld und Unterkunft ausgeholfen. Sie haben die Reklametrommel für andere gerührt, mit ihren zahlreichen Rezensionen, und mit Wort und Tat die Pläne anderer verwirklichen helfen. Ihre Genialitätsvorstellungen galten immer weniger ihnen selbst, sondern, Mitkämpfern, und sie litten nicht an Bleibtreus „Größenwahn". Andererseits waren sie diejenigen, die in erster Linie für die Verbürgerlichungstendenzen des Naturalismus verantwortlich sind. Über die Anfangsthesen zur Beurteilung ihrer Zeit kamen sie nicht entscheidend hinaus und hatten kaum etwas von dem künstlerischen Schwung, den sie vom „wahren Poeten" verlangten. Nicht zuletzt durch sie blieb der Naturalismus in Mittelmäßigkeit stecken. Vielleicht kann man aber sagen, daß gerade die Mittelmäßigkeit der Brüder Hart ihre Anziehungskraft und die ihrer vielen Gruppen und Grüppchen war, — eine Anziehungskraft, die eben nur wiederum auf Mittelmäßige wirkte. Ein großes Talent wie Arno Holz konnte der Gruppen entbehren.

83 Heinrich Hart, Peter Hille. Berlin 1906

II. DER „VEREIN DURCH"

Die Anregung zur Gründung des Verein ‚Durch' ging von dem Schriftsteller Leo Berg und dem Arzt Dr. Konrad Küster aus, die bis dahin an der von Küster gegründeten „Akademischen" Zeitschrift gearbeitet hatten. Sie war ursprünglich das Organ der ebenfalls von Küster zusammengerufenen „Akademischen Vereinigung", einer Gruppe von älteren Gelehrten und jungen Studenten, die sich nebenher mit Schriftstellerei beschäftigten. Leo Berg (geb. 1862) machte aus dem Literaturteil der Zeitung bald eine Plattform für junge moderne Literaten, darunter war z. B. auch Hermann Conradi. Hermann Conradi gehörte dem Kreis junger Naturalisten an, der sich Anfang bis Mitte der 80er Jahre um die beiden Brüder Heinrich und Julius Hart versammelte. Aus dem Bedürfnis nach einer ganz neuen deutschen Literatur entstand schließlich der Plan, einen Zusammenschluß von jungen Schriftstellern zu organisieren. Nachdem auch der Literaturhistoriker Eugen Wolff (geb. 1863) dafür gewonnen war, wurde die Gründungssitzung für den 6. Mai 1886 beschlossen und dem Verein sein vielsagender Name „Verein Durch" gegeben. Die „Akademische Zeitschrift" wurde dem neuen Verein als spezielles Organ für seine Ankündigungen, Aufsätze und Programme zur Verfügung gestellt. Auch die literarischen Erzeugnisse einzelner Mitglieder wird die Zeitschrift wohl gedruckt haben. Leider ist sie in deutschen Bibliotheken unauffindbar, so daß uns nur der Bericht Adalbert von Hansteins zur Verfügung steht (84).

Weitere Veröffentlichungen brachten das „Magazin für die Litteratur des In- und Auslandes", die „Allgemeine deutsche Universitätszeitung", die „Vossische Zeitung", „Die Gesellschaft" und die „Litterarischen

---

84 Adalbert von Hanstein, Das jüngste Deutschland. Zwei Jahrzehnte miterlebter Literaturgeschichte. Leipzig 1900. S. 69. S. a. Fritz Schlawe a. a. O. S. 22 dazu Fritz Schlawe, Literarische Zeitschriften 1885– 1910. Sammlung Metzler. Abteilung Literaturgeschichte. Stuttgart 1961

Volkshefte (85)". Das „Magazin für die Litteratur des In- und Auslandes,, kündigt 1887 die „Litterarischen Volkshefte" an. Herausgeber sind zwei Mitglieder des „Vereins Durch",Leo Berg und Eugen Wolff. Das erste Heft bringt einen Aufsatz ebenfalls von einem Durchler, Paul Ernst. Er schrieb über „Leo Tolstoi und der slawische Roman". In Nummer 3 und 5 steht Eugen Wolffs programmatischer Aufsatz „Die jüngste deutsche Litteraturströmung und das Prinzip der Moderne". Es ist die erweiterte Fassung eines 1886 im „Verein Durch" gehaltenen Vortrages. Das Programm der „Litterarischen Volkshefte" wurde auf der letzten Seite seiner ersten Nummer veröffentlicht, außerdem im „Magazin": „Die Litterarischen Volkshefte" wollen an *litterarische Tagesfragen anknüpfend*, den Sinn für wahre *Kritik* und das Verständnis für echte *Poesie* in den weitesten Kreisen wecken und pflegen. Die Litterarischen Volkshefte *kämpfen* demnach *gegen* den Dilletantismus und das Raffinement wie nicht minder gegen die Epigonenklassicität, *für* modernen Gehalt und moderne Gestalt der Dichtung. Die Litterarischen Volkshefte sind für das *gesamte Publikum* bestimmt, soweit es Bücher liest und Theater besucht. Die Litterarischen Volkshefte werden demnach bei ausgeprägter *vornehmer* Haltung *gemeinverständlich* und flott geschrieben sein." Unter den Mitwirkenden der „Litterarischen Volkshefte" waren eine ganze Reihe konservativer Schriftsteller.

Schon zur Gründungssitzung des „Verein Durch" wurden alle den drei Gründern und anderen Mitgliedern bekannten und genehmen jungen Dichter eingeladen. Die Vermittlung war verschieden. Die beiden Brüder Heinrich (geb. 1855) und Julius (geb. 1859) Hart, die zu den Begründern des Naturalismus gezählt werden müssen und in Berlin Literaturgeschichte studiert hatten, hatten zu der Zeit schon mehrere literarische Zeitschriften ediert. Leo Berg (geb. 1862) hat sie sicher über Conradi eingeladen. Conradi selbst hat an den Sitzungen nicht mehr teilgenommen, da er zu dieser Zeit nach Leipzig ging. Auch Karl Henckell (geb. 1864) wurde auswärtiges Mitglied. Karl Henckell

85 Das Magazin für die Litteratur des In- und Auslandes, 1886—1892. Herausgeber wechseln häufig. 1886: K. Bleibtreu, 1888 W. Kirchbach, 1889 K. Schlieben, 1890 ff. O. Neumann Hofer. Verlag häufiger Wechsel. Ende 80er Jahre W. Friedrich in Leipzig. Allgemeine deutsche Universitätzeitung. Hersg. Dr. Konrad Küster. 1886—1897. Berlin. Verlag der Correspondenz. Vossische Zeitung, Berlin. 1704—1934. Litterarische Volkshefte. Gemeinverständliche Aufsätze über litterarische Fragen der Gegenwart. Hersg. Dr. Eugen Wolff u. Leo Berg. Berlin o. J. R. Eckstein (1887)

hatte ebenfalls Anfang der 80er Jahre zu dem bereits erwähnten Kreis gehört. Er war dann nach Zürich gegangen. Adalbert von Hanstein (geb. 1861) hatte außer Naturwissenschaft Geschichte und Literatur studiert. Er war Mitarbeiter verschiedener Zeitschriften und Redakteur des Feuilletons im „Berliner Fremdenblatt". Auch die Brüder Hart kamen in den Berliner Naturalistischen Kreis. Bruno Wille (geb. 1860) hatte Philologie studiert. Er war erst 1886 aus Bukarest zurückgekehrt, wo er Hauslehrer bei einer Hofdame Carmen Sylvas gewesen war. Er hörte vom „Verein Durch" bei einem Besuch der „Literarisch Akademischen Vereinigung", einer ausgesprochenen Studentenvereinigung. Alles, was man ihm dort von den Absichten des „Verein Durch" erzählte, interessierte ihn so, daß er alsbald Mitglied wurde. Er war es, der 1887 Wilhelm Bölsche (geb. 1861) in den „Verein Durch" einführte. Bölsche hatte Philologie und Kunstgeschichte studiert, war einige Zeit in Italien gewesen und lebte als Privatgelehrter. Paul Ernst (geb. 1866), der zuerst Theologie, dann Philosophie studiert hatte, war gerade aus Tübingen nach Berlin gekommen. Er hatte in einem Aufsatz Otto von Leixners in der „Romanzeitung" über die Brüder Hart gelesen und sie daraufhin in Berlin aufgesucht. Sie luden ihn gleich zu der nächsten Sitzung des „Verein Durch" ein.

Den Namen des Vereins hat Küster erfunden, der, wesentlich älter als die jungen Stürmer, als Arzt eine feste Position — als einziger des Kreises — hatte. Die Mitglieder wählten ihn bald nach der Gründung zum Ehrenvorsitzenden. Im Namen steckte bereits das Programm des Vereins, weil, wie Bruno Wille sagt: „seine Mitglieder der Welt erweisen würden, daß sie sich *durch* setzen, und zwar als Bahnbrecher naturalistischer Dichtung" (86). Hanstein interpretiert: „ ,Durch' wollten wir, d. h. wir wollten die eigene Individualität zur Entwicklung bringen . . ." (87). Der Verein tagte im Hinterzimmer einer kleinen Alt-Berliner Kneipe beim Spittelmarkt in der Alten Poststraße. Paul Ernst (geb. 1866) berichtet von seinem ersten Abend im „Durch" und gibt dabei eine kurze Schilderung des Tagungsortes: „Pünktlich mit dem Schlag der Uhr trat ich in das Haus, kam in den vorderen Raum der Wirtschaft, wo der Wirt hinter seinem Tresen stand, vor sich den

86 Bruno Wille, Erinnerungen an Gerhart Hauptmann und seine Dichtergeneration. In: Heinrich Heynen, Mit Gerhart Hauptmann. Erinnerungen und Bekenntnisse aus seinem Freundeskreis. Berlin 1922, S. 89
87 A. v. Hanstein, a. a. O. S. 79

Bierhahn, zwei Gläser mit sauren Heringen und eine Anzahl Zigarren-kisten. Ich fragte nach dem Sitzungszimmer des „Durch", und er wies mich schweigend mit dem Daumen über seine Schulter hin nach einer Tür. Ich trat ein, der Raum war noch leer; er war klein und fast ganz durch einen langen Tisch mit zwölf Stühlen ausgefüllt; über dem Tisch hing von der Decke herab ein Gasarm; das Licht brannte frei und ohne Glocke. Ich setzte mich zaghaft, der Wirt kam schweigend in das Zimmer und setzte einen Schnitt Bier vor mich hin, indem er unter das Glas einen Filz schob. Nach einer Weile öffnete sich das Zimmer, ein junger Mann trat ein, der sich als Leo Berg vorstellte und mich herzlich begrüßte, indem er mir mitteilte, daß er der Vorsitzende des Vereins sei. Gleich nach ihm kam ein zweiter junger Mann, Dr. Eugen Wolff, welcher der zweite Vorsitzende war" (88). Namen und Zahl der Mitglieder sind nicht einwandfrei festzustellen. Im Laufe der Jahre hat sich vieles geändert. Zur Zeit der Mitgliedschaft Paul Ernsts, also gegen Ende 1886, verkehrten im „Verein Durch" mehr oder weniger regelmäßig: Leo Berg (Vorsitzender), Dr. Eugen Wolff (zweiter Vor-sitzender) Dr. Konrad Küster (Ehrenvorsitzender), Dr. Heinrich Hart, wahrscheinlich damals schon Kassenwart, Julius Hart, Ferdinand Hart (es war nicht festzustellen, ob es sich dabei um einen Verwandten der Harts handelt), Julius Türck, Paul Ernst, August Hattler, Adolf Waldauer, Bruno Wille, Dr. Rudolf Lenz, Oscar Münzer, Gustav Stetter, Adolf Dunckmann, Paul Ackermann, Arno Holz, Johannes Schlaf, Adalbert v. Hanstein, Gustav Schmidt (Pseudonym: Heinz Fabril) und Wilhelm Bölsche, 1887 kam Gerhart Hauptmann dazu, der damals als freier Schriftsteller mit seiner Frau in Erkner lebte. Bis zu seinem Eintritt in den „Verein Durch" hatte er nur das „Promethidenlos" geschrieben. Gelegentlich kam auch sein Bruder Carl, der schriftstel-lerisch damals noch nicht hervorgetreten war. Auch John Henry Mackay (geb. 1864) verkehrte zuweilen im „Durch". Er war bisher als Redakteur und Buchhändler tätig gewesen, studierte damals gerade Kunst- und Literaturwissenschaft und war literarisch noch nicht besonders hervorgetreten.

Der „Verein Durch" ist die erste „Freie Literarische Vereinigung" des Naturalismus, die im Laufe ihrer Entwicklung öffentlichen Charak-ter bekam. Zur Zeit seiner Gründung mußten in Deutschland, selbst bei

88 Paul Ernst, Jünglingsjahre. München 1931, S. 134

Vereinsgründungen ganz privater Natur, bestimmte Vorsichtsmaßregeln beobachtet werden. Im Sinn des Sozialistengesetzes schrieb die Preußische Gesetzgebung vor, daß jede Gruppe, die sich für öffentliche Belange interessierte, ihr Bestehen bei der zuständigen Polizeibehörde melden mußte. Denn das allein gab ihr angeblich zwangsläufig einen öffentlichen Charakter. Der „Verein Durch", der sein Bestehen und seine Ziele in verschiedenen Zeitungen angekündigt hatte, sah sich daher nach längerem Zögern gezwungen, sein Bestehen bei der Polizei zu melden. Diese Meldung erfolgte beinahe ein Jahr nach der Gründung (89). Paul Ernst (geb. 1866) berichtet: „Einige der Jüngsten sprachen gegen die Anmeldung, weil es unserer nicht würdig sei, daß wir uns vor der unrechtmäßigen Gewalt beugten. Ich weiß nicht mehr, wer die Sprecher waren. Ich erinnere mich noch, daß Gerhard Hauptmann sagte, er sei verheiratet und habe Kinder, und wir andern seien alle unverheiratet, und so würde ihn eine Gefängnisstrafe schwerer treffen als uns. Einer, der gegen die Anmeldung war, hielt ihm entgegen, daß er reich sei, wir andern aber alle arm, und zum Teil Studenten, daß wir also alles aufs Spiel setzten, während ihn höchstens eine Unannehmlichkeit treffen könne. Es wurde vernünftiger Weise beschlossen, den Verein anzumelden. Bei der nächsten Sitzung hatten wir einen Mann unter uns, der etwa ein Vierziger sein mochte, breitschultrig und derb, der sich ohne sich auch nur vorzustellen, entschlossen an seinen Platz gesetzt und dann mit festem Sinn ein Glas Bier bestellt hatte, und den ganzen Abend schwieg, indessen sein nicht sehr ausgebildetes Gesicht die Spuren der stärksten Aufmerksamkeit und des tiefsten Nachdenkens zeigte." „Es stellte sich heraus, daß dieser Mann ein Geheimpolizist gewesen war, der den Versuch gemacht hatte, „Thron und Altar gegen uns zu schützen" (90). Er sei nicht wiedergekommen, ein Zeichen, daß der Verein keinen politisch suspekten Eindruck im Sinne der Regierung gemacht hatte.

Einige Mitglieder des „Durch", die mehr an den sozialkritischen als an den literarischen Programmen des Naturalismus interessiert waren, gründeten Ende der 80er Jahre unter der Initiative von Bruno Wille eine freie Vereinigung, die sich „Ethischer Klub" nannte. Es war ein reiner

---

89 Protokollbuch des Vereins Durch. Eintragung 4. März 1887 Handschriftl. unveröffentlichtes Exemplar im Besitz des Schillernationalmuseums in Marbach.
90 Paul Ernst a. a. O. S. 140/141

Debattierclub, dessen Zusammenkünfte einmal wöchentlich im Keller des Franziskanerbierhauses stattfanden. Zu den wichtigsten Mitgliedern gehörten außer Wille, Bölsche, die Brüder Hart, Richard Dehmel (geb. 1863), sein Schwager Franz Oppenheimer, Otto Erich Hartleben, Adalbert von Hanstein, Wilhelm von Polenz (geb. 1861), Paul von Gizycki und wahrscheinlich auch noch Konrad Alberti (geb. 1862), der zu den radikalen Naturalisten zu zählen ist. Ernst von Wolzogen (geb. 1855), der als Literat seit 1882 in Berlin lebte und anscheinend öfter an den Sitzungen teilnahm, ohne sich — wie es überhaupt seiner Haltung zu den naturalistischen Gruppen entsprach — wirklich mit dem Klub solidarisch zu fühlen, schreibt: „Am lautesten und schärfsten wurde gestritten, wenn unsere sozialdemokratischen Heißsporne politische Fragen erörterten. Der törichte Phrasenschwall dieser gänzlich welt-fremden Menschheitsbeglücker ging gerade den tief und vielseitig gebildeten besten Köpfen unter uns auf die Nerven, so daß die sozialistischen Abende fast regelmäßig ungemütlich wurden." (91)

Der „Ethische Klub" darf nicht verwechselt werden mit dem „Deutschen Verein für ethische Kultur", der unter dem Vorsitz des Geheimrats Förster, eines Astronomen, besonders Anfang der neunziger Jahre von sich reden machte. Wie weit im Zuge einer damals verbreiteten „ethischen Bewegung" der Naturalisten-Club mit dem „Deutschen Verein für ethische Kultur" in Verbindung stand, läßt sich aus den wenigen, mir zugänglichen Unterlagen nicht ermitteln. Die Naturalisten scheinen dem Försterschen Verein jedoch großes Interesse entgegengebracht zu haben, weil sie in ihrem Hauptorgan, der Zeit-schrift „Freie Bühne" häufig kurze Berichte über Tagungen, Ziel und Erfolg des Vereins veröffentlichten.

Beim „Genie-Convent" scheint es sich um einen literarischen Zirkel zu handeln, der auch von Bruno Wille Ende der achtziger Jahre gegründet wurde. Er hatte nach Aussagen Willes ebenfalls sozial-revolu-tionäres Gepräge, muß sich aber doch — wie schon der Name verrät — mehr als der „Ethische Klub" mit dem Schrifttum der Naturalisten beschäftigt haben, da Heinrich Hart in diesem Kreis aus seinem „Lied der Menschheit" (92) und Bölsche aus seinem Roman „Die Mittags-

91 Ernst von Wolzogen, Wie ich mich ums Leben brachte. Erinnerungen und Erfahrungen. Braunschweig und Hamburg 1922. S. 130
92 Heinrich Hart, Lied der Menschheit. Epos. I. Teil 1887

göttin" (93) vorgelesen haben. Über die Mitgliederzahl ist nichts bekannt. Wille äußert sich in seinen autobiographischen Schriften zu beiden Vereinigungen: „Ich gab diesen literarischen Gruppen soziale Gesichtspunkte, im ‚Naturalismus' betonte ich den sozialkritischen Zug und galt für einen Umstürzler." (94)

Der „Verein Durch" — um wieder auf ihn zurückzukommen — war nicht nur eine der bekanntesten Zusammenschlüsse sondern die wichtigste Gruppe des Naturalismus in seiner mittleren Phase. Zu dieser Zeit allgemein und besonders durch die geistigen und menschlichen Kontakte im „Durch" begann die literarische Bewegung sich theoretisch zu festigen. Im „Verein Durch" zeigten sich immer deutlicher die Hauptinteressengebiete des Naturalismus mit ihren dafür typischen Vertretern. Das ist das entscheidende literarische Ergebnis dieser Gruppierung. Bis dahin hatten die Harts am stärksten kontaktbildend und initiativ gewirkt, nun gingen die Kontakte von drei Leuten aus, deren einer sogar der älteren Generation angehörte und nicht hauptberuflich Schriftsteller, sondern Arzt war. Auch die anderen beiden waren mehr journalistisch oder literarhistorisch als poetisch tätig gewesen. Die Lyrik verliert damit ihr bisheriges Übergewicht. Alle drei Initiatoren des „Durch" waren nicht Mitglieder der frühen privaten Gruppierungen der naturalistischen Lyriker gewesen. Die literaturtheoretischen, weltanschaulichen und journalistischen Interessen stehen von Beginn an vielmehr im Vordergrund der Gruppierungsmotive zur Zeit der ersten literarischen Gruppierung um die Brüder Hart, Anfang der 80er Jahre. Viele aus diesem Kreis, soweit sie noch in Berlin waren, trafen sich nun im „Durch". So setzte sich der Verein etwa zu 40% aus Mitgliedern zusammen, die sich schon vor ihrem Beitritt kannten. Für seine Struktur ist das aber von keiner nachweislichen Bedeutung geworden. Der Geist des Vereins hatte andere Voraussetzungen. Die Herkunft der Mitglieder ist bei mehreren nicht zu ermitteln, da sie im literarischen Leben später keine Rolle mehr gespielt haben und nirgends biographisch aufgenommen wurden. Ein großer Prozentsatz der Neuhinzugekommenen — von den bekannteren weiß man es — kommt aus mittleren bis höheren Beamtenkreisen. Sonst reicht der väterliche Beruf vom Gutsbesitzer über den Besitzer eines mittelgroßen Hotelbetriebes

93 Wilhelm Bölsche, Die Mittagsgöttin. Ein Roman aus dem Geisteskampf der Gegenwart. 1891
94 Bruno Wille, Aus Traum und Kampf. Mein 60jähriges Leben. Berlin 1920. S. 25

zum Pochsteiger. Wilhelm Bölsche kam sogar schon von Haus aus vom Journalismus her. Sein Vater war Redakteur der „Kölnischen Zeitung".

Die äußere Lebensweise der Vereinsmitglieder war noch dieselbe wie zur Zeit der ersten Gruppierungen. Einige hatten allerdings inzwischen eine abgeschlossene Hochschulbildung. Von Beginn an entwickelte die „Durch"-Gruppe ein stärkeres Vereinsbewußtsein als vorher der private literarische Zirkel um die Brüder Hart . Sie nannten sich „Freie Literarische Vereinigung", während der Hartkreis sich selber nicht bezeichnet hat, sondern nur durch die „Modernen Dichtercharaktere" in etwa einen Gruppennamen hat. Der „Durch" hatte von Anfang an einen Vorsitzenden: Leo Berg, während es im Hartkreis kein offizielles Haupt gab. Am 25. Juni 1886, also eineinhalb Monate nach der Gründungssitzung stifteten sich die damaligen Mitglieder des „Durch" ein „Bundesbuch". Ab Februar 1887 führten sie ein richtiges Protokollbuch, das bald an die Stelle des „Bundesbuches" trat, so daß dieses, soweit das aus dem vorhandenen Quellenmaterial zu schließen ist, etwa ab Anfang April 1887 nicht weitergeführt wurde. Dieses „Bundesbuch" ist unveröffentlichter Besitz des Schiller-National-Museums in Marbach. Beide Vereinsunterlagen, „Bundesbuch" und „Protokollbuch", waren das wichtigste Material der folgenden Analyse (95).

Bindende Satzungen und eine schriftlich fixierte Vereinsordnung hat der „Durch" nie gehabt. Wohl aber entwickelten sich im Laufe der Zeit Organisationsformen, die als Richtlinien anerkannt wurden. Am Anfang unterschied sich die Atmosphäre der Gruppe nicht wesentlich von den damals üblichen literarischen Wirtshaustreffen. Es wurde mehr oder weniger ernsthaft diskutiert, getrunken und geraucht und noch garnicht gemeinsam gearbeitet. Das „Bundesbuch" war eine Art Stammbuch, in das sich jeder, der wollte, mit Sinnsprüchen, Witzen und beißenden Bemerkungen eintragen konnte. Die Eintragungen wurden nicht regelmäßig an jedem Freitag, dem Vereinstag, gemacht. Auf ein hoch-

95 Außerdem wurde auf autobiographische Unterlagen und auf das in der Zeit von 1886 bis 1888 veröffentlichte theoretische Material zurückgegriffen. — Das letzte im „Bundesbuch" eingetragene Datum ist der 1. April 1887. Das von Wolfgang Liepe als Faksimilidruck 1932 herausgegebene „Protokollbuch" weist als erste Eintragung den 18. Febr. 1887 auf. Aus dem Nachwort Liepes ist zu schließen, daß ihm die Existenz des „Bundesbuches" nicht bekannt war. Das „Protokollbuch" war aus dem Nachlaß Bergs.

stehendes Niveau kam es gar nicht an. Das Motto auf der ersten Seite (96) läßt auf die Stimmung des Zusammenseins schließen:

„O lasset stets beim Klange froher Lieder
Uns lächelnd durch dies Leben gehn;
Und sinkt der letzte Tag hernieder
Mit diesem Lächeln stille stehn."

Von revolutionärer Literatur, von umstürzlerischen Ideen kann da noch gar nicht die Rede sein. In diesem Sinne ging es eine ganze Zeit lang. Julius Türk gab eine Imitation des Schauspielers Joseph Kainz zum besten, um seine schauspielerischen Talente vor den anderen zu zeigen. Arno Holz hielt es nicht für unter seiner Würde, Verse wie diese einzutragen: „*Den* Jungfern fehlt es nie an Knaben, die mehr Goldgulden als Flöhe haben!" Und die Rückseite eines Blattes, auf dem ein schlechtes Tendenzgedicht Bruno Willes und ein als Durchsymbol gezeichneter Stempel: ein Kreis, der das Wort „Durch" umschließt stehen, mußte für eine Eintragung herhalten, die offensichtlich Punktvermerke eines Skatspiels zwischen Stetter, Lenz und einem der Harts oder August Hattler sind. Am 23. Juli beschloß man jedoch dann „unter dem Vorsitz eines Ausschusses von 3 Mitgliedern (Berg, Ackermann, Schmidt) der Vereinigung eine festere Form in der Weise zu geben, daß die Abende, an denen die Herren zusammenkommen, . . .(unleserliches Wort) nur litterarischen Bethätigungen gewidmet sind. Man stellte dem Ausschuß frei, Stoff für diese Bethätigungen herbeizuschaffen . . ." Die Wünsche und Interessen eines jeden sollten berücksichtigt werden, die literarische Aktivität sollte um 9 Uhr abends beginnen. Aber in den nächsten Wochen ist davon nichts im „Bundesbuch" zu spüren. Am 26. 8. 1886 unterschreiben Leo Berg, Paul Ackermann, Eugen Wolff und Adolf Dunckmann zwar eine Bemerkung, die ernsthaftere Gruppenabsichten und Selbstkritik vermuten läßt: „Einigkeit macht stark, deshalb zersplittert sich auch der Verein „Durch" und „Jung Deutschland" so trefflich." Jedoch am selben Tage noch schreibt Eugen Wolff ins „Bundesbuch": „Wer mir eine *geniale* Frau so nachweist, daß ich dieselbe heiraten kann, erhält als Belohnung Freitisch für die ganze Dauer der Ehe."

96 Die Seitenfolge des „Bundesbuches" wurde von mir aus den eingetragenen Daten geschlossen. In Fällen, die das unmöglich machten, versuchte ich, sie aus dem Sinn der Eintragungen zu erschließen.

Im Herbst kommt es dann zu den ersten theoretischen Arbeiten. Am Montag dem 11. Oktober standen in einer außerordentlichen Sitzung sachliche Fragen im Vordergrund der Eintragungen. Adalbert von Hanstein und Eugen Wolff wurden in den oben erwähnten Ausschuß gewählt. Eugen Wolff nahm die Stelle Gustav Schmidts ein, der zurücktrat. Zum ersten Mal hören wir von einem entscheidenden literarischen Ergebnis: Die Gruppe arbeitete an den Programmthesen, die Ende des Jahres im „Magazin für die Litteratur des In- und Auslandes" abgedruckt wurden und zwar ausdrücklich als programmatische Thesen des ganzen Vereins, was schon daraus hervorgeht, daß die Redaktion 1886 mitteilt, der „Verein Durch" habe den Verlag um Abdruck der Thesen gebeten (97). 1888 veröffentlichte Eugen Wolff sie unter seinem Namen noch einmal in der „Deutschen Universitätszeitung", was in der Literaturgeschichte zu der irrigen Meinung führte, er habe sie allein verfaßt (98). Erst nach der Veröffentlichung der Thesen namens des Vereins — so berichtet jedenfalls Adalbert von Hanstein — erklärten sich einige Mitglieder mit den Anschauungen der „Zehn Thesen" nicht einverstanden (99). Ebenfalls nach Hansteins Aussage hielt Eugen Wolff schon 1886 im „Durch" einen Vortrag, der im gleichen Jahr in der „Akademischen Zeitschrift" veröffentlicht worden sein soll unter dem Titel: „Die Moderne zur Revolution und Reform der Litteratur." Es ist anzunehmen, daß dieser Vortrag der Formulierung der 10 Thesen vorausging, d. h., daß er im September gehalten wurde. Im „Bundesbuch" ist jedoch nichts darüber vermerkt. Erst das „Protokollbuch" hielt ja die Thesen der im Verein gehaltenen Vorträge fest. Mit diesem Vortrag beginnt tatsächlich die Auseinandersetzung der Naturalisten mit ihren grundlegenden Begriffen. 1887 erweiterte Eugen Wolff den Vortrag und ließ ihn unter dem Thema „Die jüngste deutsche Litteraturströmung und das Prinzip der Moderne" 1888 in den Litterarischen Volksheften drucken (100).

Für Freitag den 15. Oktober waren außer der Arbeit an den zehn Thesen, die am 22.Oktober abgeschlossen werden sollte, „Poetische Vorträge" — eines erzählenden Gedichtes von Franz Herzfeld in

97 Magz. 1886, S. 810
98 siehe dazu Liepe in seinem Nachwort zur Ausgabe des „Protokollbuches". Außerdem Ruprecht, a. a.O. in der Anmerkung S. 141
99 A. v. Hanstein, a. a. O. S. 76
100 Litterarische Volkshefte, Nr. 3 und 5

München durch Türk und einzelner Stellen aus einem Epos von Eugen Wolff durch den Verfasser — nebst deren Kritik" vorgesehen. Von da an zeichnet sich mit geringen Ausnahmen eine ernsthafte Stimmung im Verein ab. Immer stärker stehen weltanschauliche Probleme, literarische Diskussionen und Sachfragen im Vordergrund.

Einen völlig anderen Eindruck als das „Bundesbuch" vermittelt dann das am 18. Februar 1887 beginnende „Protokollbuch". An diesem Tag hielt Leo Berg einen Vortrag über' „Ibsens ‚Gespenster' und die Grundgesetze des Dramas", der in der nächsten Sitzung besprochen wurde. Am 4. März 1887, also fast ein Jahr nach der Gründung, las der Vorsitzende eine Mitteilung an die Polizei vor, die das Bestreben der Vereinigung meldet. Wille hielt einen Vortrag über „Gefühlsassozia-tionen in der Poesie", nachher gab es eine Diskussion darüber. Weitere Vortrags- und Diskussionsthemen waren in den nächsten Wochen: Die Klärung der Begriffe Bewußtsein, Liebe und Sinnlichkeit, das Ver-hältnis des Dichters bzw. Schauspielers zu seinen Objekten, die Abgrenzung der Begriffe Idealismus gegen Realismus, Naturalismus gegen Idealismus, die psychologischen Ursachen des Wohlgefallens am Formschönen, die poetische Gerechtigkeit, Poesie und Tendenz. Es wurde über Büchner, Uhland, Liliencron, über Ibsens „Rösmersholm" und über Bölsches programmatischen Aufsatz „Die naturwissenschaft-lichen Grundlagen der Poesie" diskutiert und häufig aus eigenen Schöpfungen vorgelesen. Protokoll wurde regelmäßig geführt. Wenn sich nicht genügend Mitglieder zur Sitzung einfanden, fiel sie aus, was extra im „Protokollbuch" vermerkt wurde. Am häufigsten waren an 26 verzeichneten Sitzungsabenden anwesend: Der Vorsitzende Berg min-destens 14 mal, der Kassenführer Julius Hart 10 und sein Stellvertreter Julius Türk 18 der Schriftführer Eugen Wolff 9 und sein Stellvertreter Bruno Wille 19 mal. Die übrigen sind weit seltener anwesend, so daß man die Fünf als Kerngruppe des Vereins ansehen kann. Bölsche und von Hanstein werden neben mehreren anderen, meist unbekannteren Namen, als Gäste geführt.

Am 6.Mai 1887 gab es ein großes Stiftungsfest, über das auch in mehreren autobiographischen Schriften berichtet wird. Anwesend waren etwa dreißig Herren und Damen. Reden, gemeinsame Lieder, musikalische Vorträge und Deklamationen wechselten in bunter Folge. Auch eine Bierzeitung gab es. Um Mitternacht wurde Kaffee getrunken, und dann begann ein Commers bis zum Morgengrauen, bei dem die Damen wohl kaum noch anwesend waren. Am 8.Mai machten dann 11 Personen als Nachfeier einen Ausflug mit Picknick und Bier, der abends bei Hauptmann in Erkner mit einem „lukullischen Mahl und hochfeiner Bowle" endete. „Bacchantische Freuden". Das Protokollbuch schließt mit dem 26. August 1887. Weitere Aufzeichnungen des Vereins sind nicht bekannt.

Der „Verein Durch" ist nicht durch eine einzelne Führerfigur geprägt. Trotz seines im Vergleich zum Hartkreis viel strafferen Vereinscharakters blieb er eine lockere, offene Gruppe, deren Mitglieder nach Gutdünken erschienen oder wegblieben und beliebig oft und viele Gäste mit den verschiedensten Interessen zu sich einluden. Eines ist jedoch klar aus den Unterlagen zu erkennen, daß die wegen der Häufigkeit ihrer Teilnahme oben als Kerngruppe bezeichneten Mitglieder im Laufe der Zeit verantwortlich für das geistig literarische Gepräge des Vereins wurden und die eigentlich literaturhistorische Leistung vollbrachten. Von den zwölf im Protokollbuch vermerkten Vorträgen hielten Wille drei, Berg drei, Türk einen. Ihre Motive für den Zusammenschluß waren am stärksten. Dadurch kam es trotz des überragenden literarischen Interesses zu einer beachtlichen Flexibilität des Vereins. Berg vertrat den journalistischen Bereich und sorgte durch seine publizistischen Beziehungen und Erfahrungen für öffentliche Durchschlagskraft. Im ganzen nahm er dadurch und auch als Initiator und Vorsitzender eine gewisse Führerstelle ein. Wille brachte rege soziale Interessen und Verbindungen zur Arbeiterschaft mit. Im Laufe der Zeit wurden ihm, wie bereits erwähnt, die Diskussionen im „Durch" zu literarisch, und er gründete mit anderen sozialkritisch mehr interessierten Mitgliedern den „Geniekonvent" und den „Ethischen Klub". Solange er dem „Durch" jedoch angehörte, war ihm dank seiner ausgeprägten Persönlichkeit eine führende Stellung gewiß. Von Küster stammt die bezeichnende Eintragung vom 9. 7. 1886 im „Protokollbuch": „Wo ein *Wille*, da ist ein Wirken." Eugen Wolff sorgte als ausgebildeter Literaturhistoriker für die fachgerechte Qualität der Diskussionen und Vortragsthemen. Er war noch vor Wille und Berg der Hauptprotokollant. Türk brachte außer seiner Theaterpassion ein intensives Interesse für die Sozialdemokratie mit, der er später eine Zeitlang hauptberuflich diente. Julius Hart schließlich konnte lange Erfahrung im Kampf um eine neue Literatur nachweisen.

Es waren verschiedene Individualitäten, die sich im „Verein Durch" zusammenfanden und von vornherein — im Gegensatz zum Hartkreis — klarere Eigenziele und Prägungen mitbrachten. Vielleicht ist das der Grund zu der oben zitierten Kritik Bergs, Wolffs, Ackermanns und Dunckmanns. Man beteiligte sich nicht mehr in dem Maße als Lernender wie einst im Hartkreis, sondern betrachtete sich als kompetenter, nicht nur zur Kritik berechtigter, sondern auch befähigter Literaturrevolutionär. Die Vorstellungen von dem, was der Naturalismus oder Realismus, wie er von seinen eigenen Protagonisten auch genannt wurde, bedeutete, festigten sich nach eingehenden gemeinsamen Diskussionen. Einen Eindruck davon vermitteln die 10 Thesen, von denen die für unseren Zusammenhang wichtigsten hier zur Illustration noch einmal zitiert werden:

These 2: „Wie alle Dichtung den Geist des zeitgenössischen Lebens künstlerisch verklären soll, so gehört es zu den Aufgaben des Dichters der Gegenwart, alle bedeutungsvollen und nach Bedeutung ringenden Gewalten des gegenwärtigen Lebens in ihren Licht- und Schattenseiten poetisch zu gestalten und der Zukunft prophetisch und bahnbrechend vorzukämpfen. Demnach sind soziale, nationale, religiös-philosophische und litterarische Kämpfe spezifische Hauptelemente der gegenwärtigen Dichtung, ohne daß sich dieselbe tendenziös dem Dienst von Parteien und Tagesströmungen hingibt."

These 3: „Unsere Litteratur soll ihrem Wesen, ihrem Gehalte nach eine moderne sein; sie ist geboren aus einer trotz allem Widerstreites täglich mehr an Boden gewinnenden Weltanschauung, die ein Ergebnis der deutschen idealistischen Philosophie, der siegreich die Geheimnisse der Natur entschleiernden Naturwissenschaft und der alle Kräfte aufrüttelnden, die Materie umwandelnden, alle Klüfte überbrückenden technischen Kulturarbeit ist. Diese Weltanschauung ist eine humane im reinen Sinne des Wortes und sie macht sich geltend zunächst und vor allem in der Neugestaltung der menschlichen Gesellschaft, wie sie unsere Zeit von verschiedenen Seiten her anbahnt."

These 10: „Zu einer Zeit, in welcher wie gegenwärtig jeder neuen, von eigenartigem Geiste erfüllten Poesie eine enggeschlossene Phalanx entgegensteht, ist es notwendig, dass alle gleichstrebenden Geister, fern aller Cliquen- oder auch nur Schulbildung, zu gemeinsamem Kampfe zusammentreten." (101)

Weitere Thesenpunkte sind: eine dem deutschen Volksgeist entsprechende deutsche Dichtung, die die Weltliteratur pflegt, Gestaltung von menschlichen Leidenschaften in „unerbittlicher Wahrheit". Kampf gegen die überlebte Epigonenliteratur, Reformierung der herrschenden Kunstkritik. Einige Punkte sind uns schon vom Hartkreis her bekannt. Die Thesenform zwang die „Durch"-Leute jedoch zu einer besonderen Präzision. These 10 gibt Auskunft über das Motiv des Zusammenschlusses: die grundsätzliche weltanschauliche Gleichgesonnenheit wird vorausgesetzt, der gemeinsame Kampf der Gruppe steht im Vordergrund. Dazu eine der letzten Eintragungen im „Bundesbuch". „Nicht den Bürgern des Staates allein hat Schiller zugerufen: Seid einig, einig, einig! Auch den Bürgern des Geistesreiches, den Kämpfern für Licht und Wahrheit gilt das Wort: Haltet zusammen im Kampf gegen die Feinde, die Lügner und Philister . . ." (102)

Die nationalistische Stimmung trat im „Durch" etwas mehr in den Hintergrund als im Hartkreis. Außer von den Harts wird sie im „Durch" von Eugen Wolff und Leo Berg geschürt. In Eugen Wolffs Schriften scheint immer wieder nationalistischer Überschwang durch, und Leo Berg schreibt in seinem Aufsatz: „Henrik Ibsen und das Germanentum in der modernen Litteratur": „Und so wie an Shakespeare ist an Ibsen, fast möchte ich sagen, alles deutsch. Deutsch ist eine große und einzige Wahrheitsliebe und der Muth sie zu bekennen, deutsch ist seine Mannhaftigkeit und echt deutsch seine unbändige Kampfeslust, mit der er der Lüge, mit der er der modernen Gesellschaft den Fehdehandschuh hinwarf, jene Kampfeslust, die wir bei einem Hutten, einem Luther, einem Lessing ja nie genug bewundern können. Deutsch ist sein Stolz und sein Mannesbewußtsein, aber Deutsch ist auch jenes Gefühl, das so mächtig in Ibsen zum Ausdruck kommt, das Gefühl des auf sich allein Gestelltseins." (103)

Die wichtigsten Kampfziele und die Einstellung der verschiedenen „Durch"-Mitglieder zu ihnen sind ein Barometer für den Stand und das

101 Aus: Magz. 1886, S. 810 (abgedruckt in Erich Ruprecht Literarische Manifeste des Naturalismus. 1880–1892. Stuttgart 1862. S. 141/142).
102 Die Eintragung ist ohne Unterschrift
103 Leo Berg, Henrik Ibsen und das Germanentum in der modernen Litteratur. In: Litterarische Volkshefte, Nr. 2, 1887

Niveau der schriftstellerischen und weltanschaulichen Meinungsbildung im „modernen" Berlin und Mitte bis Ende der achtziger Jahre. Sie gaben außerdem Einblick in die inneren Verhältnisse dieses Kreises und erklären zum großen Teil die Umgruppierungen der nächsten Jahre.

Zunächst gilt es festzuhalten, daß die Kampfziele des „Durch" im wesentlichen in Abstraktionen und persönlicher Anonymität stecken blieben. Es ging hauptsächlich um Begriffe, um Klärung von Begriffen, um sprachliche Anwendung von Begriffen. Zielscheibe der neuen Begriffe — mindestens soweit sie polemisch waren — war eine als Ganzes gesehene Bildungsschicht, die selten in den einzelnen Vertretern angegriffen wurde. Erst sehr langsam kommt die Tendenz auf, diese Begriffe für die Praxis zu nutzen. Die Geister scheiden sich an den praktischen Folgerungen. Aber das spielt sich nun schon in neuen Gruppen ab. Bei Eugen Wolff findet sich ein Ansatz in These 9. Dort fordert er die Reform der herrschenden Kunstkritik. Genau das wäre eine ideale Aufgabe eines literarischen Kreises, auf den Geschmack des Leserpublikums genauso wie auf die Literatur selbst einzuwirken. Auch die Harts sehen eine Reform der Kritik als unbedingt notwendig an.

Einer der meist diskutierten Begriffe war der der eigenen literarischen Namensgebung. Mit ihr versuchte man, die eigene Sonderstellung in Dichtung, Weltanschauung und Gesellschaft festzulegen. Um Öffentlichkeitswirkung im Sinne seiner Selbstauffassung ging es dem „Durch" anfangs noch nicht. Aber es war doch ein entscheidender Schritt seit den „Modernen Dichtercharakteren" getan: Man war aus der reinen Opposition zum Willen zur Leistung durchgedrungen. Aus den vagen Versuchen einiger privater Einzelner, einen losen Kreis zu bilden, war eine um die Festigung ihrer Position kampfende Vereinigung geworden. Bei Meinungsverschiedenheiten standen sich jetzt häufig nicht mehr Personen allein gegenüber, sondern ganze Fraktionen (104), die aber nicht erstarrten, sondern sich zu verschiedenen Gesichtspunkten anfangs immer wieder anders bildeten. Ohne das wäre es schnell zu einer Spaltung des „Durch" gekommen. Willes Neugründungen 1889 führten zu einer Loslösung des gesellschaftskritischen Flügels im „Durch" von den vorwiegend literarisch Interessierten. Jedoch gab es, soweit man aus den Quellen schließen kann, kaum Krach dabei. Es ist durchaus

104 Vergl. Ruprecht a. a. O. Anmerkung zu Eugen Wolff S. 141

wahrscheinlich, daß die Harts weiterhin viel im „Durch" verkehrten, auch wenn er sich mit der Zeit einfach überlebte und von den neuen, mehr auf Praxis als auf Theorie zielenden Gruppen überflügelt wurde.

Die Zusammenstellung einiger Äußerungen, und zwar im wesentlichen der Kerngruppe aus dem „Durch"-Kreis zum Thema Naturalismus-Idealismus-Realismus, sollen den theoretischen Stand zur Blütezeit des „Durch" verdeutlichen:

Berg hielt darüber am 22. April 1887 im „Durch" einen Vortrag, der von Bruno Wille protokolliert und auf die wichtigen Punkte gebracht wurde. Er selbst wie Lenz, Türk und Münzer seien mit den Ausführungen Bergs einverstanden gewesen: Idealismus stelle die Natur dar wie sie „irgend einem Ideal gemäß sein *sollte*, Naturalismus will die Natur darstellen, „wie sie *ist*", verfällt aber dabei in eine „tendenziöse Färbung" und wählt daher mit Vorliebe aus, „was *nicht* so ist, wie es sein *sollte*, also das aesthetisch und moralisch Beleidigende". Daher entscheiden sich diese Vereinsmitglieder und mit ihnen noch andere Gleichgesonnene für den Realismus: „diejenige Geschmacksrichtung, welche die Natur darstellen will, wie sie ist, und dabei nicht in Übertreibung verfällt. Der Realist weiß, daß die Wahrheit allein frei macht sein Ideal ist daher Wahrhaftigkeit in der Darstellung. Durch die objektive Betrachtung der gesellschaftlichen Verhältnisse wird ferner der moderne Realist in eine Gemütsverfassung geraten, welche ihn über die Stoffe seiner Darstellung eine eigentümliche Beleuchtung ausgießen läßt (Gerechtigkeitsgefühl und Erbarmen). Der Realist ist also ideal, aber nicht idealistisch; er stellt ideal dar, aber nicht Ideale." (105)

Schon 1886 hatte sich Berg gegen eine allzu krasse Zerstörungswut von Seiten der modernen jungen Dichter gewandt: „Ja, wer die jüngste Bewegung in unserer Litteratur beobachtet, der wird an die Sturm- und Drangperiode der siebziger Jahre des vorigen Jahrhunderts, an die Zeiten der Romantiker und Jung-Deutschlands sich erinnern fühlen. Ein Haschen nach Originalität, ein Brechen mit allen Traditionen, ein Missachten aller Autoritäten. Ich kann mich in diesen wüsten Strudel nicht mit hineinstürzen, und dennoch habe ich das Gefühl, dass in den, allerdings noch kleinen Kreisen, die Zukunft des litterarischen Ruhms Deutschlands ruht. Wahrheit um jeden Preis! Tod allen Vorurteilen. Absolute Demokratie in der Litteratur. Aber welch eine

105 Abgedruckt bei Ruprecht a. a. O. S. 143

Skala vom stilvollen Realismus bis zum krassesten Materialismus, wie viele Vorurteile in der Missachtung aller Vorurteile, welche Demolierungswut gegen alles Große, wie viel Nebel! Nein je moderner eure Tendenzen, um so fester müßt ihr euch an das Alte anschließen." (106)

Eugen Wolff schreibt sogar zum selben Thema 1888: „Denn diesen Unterschied wollen wir noch einmal feststellen: unbedingter Naturalismus ist sklavische Wiedergabe der Wirklichkeit. Realismus ist künstlerische Verklärung der Wirklichkeit. Und der Realismus steht nicht im Widerspruch, sondern in Ergänzung zum Idealismus, — ein Brüderpaar, jener mit seinen Mannen zur Höhe klimmend, dieser zu seinen Mannen von der Höhe predigend." ..Auch der künstlerische Realismus schreckt vor keiner Verwicklung des Lebens zurück; und hieße Naturalismus nichts als *Natur*-Verklärung, so ist er allerdings eine Botschaft, deren Tag kommen wird, wenn er nicht schon erschienen ist." (107)

An anderer Stelle berührt Eugen Wolff einen der kritischen Punkte, die dem Naturalismus von vielen Seiten entgegengehalten worden war: „Bis tief in die Kreise der literarisch Gebildetseinwollenden (einschließlich der Schriftsteller selbst hinein ist die nicht nur oberflächliche ja grundfalsche Ansicht verbreitet, das bloße Berühren geschlechtlicher Verhältnisse sei ‚Naturalismus'! Macht denn bei diesen Leuten der geschlechtliche Trieb die ganze Natur aus? ? Oder ist gar die widerlich lüsterne Art, auf welche einige pfiffige Schriftsteller diesen Pseudo-Naturalismus, d, h. das bloße Wühlen im Schmutz, als lukratives Geschäft betreiben, wirklich Natur oder nicht vielmehr raffinierte Berechnung? ? " Der künstlerische Naturalismus „bedeutet nichts anderes als die *Zurückführung aller seelischer Erscheinungen auf ihre wahre, d. h. natürliche Ursache.* Ein spezifisch naturalistisches Problem ist daher jeder künstlerische Versuch, die Seele, also das Denken, Fühlen und Wollen des Menschen im Zusammenhang mit den *natürlichen* Mächten in ihm (Anlagen) und *außer* ihm (Verhältnissen) darzustellen." (108)

106   Leo Berg, Das eiserne Zeitalter der Litteratur. Magz. 1886, S. 529—531.
107   Eugen Wolff, Der Naturalismus im Spiegel der Geschichte. Magz. 1888, S. 779/780.
108   derslb, Die jüngste deutsche Literaturströmung und das Prinzip der Moderne. In: Litter. Volksh. Nr. 3,1888 S. 271, abgedruckt bei Ruprecht a. a. O. S. 107

Dazu hatte er bereits 1887 ins „Bundesbuch" geschrieben:
„Dieweil der Mensch nicht von Lastern rein,
weil ihr ihn sollt zeichnen mit Fleisch und Bein, —
Will heutzutage jedes Schwein
Schon eo ipso Dichter sein."

Heinrich und Julius Hart schrieben im Vorwort ihres „Kritischen Jahrbuches" 1889:   „ Bis zum Jahre 1880 gab es keine Jugend, keine literarische Jugend — jetzt ist sie da, und mit ihr, wie natürlich, Bewegung, Gährung, Sturm. Als diese Jugend sich vordrängte, schaarte sie sich zunächst um uns. Aber nur ein Theil des neuen Geschlechts machte uns Freude. Dem anderen Theile waren wir nicht wüst, nicht wirr genug, nicht einseitig genug in Bezug auf die Objekte der poetischen Darstellung. Auch wir hatten eine moderne Dichtung verlangt, die, von der Weltanschauung unseres Zeitalters erfüllt, sein Leben und Streben wiederspiegele, auch wir eine Dichtung, die zur Natur, zu den Quellen der Wirklichkeit zurückkehren sollte. Jener zweite Theil der Jugend aber wollte, bewußt oder unbewußt, ein ganz anderes; statt Natur setzte er den Naturalismus, und zwar den tendenziösen einseitig pessimistischen Naturalismus, und alles Moderne ging ihm in dem einen Begriff Sozialismus auf." Auch zu dieser Zeit noch bzw. schon wieder fordern die Harts den Kampf für „alles Große, Echte, Tiefe (109)".

Heinrich Hart präzisiert an anderer Stelle: „*Diesen Fälschungen der Wirklichkeit* gegenüber, denn etwas anderes ist weder die idealisierende, noch die Tendenzpoesie, und in schroffem Gegensatz zu ihnen bildet sich auf der *dritten Stufe* der *Realismus*, der ebenso objektiv ist, wie die Romantik subjektiv, und nicht wie diese Wirklichkeit durch die Phantasie, sondern die Phantasie durch die Wirklichkeit korrigiert." (110) Die Mißachtung der Romantik, auch bei anderen naturalistischen Schriftstellern, die mit der Idealisierung der Wirklichkeit gleichgesetzt (111) und daher für die moderne Wirklichkeitsdichtung abgelehnt wurden, ist gerade für den „Durch" typisch und zwar als geistiger

109 H. u.J. Hart, Kritisches Jahrbuch. Beiträge zur Charakteristik der zeitgenössischen Literatur, sowie zur Verständigung über den modernen Realismus. 1. Jg. H. I. 1889 S. 3/4
110 H. Hart, Kritisches Jahrbuch, a. a. O. I. Jg. H. I.1889, S. 48
111 W. Bölsche, Die Poesie der Großstadt. In: Magz. 1890 S. 622—625

Widerpart, an dem er seine eigene literarische Stellung herauskristallisierte.

Wilhelm Bölsches Aufsatz „Die naturwissenschaftlichen Grundlagen der Poesie" war von Lenz im „Durch" zur Diskussion gestellt worden. In dem 1886 geschriebenen Vorwort zeigt sich die exponierte Stellung Bölsches, der zwar in manchen Punkten mit den anderen grundsätzlich übereinstimmte, durch seine starke Betonung der naturwissenschaftlich psychologischen Problemstellung in der modernen Dichtung aber besonders Wille interessierte. Dessen beide im „Durch" gehaltenen Vorträge tragen die Titel: „Gefühlsassoziationen in der Poesie " und „Die psychologischen Ursachen des Wohlgefallens am Formschönen". Zwar erklärte auch Heinrich Hart 1889 „Die realistische Bewegung verlangt vom modernen Realismus „Vertiefung des psychologischen Verfahrens und alles beachtende Genauigkeit in der Schilderung". Er habe die Aufgabe, „auch das Innerste der Charaktere bloßzulegen, jede Handlung, jeden Gedanken bis zu ihren letzten Gründen und Quellen zu verfolgen, zu sezieren und mit Tageshelle zu beleuchten" (112). Aber Bölsche hatte schon 1886 präziser geschrieben: „Der Realismus ist nicht gekommen, die bestehende Literatur in wüster Revolution zu zerstören, sondern er bedeutet das einfache Resultat einer langsamen Fortentwicklung, wie die gewaltige Machtstellung der modernen Naturwissenschaften es nicht mehr und nicht minder ist. Jene Utopien von einer Literatur der Kraft und der Leidenschaft, die in jähem Anprall unsere Literatur der Convenienz und der sanften Bemäntelung wegfegen soll, bedeuten mir gar nichts, was ich von dem aufwachsenden Dichtergeschlecht fordere und hoffe, ist eine geschickte Bethätigung besseren Wissens auf psychologischem Gebiete, bessere Beobachtung, gesunderen Empfindens, und die Grundlage dazu ist Fühlung mit den Naturwissenschaften." (113) Bölsche sagt damit schon früh ganz eindeutig, was sich im Laufe der Zeit im „Durch" immer klarer abzeichnete, daß es diesem Kreis von modernen Literaten nicht mehr um die von Bleibtreu in seiner Broschüre proklamierte *Revolution* der Literatur und damit auch nicht um die Revolution in Kunst, Kultur und Gesellschaft ging,

112 Heinrich Hart, „Die realistische Bewegung. Ihr Ursprung, ihr Wesen, ihr Ziel". In: „Kritisch.Jb." I. 1889, H. I. S. 53 abgedruckt bei Ruprecht, a. a. O. S. 151
113 Wilhelm Bölsche, Die naturwissenschaftlichen Grundlagen der Poesie. Berlin 1887, S. 111/IV Ruprecht. a. a. O. S. 85ff.

sondern beeinflußt von Elternhaus und Schule und unter dem Eindruck der politischen Einigung des Reiches, nur um Reform der Verhältnisse. Sie waren nicht revolutionär sondern revisionistisch bis konservativ. Diese Tendenz herrschte von da an im ganzen Berliner Naturalismus vor, selbst bei den mit der Sozialdemokratie sympathisierenden Literaten. Hier einige Beispiele von Äußerungen dazu aus dem „Durch"-Kreis. Leo Berg trägt am 29. 10. 1886 folgende Sentenz ins „Bundesbuch" ein: „Reformation ist Folgerung Revolution ist Prinzip." Darunter stehen von unbekannter Hand u. a. die schlecht zu lesenden Worte: Reformation ist nämlich notwendige an das Vorhandene anschließende Umgestaltung des Vorhandenen, Annäherung des Gegebenen, aus dem Vergangenen gefolgten, an das Zukünftige, Revolution ist plötzliches Unorganisches, gewaltsames Hinzwängen des Zukünftigen in die Gegenwart und Vernichtung des Alten." (114) Auf die nächste Seite schreibt Hanstein:„ „Reformation ist Heilung Revolution ist Amputation." Heinrich Hart hebt in seinen Erinnerungen die theoretische Entwicklung, die der „Durch" im Laufe seines Bestehens machte, hervor: „Große Worte wurden gemacht. Aber es war doch deutlich zu merken, wie sich mehr und mehr diese Worte mit großem Inhalt füllten, von tiefernst zu nehmender Gesinnung durchweht wurden. Immer mehr befestigten wir uns gegenseitig in dem Gedanken, daß eine neue Kunst mit einer Erneuerung des ganzen Lebens ringsum Hand in Hand gehen müsse, daß eine große Kunst nur von großen Persönlichkeiten ausgehen könne. Um das schaffen zu können, was wir ersehnten, mußten wir uns selbst zunächst einmal in die Hand nehmen, uns durchkneten, formen und erhöhen. Natürlich bezieht sich dies „Wir" nicht auf alle, die im „Durch" ihre Programme zum besten gaben, aber doch auf die meisten. Am eifrigsten in der Aufstellung von Programmen, in der Verkündung von Thesen war Eugen Wolff." (115) Hanstein sagt treffend über die Entwicklung des „Durch": „Im übrigen behielt der ganze Verein nicht seine Bedeutung. Wolffs anerkennenswerter Wunsch, keine ‚Clique' und nicht einmal eine ‚Schule' zu bilden, erfüllte sich — aber eben darum konnte sein anderer Wunsch sich nicht erfüllen, daß von hier aus eine literarische Revolution ausgehen könne.Denn

---

114 Der Text wurde nicht mit den orthographischen Ungenauigkeiten wiedergegeben, sondern in heutige Orthographie gesetzt.
115 H. Hart, Literarische Erinnerungen. Berlin 1907. S. 62

Revolutionen brauchen einseitige Programme, Zusammenrottungen unter energischen Führern und flatternde Banner mit knappen, kernigen Devisen. Revolutionen setzen einen Herdentrieb voraus, der zu blinder Gefolgschaft führt; die so grundverschiedenen Elemente unseres Vereins aber hielt nichts zusammen, als das Bewußtsein jugendlichen Aufstrebens." (116) Leo Berg in seiner Schrift „Henrik Ibsen": „Dieser Verein, den ich im Jahre 1886 begründete, und der etwa bis 1889 bestand, hat für die Entwicklung der Berliner jungdeutschen Gruppe sicherlich eine gewisse Bedeutung gehabt und verdient auch in der detaillierten Biographie einzelner Dichter gebührende Erwähnung. Aber er hat nie Einfluß und Bedeutung nach außen gehabt. Er war ein Feundschaftsbund und litterarischer Klub, der nur ein privates und intimes Dasein führen sollte und wollte." (117) Daß dies nicht ganz den Intentionen aller „Durch"-Mitglieder entsprach, ist aus den vorhergehenden Erwähnungen schon ersichtlich. Natürlich ist es richtig, daß der „Durch" keine geschlossene Kampfgruppe war, die bestimmte Thesen durch Organisation und mit Energie durchsetzen wollte. Dazu bedienten sie sich viel zu wenig durchschlagender propagandistischer Mittel. Ihre Bestrebungen gingen noch nicht so sehr auf eine Reformierung der Gesellschaft und waren trotz aller theoretischen Klärungsversuche noch zu unklar, als daß sie zum wirksamen Kampf der Dichter für eine neue Zeit ausgereicht hätten. Es ging ihnen aber doch um mehr als um „privates und intimes Dasein", denn sie versuchten, wie gezeigt wurde, auf verschiedene Weise an die Öffentlichkeit zu treten.

Mehrere Freundschaften sind aus dem „Durch" hervorgegangen. Die wichtigste war die zwischen Hauptmann und Holz, die allerdings Anfang der neunziger Jahre zerbrach, da die unterschiedlichen Erfolge beider eine zu große Belastung wurden. Von den anderen war Holz nie sehr geschätzt worden. Wille wirft ihm Einseitigkeit vor. Er verwechsle Natur mit platter Wirklichkeit (118). Berg findet, Holz habe sich mit seinem Buch „Die Kunst, ihr Wesen und ihre Gesetze" lächerlich gemacht. Durch jeden, selbst den unvernünftigsten Satz, klänge die Klage nach der verlorenen Lyrik, Sehnsucht nach der lyrischen Romantik, die Klage, daß dem Autor „die naive Freude des Lyrikers an

116   A. v. Hanstein, a. a. O. S. 79
117   Leo Berg a. a. O. S. 36
118   Bruno Wille, in: Mit. G. Hauptmann, in Heynen, a. a.O. S.94

70

Gedichten durch thörichte Theorien und die Ungunst der Zeiten genommen wurde (119)". Und an anderer Stelle spricht er von „Arno Holz, der eigentlich nur grob ist und vor lauter Geistlosigkeit den ‚konsequenten Realismus' erfunden hat. Die grosse Sorgfalt, die er auf die Form, zunächst auf den Vers, legte, entspringt bei ihm weniger künstlerischen Prinzipien als der Selbstzucht eines sauberen Arbeiters." (120) Hanstein kritisiert, Holz sei durch seinen konsequenten Naturalismus zu einem „grämlichen, spintisierenden, tüftelnden Grübler geworden" (121). Wieweit diese Urteile über Holz schon zu Zeiten seiner Kontakte zum „Durch" formuliert worden sind, ist aus den autobiographischen Schriften schlecht zu ersehen. Sicher scheint mir, daß alle diese Berliner Literaten seine Sonderstellung und besondere Begabung als aufreizend empfunden haben. Sie sahen Holz gerne in der Isolierung, der durch seinen Charakter diese Reaktion sicher noch gefördert hat.

Daß Hauptmann in diesen Jahren auch in seiner persönlichen Entwicklung noch sehr am Anfang stand, beweisen die Worte Julius Harts: „Im Kampf- und Propaganda-Verein „Durch" tauchte sein feingeschnittenes, edles Gesicht zuerst aus der Schar der Stürmer und Dränger für mich auf, und sein durch und durch symphatisches Wesen, die Vornehmheit seines Charakters gewannen ihm rasch viel Freunde." (122) „In Berlin, an den Abenden des „Durch", einer von den vielen Gesellschaften, die überall zur Förderung der neuen Bewegung damals auftauchten und wo ich ihn zuerst kennen lernte, erschien er, streng gekleidet nach den Vorschriften des Jägerschen Wollregimes, das eben als Allheilmittel zur Wiedergeburt der Menschheit angekündigt wurde. Er sah aus wie das unverdorbene Kind der Berge und der Wälder, das schon durch sein äußeres Erscheinen einen ethischen Widerspruch gegen die Sitten der Weltstadt zu erheben schien." (123)

119 Leo Berg, Die Romantik der Moderne. In: Zwischen zwei Jahrhunderten. Gesammelte Essays. Frankfurt 1896. S. 365
120 Leo Berg Der Übermensch in der modernen Litteratur. Ein Kapitel zur Geistesgeschichte des 19. Jahrhunderts. Paris, Leipzig, München 1897. S. 184
121 A. v. Hanstein, a. a. O. S. 146
122 Julius Hart, Vom Schreibtisch u. aus dem Atelier. Die Entstehung der „Freien Bühne". Persönliche Erinnerungen Velhg. u. Clasg. 24. Jg. Bd. 1 S. 293
123 ders., Vom Schreibtisch u. aus der Werkstatt, Friedrichshagen. Aus meinen Lebenserinnerungen. Velhg. Clasg. 33. Jg. Bd. 1, S. 653

Sehr wichtig ist auch die aus Interesse zum Sozialismus entstandene Freundschaft zwischen Wille und Bölsche, die eine Zeit lang noch Türk in ihre Wohngemeinschaft aufnahmen, sich später aber im Unfrieden von ihm trennten. Wille und Bölsche waren noch lange mit den Harts befreundet. Wille fühlte sich außerdem stark von Hauptmann und von Hanstein angezogen: „Da meine Beziehung zu ihm (Hauptmann) wie auch zu Hanstein bald eine Herzlichkeit angenommen hatte, zog es mich wieder und wieder zu den ‚Durch'-Leuten, und ich selber galt nun als einer ihrer Matadore, zumal ich mich an den Aussprachen beteiligte, auch etlichemal über ästhetische Fragen vortrug." (124) Willes führende Stellung im „Durch" verdeutlicht die autobiographische Aussage Paul Ernsts, die eine ausführliche Charakterisierung seiner Persönlichkeit gibt: „Wille war etwa vier Jahre älter als ich, er hatte bereits studiert, war ein Jahr lang Hauslehrer in Rumänien gewesen bei einer Familie Kremnitz, in welcher die Frau mit der Königin zusammen dichtete, und bereitete sich jetzt auf die Doktorprüfung vor." (125) „Wille machte auf mich einen sehr großen Eindruck, dadurch, daß bei ihm die Gedanken besonders fest und sicher saßen. Ihm war garnichts zweifelhaft." „Wille wurde für mich der Lehrer der neuen Gedanken. Er war Sozialdemokrat. Er hatte in seinen jüngern Semestern den Lohgerber Dietzgen gekannt, der ein philosophisches Buch geschrieben hatte, das nach meiner Erinnerung den sogenannten geschichtlichen Materialismus unterbauen sollte; Dietzgen war damals schon von der Polizei nach Amerika hinüberdrangsaliert.

Durch Wille lernte ich zuerst Gedankengänge von Marx kennen; freilich hatte Wille sie nicht unmittelbar aus den Schriften von Marx, denn er war reichlich bequem und studierte nicht gern, sondern aus den Belehrungen von Dietzgen; es waren also mehr so allgemeine achtundvierziger Vorstellungen, die ich von Wille erhielt." (126)

Wille selbst hat sich Ernst gegenüber auch als Anreger gefühlt. Er schreibt in seinen autobiographischen Schriften: „Paul Ernst, gleich mir Student, zerfallen mit der Theologie und durch meine Anregungen Sozialist, erstrebte eine Position als Schriftsteller. Seine Neigung zur

---

124 Bruno Wille in: Heynen, a. a. O. S. 92
125 Thema der Dissertation war: „Phänomealismus des Hobbes" (1888). Nachweis bei von Hanstein a. a. O. S. 185
126 Paul Ernst, a. a. O. S. 141/142

sozialen Satire hätte sich fruchtbar entwickeln können, wäre sie mehr beschaulich als grimmig gewesen. Später hat er einen klassischen neuen Stil herangebildet. Und so zeigt sich überhaupt, daß die ‚Durch'-Poetenschaft eine buntgemischte Gesellschaft war, von verschiedenen Strömungen ergriffen — einig in gewissen Schlagworten wie in der Sehnsucht, aus moderner Wirklichkeit verborgene Innenschätze hervorzuholen und treu zu gestalten, damit sie treibende Kräfte seien einer geahnten höheren Kultur." (127)

Hansteins Charakterisierung rundet das Bild: Er bezeichnet Wille als „den Philosophen mit dem sanften Wesen". „Wie eine moderne Sokratesnatur erschien dieser damals mit seiner immer gleichen Ruhe und mit seiner Fähigkeit, von jedem beliebigen Gesprächsgegenstand ausgehend, immer in seiner sachlichen und niemals verletzenden Weise zur Entwicklung seiner sozialen Gedanken zu kommen." (128) Willes Eindruck von v. Hanstein fällt nicht so positiv aus: „Zu ihnen ((den Durchlern)) gehörte Adalbert von Hanstein, ein Feuerkopf, der durch seine Beredsamkeit blendete nicht so sehr in die Verhandlungsgegenstände hineinleuchtete, als an ihrer Oberfläche herumtastete. Immer sprach er in gehobenem Stile, fließend und im allgemeinen formschön, wenn auch sein nervöses Gesichtszucken und gelegentliches Stammeln beeinträchtigend wirkte." (129)

Viele der Freunde erwähnen Willes theoretischen Zwiespalt, den er auf eine merkwürdige Weise zu lösen versuchte: Er hatte mit dem Theologiestudium begonnen und war dann durch Eindrücke und Einflüsse (z. B. Türks und Bölsches) Sozialist in dem von Ernst erwähnten Sinne geworden. Da ihm jedoch neben vielem anderen vor allem Härte fehlte, und er ein nach Verinnerlichung strebender Mensch blieb, verwandelte sich sein Sozialismus im Laufe der Zeit in eine sektiererische naturreligiöse Ethik, die ihn zu einem der Führer der damals typischen Freireligiösen Bewegung machte.

Wille selbst bemerkt zu seiner Rolle im Naturalismus später: „Ich bin mit dieser Richtung zu Ende der achtziger Jahre gelaufen, weil ich in der damaligen Dichterei Deutschlands nicht viel mehr als schwächliches Epigonentum sah, Unterhaltungsmache und Tendenzlitteratur für

127 Bruno Wille, in: Heynen, a. a.O. S. 91
128 A. v. Hanstein, a. a. O. S. 184
129 Bruno Wille in: Heynen, a. a. O. S. 91

reichsdeutsche Bourgeoisie, während im Naturalismus immerhin ein leidenschaftliches Streben pulsierte im Sinne der Lösung: ‚Die Wahrheit wird euch frei machen.' Damals war mir noch nicht zu deutlichem Bewußtsein gelangt, daß ich mit meiner dichterischen Art eigentlich etwas Andres suche als den Naturalismus und diesen vorwiegend schätze, insofern er zum Höheren *überleiten* könne. Dies Höhere, nach dem ich mich sehnte, war Innenwelt. Aus dem Gemüte entsprang meine soziale Poesie, ebenso wie die Lyrik meiner Naturliebe und eremitischen Beschaulichkeit." (130)

Sein Werdegang mußte ihn natürlich in Konflikt mit der Sozialdemokratie bringen. Trotz seiner individuellen Besonderheit ist er ein typisches Beispiel für die Entwicklung der ganzen naturalistischen Bewegung, die in ihrer Spätphase sektiererische Züge annahm. Zu seinem engsten Freunde Bölsche findet man bei Wille folgende Äußerung: „ In lebhaftes Gespräche geriet ich mit ihm über Schopenhauer und naturphilosophische Fragen; und in dieser Hinsicht harmonierten wir, während das soziale Problem zunächst zu Meinungsverschiedenheiten Anlaß gab." (131)

Bölsche hat den Arbeiterbildungsbemühungen seines Freundes zwar nicht abweisend, aber doch immer etwas zurückhaltend gegenübergestanden, obwohl auch er gern und oft populär-wissenschaftliche Vorträge vor Arbeitern hielt. Sein naturwissenschaftlich klarer Blick ließ sich jedoch nicht in gleichem Maße von einer nicht ganz zu durchleuchtenden „Innenwelt" trüben. Heinrich Hart gibt in seinen Erinnerungen von ihm folgendes Bild: „Als er zu uns kam, war er in keiner Hinsicht unter die Radikalen zu rechnen, Politiker war er im Grunde nie, immerhin liebte er es im Anfang, den sozialistischen Fanatikern gegenüber den Nationalliberalen herauszubeißen. Nationalliberal war auch, wenn ich so sagen darf, seine äußere Erscheinung. Es ist nicht leicht, den Forscher und Philosophen von heute mit der Fülle von Haupt- und Barthaar in dem geschniegelten Jüngling von damals, der flott und patent wie ein Korpsstudent einherschritt, wiederzufinden." (132)

Leo Berg muß im „Verein Durch" trotz seiner gewissen Führerrolle menschlich abseits gestanden haben. Außer an der „Freien Littera-

130 Bruno Wille, in: Heynen, a. a. O. S. 96
131 ders., in: Heynen, a. a. O. S. 98
132 Heinrich Hart, a. a. O. S. 65

rischen Gesellschaft" hat er auch an späteren Gruppen nicht teilgenommen. Wille charakterisiert Berg als „einen Zwerg, der an einer Hüfte
lahmte, sodaß sein Gang hin und her schaukelte. Weniger an seine
jüdische Herkunft als an Schiller gemahnte sein Profil. Von der
steilen, finstern Stirn starrten die Haare wie Schilfröhricht wüst
empor. Obwohl der dramatischen Produktion verdächtigt, bestätigt
er sich öffentlich bloß als Kritiker, und zwar mit einer grübel-
haften Eigenbrödelei." (133) Seine Schrift „Haben wir überhaupt noch
eine Literatur?" (134) fand bei den Harts nur Kritik. Die Frage sei
unklar gestellt, bemängeln sie 1890 im „Kritischen Jahrbuch", „das Heft
selber ist ein Zeugnis für die Hast und Übereilung, mit der man heute
ganz unausgereifte und verworrene Werke in die Öffentlichkeit wirft,
nur um auf dem Markt zu erscheinen." (135)

Daß die beiden Brüder Hart von ihren Freunden immer identisch
gesehen wurden, beweisen Bölsches Worte, die seinen Eindruck von den
Harts an seinem ersten Abend im „Verein Durch" wiedergeben: „Beide
mit der gleichen schönen Intelligenzstirn, die jederseits wie ein weißer
Flügel ins Haar eindrang; bei beiden dieses Haar so schlicht und beinahe
widerborstig zurückgekämmt, wie zum offenen Protest gegen alle
geniale Lockenkoketterie; beide mit demselben verrauchten Schnurr-
bart und etzwelchen schlecht orientierten Kinnhaaren auf der Spezies-
grenze zwischen Fliege und Bart; bei beiden das Auge nächst der
Stirn ganz Seele, Feuer, Kraft, obwohl verschlechtert zwischen
Kneifergläsern, die nur ab und zu einen echten Blitz herausließen;
und bei beiden endlich von diesem Charakterkopf abwärts zwei
schmächtige Körperchen von unablässig wimmelnder Bewegung wie
zwei losgetrennte wuslige Eidechsenschwänze." „Und mit einigem
Seelenleben erfuhr der hinzugekommene Neuling, daß diese beiden
Identitäten sich gegenseitig der absolutesten ästhetischen Ignoranz und
Unfähigkeit zu jeglicher Produktion wie Kritik vorwarfen. Eine Erfahrung, die nur dadurch einigermaßen erschwert wurde, daß beide
Parteien unerbittlich gleichzeitig redeten." „denn je weiter die Debatte
kochte, desto einleuchtender war, daß diese beiden Seelen im Innersten
und Heiligsten so einig waren, wie nur zwei verschiedene Menschen

133 Bruno Wille, in: Heynen, a. a. O. S. 92
134 Leo Berg, Haben wir überhaupt noch eine Litteratur? Großenhain, Leipzig,
      1888
135 J. Hart, Krit. Jb., H. 2, S. 147

überhaupt sein können, und daß im Ernst jeder von beiden zugleich nachgab und in aller Wut der Diskussion immer heimlich dem Gegner unter dem Tisch die Hand zu drücken schien." (136)

Und Wille schreibt: „Daß es bei der ‚Moderne' nicht so sehr auf einen Kreis bestimmter neuzeitlicher Ideen ankomme als darauf, daß aus neuzeitlichem Erleben heraus *echt gestaltet* werde, war ein Standpunkt, den die Brüder Hart vertraten. Durch glühende Lyrik und geistvolle Polemik, besonders als Herausgeber des ‚Kritischen Jahrbuchs', hatten sie sich schon damals ein gewisses Ansehen erworben und wirkten vorbildlich, insofern ihnen Schriftstellerei ein Schaffen aus reiner Begeisterung bedeutete und erst in zweiter Hinsicht materiellen Erwerb. Weil sie Mut hatten, als unbekümmerte Bohemiens zu leben und dabei immer noch etwas erübrigen konnten, um darbenden Genossen beizustehen, blickte man gläubig zu ihnen auf, wenn sie von Poeten uneingennützige Hingabe an sein heiliges Amt verlangten." (137)

Über die unbekannteren „Durch"-Mitglieder findet sich in den autobiographischen Schriften kaum ein Vermerk. Sie müssen nicht nur als Schriftsteller, sondern auch für die Zusammenkünfte unbedeutend gewesen und bald vergessen worden sein. Ihre Rolle im theoretischen Kampf des Naturalismus ist schwer zu bestimmen. Ackermann soll nach Ernst als erster Hauptmanns Drama „Vor Sonnenaufgang" gedruckt haben, ein Beweis dafür, daß die Vereinsmitglieder sich bei der Bewältigung praktischer Schwierigkeiten unter die Arme griffen.

Einen der wichtigsten Belege für den Geist des „Verein Durch" ist sein Protokollbuch, von dem bereits mehrfach die Rede war. Mit dem Beginn des Protokollbuches läßt sich eine regelmäßige theoretische Arbeit der Gruppe nachweisen, die vorher zweifellos nicht im Vordergrund gestanden hatte, wie das bisher unveröffentlichte „Bundesbuch" zeigt. In häufigen literaturgeschichtlichen und zukunftsplanenden Vorträgen festigen sich die Hauptthesen der mittleren naturalistischen Zeit. Gleichzeitig zeichnet sich die Führerrolle Willes bei allen sozialistisch interessierten Gruppenmitgliedern ab. Da Wille aber selbst noch am Beginn seiner sozialistischen Interessen stand, ist in der Zeit, über die das Protokollbuch Auskunft gibt, von einer Spaltung im Verein noch

136 Wilhelm Bölsche, Hinter der Weltstadt. Friedrichshagener Gedanken zur ästhetischen Kultur. 1904. S. 70—72
137 Bruno Wille, in: Heynen, a. a. O. S. 93

nichts zu merken. Zur Spaltung muß es — nach Aussage von Wille jedenfalls — ungefähr ein Jahr nach der letzten Eintragung im Protokollbuch gekommen sein. Denn damals gründete Wille mit seinen sozialistischen Anhängern aus dem „Durch" die ethischen Vereine. An den Tendenzen des „Durch" soweit die Quellen sie wiedergeben, haben Willes revolutionäre Ideen kaum etwas ändern können. Im „Durch" wurde zwar immer viel und mit Pathos geredet, aber weder tauchte ein durch die Gruppe proklamierter kulturrevolutionärer Plan auf, noch hatte revolutionär politischer Geist eine Chance. Im Gegenteil: die antirevolutionäre Einstellung wurde als die gemeinsame nach außen hin vertreten. Im übrigen vertrat jeder seine eigene Weltanschauung.

Die Dauerhaftigkeit des Vereins rührte daher, daß sich diese Individualisten mit ihrer konservativen, auf einem humanistischen Weltbild basierenden, bildungsbürgerlichen Weltanschauung weitgehend einig waren. Persönlichkeiten mit ganz eigenständigen Einfällen, die sich sogar daran machten, sie dichterisch auszuarbeiten — wie Arno Holz — wurden als nicht wirklich zugehörig empfunden. Auf Gerhart Hauptmann konnte man 1887 noch nicht allzu stolz sein. Integrierend und gleichzeitig hemmend wirkten die Harts mit ihren immer vermittelnden Humanitäts- und Harmonie-Idealen. Ihre Führerrolle für die neue Literaturepoche war in dem Moment vorbei, als andere eben diese ihre Vermittlerrolle übernahmen. Denn das Vermittelnde war und blieb das Wesentliche auch in diesem Verein. Poetische Führer sind die Harts auch hier nicht gewesen, denn sogar ihre engsten Freunde mußten zugeben, daß die Harts und viele andere „Durch"-Leute sich schließlich mit den früher so verhaßten konservativen Berliner Literatenkreisen verbrüderten. Das wird sich auch noch bei anderer Gelegenheit zeigen.

Das Weiterweisende der naturalistischen Bewegung, ihre Zukunftsträchtigkeit ging nicht von ihren ersten Protagonisten aus, sondern von ganz anderen Leuten. So markiert die Weiterentwicklung von einem Zusammenschluß zum nächsten auch zugleich die Entwicklung der Bewegung als solcher mit ihren Akzentverschiebungen. Gegen Ende der achtziger Jahre ist das literarische Niveau des Vereins sehr gesunken. Viele Ideen hatten sich überholt. Andere Gedanken, andere Menschen, andere Ziele waren in den Vordergrund gerückt.

III. DIE „FREIE BÜHNE"

An der Situation des deutschen Schauspiels und seinen traditionsbestimmten Aufführungsbedingungen ist von naturalistischer Seite her viel Kritik geübt worden. Daher war es nicht verwunderlich, daß das Beispiel von Antoines Théâtre Libre in Paris den Anstoß zur Gründung eines Vereins gab, dessen Ziel in erster Linie in der Aufführung von Stücken moderner Deutscher und Ausländer bestand. Julius Hart (138) berichtet allerdings, die Idee zu einem Liebhabertheater sei nicht erst von Frankreich in die naturalistischen Dichterkreise gedrungen. Vor der Gründung der „Freien Bühne" habe der Berliner Theaterliebhaberverein „Urania" eine Gründung bürgerlich konventioneller Schriftsteller, z. B. Wildenbruchs „Herrin ihrer Hand" zur Aufführung gebracht. Nach Leo Berg war der Dilletantenverein „Berliner Dramatische Gesellschaft" „So etwas wie ein Vorspiel der ‚Freien Bühne'. Sie soll am 2. Januar 1887 zum ersten Mal in Deutschland Ibsens „Gespenster" im Architektenhaus in Berlin aufgeführt haben (139). Nun aber wollte man neue Möglichkeiten der Inszenierung und Schauspielkunst versuchen, die den naturalistischen Dramen gerecht werden konnten. Im Gegensatz zu Antoines Theater sollte das deutsche kein Geschäftsunternehmen sein, weil man das für einen Krebsschaden der Kunst hielt. Im Deutschland der 80er — 90er Jahre waren die Zensurbestimmungen für alle kulturellen Veranstaltungen, selbst noch nach Aufhebung des Sozialistengesetzes, in einem Grade von dem Kulturverständnis der jeweiligen Regierungsvertreter diktiert, daß es ratsam war, jede Erstaufführung eines avantgardistischen Stückes vor ein Publikum zu bringen, welches als polizeilich gemeldeter Verein den Status einer geschlossenen Gesellschaft hatte. So konnten Inhalt und Erfolg eines in solch einem Verein aufgeführten Dramas zwar der Öffentlichkeit bekannt gegeben werden, die Aufführung selbst hatte jedoch nichtöffentlichen Charakter.

Daß nur dieses der Weg sein konnte, den die jungen Dramatiker und

---

138 Julius Hart, Velhg. u. Clasg., 33. Jg. Bd. 2. S. 94—98
139 Leo Berg, Henrik Ibsen, a. a. O. S. 36

ein an moderner Dichtung interessiertes Publikum einschlagen mußten, wenn sie der neuen Kunst zum Erfolg verhelfen wollten, war die Meinung einer kleinen Gruppe von Literaten, Kritikern und Journalisten, die sich auf Initiative von Theodor Wolff und Maximilian Harden im März 1889 im Weinrestaurant Kempinski trafen (140). Es waren: Theodor Wolff, Maximilian Harden, Stockhausen. Weiter Paul Schlenther, Otto Brahm, Samuel Fischer, Paul Jonas, die beiden Brüder Hart und Julius Stettenheim. Theodor Wolff (geb. 1868) und Maximilian Harden (geb. 1861) waren bis dahin ziemlich unbekannte junge Schriftsteller gewesen. Sie allein wären weder organisatorisch noch künstlerisch zur Gründung eines solchen Unternehmens in der Lage gewesen. Harden hatte zwar schauspielerische Erfahrungen und ein intensives Interesse an der modernen Literatur des In- und Auslandes. Dennoch hielten beide es für nötig, gerade Leute wie Otto Brahm (geb. 1856) und seinen Freund, Paul Schlenther (geb. 1854) für ihr Vorhaben zu interessieren. Otto Brahm, ein Schüler Wilhelm Scherers, lebte als freier Schriftsteller und Literaturhistoriker in Berlin, schrieb Theaterkritiken für die Zeitschrift „Die Nation" und war im engeren Kreise durch seine 1884 erschienene Kleistbiographie bekannt geworden. Anfang 1889 soll er gerade den ersten Band seines Werkes über Schiller vollendet gehabt haben. Paul Schlenther, ebenfalls Schererschüler, war zu der Zeit Schriftleiter der „Vossischen Zeitung".

Ihr Verhältnis zum „jüngsten Deutschland" wurde von Julius Hart später folgendermaßen charakterisiert: „Weder Brahm noch Schlenther, die Unzertrennlichen, hatten bis dahin zu den eigentlich revolutionären Zirkeln von uns Jüngsten und Gründeutschen, Stürmern und Drängern und modernen Dichtercharakteren Beziehungen gehabt und standen ihnen eher fremd und ablehnend ironisch lächelnd gegenüber." (141) Und Paul Ernst erzählt: „Brahm und Schlenther waren uns Jungen gegenüber rückständig und wurden etwas belächelt. Aber sie hatten Macht und witterten irgendwie, daß etwas Neues kam." (142) Brahm war es auch, der bereits Beziehung zu dem jungen Buchhändler Samuel Fischer (geb. 1859) hatte. Dieser besaß einen kleinen Buchladen in der

---

140 Julius Hart, Velhg. Clasg., 24. Jg. Bd. 1, S. 292, nennt Kempinski als Treffpunkt. Julius Bab, Das Theater der Gegenwart, Leipzig 1928, nennt das Cafe Schiller am Gendarmenmarkt als Treffpunkt.
141 Julius Hart, Velhg. Clasg., 33. Jg., Bd. 2, S. 98
142 Paul Ernst, a. a. O. S. 225

Friedrichstraße, viel Mut und Interesse an der modernen Literatur. Auf Grund seiner geschäftlichen Erfahrungen wurde er der Finanzberater des Vereins. Der Rechtsberater wurde Paul Jonas, ein in allen Fragen der modernen Literatur interessierter Rechtsanwalt. Die beiden Brüder Hart sind uns längst bekannt. Julius Stettenheim (geb. 1831) war seit 1868 Redakteur der „Berliner Wespen", einer humoristisch-satirischen Zeitschrift, die er in Hamburg gegründet hatte. Stockhausen (Geburtsjahr unbekannt) war Angestellter einer Theateragentur.

Feste Vorstellungen von der Verwirklichung ihrer Idee, so hebt Heinrich Hart in seinen Erinnerungen hervor (143) hatten Harden und Wolff nicht mit in die Versammlung gebracht. Sie hatten „an ein künstlerisches, stilles Wirken" einer Dilletantenbühne gedacht (144). Als man sich überzeugt hatte, daß die „Freie Bühne" nur als geschlossener Verein existieren könnte, schlugen Harden und Wolff selber Otto Brahm als Vorsitzenden des Vereins und Leiter der Bühne vor. Paul Schlenther veröffentlichte in seiner Schrift „Wozu der Lärm? Genesis der Freien Bühne" (145) Zweck und Plan der „Freien Bühne": „Der Entwurf zur Aufforderung, den wir noch am selben Tage abfaßten und der dann in vielen Exemplaren verbreitet wurde, deutet es an: ,Uns vereinigt der Zweck, unabhängig von dem Betriebe der bestehenden Theater und ohne mit diesen in einen Wettkampf einzutreten, eine Bühne zu begründen, welche frei ist von den Rücksichten auf Theatercensur und Gelderwerb. Es sollen während des Theaterjahres in einem der ersten Berliner Schauspielhäuser etwa zehn Aufführungen moderner Dramen von hervorragendem Interesse stattfinden, welche den ständigen Bühne ihrem Wesen nach schwerer zugänglich sind. Sowohl in der Auswahl der dramatischen Werke als auch in ihrer schauspielerischen Darstellung sollen die Ziele einer der Schablone und dem Virtusentum abgewandten lebendigen Kunst angestrebt werden.'

In einer nächsten Sitzung legte Rechtsanwalt Jonas einen Statutenentwurf vor, der von der Mehrzahl der Gruppe angenommen und von allen unterschrieben wurde. Die offizielle Gründung erfolgte am 5. April 1889. Der Entwurf faßte aus organisatorischen und juristischen Grün-

143 Heinrich Hart, a. a. O. S. 70
144 Maximilian Harden, Die Freie Bühne in Berlin. Magz., 1890 S. 210
145 Paul Schlenther, Wozu der Lärm? Genesis der Freien Bühne. Berlin 1890, S. 5

den die 10 Begründer als einen engeren Mitgliederkreis, dessen Rechte und Pflichten Schlenther in seiner Schrift folgendermaßen hervorhebt: „Sie allein wählen und controlliren den Vorstand (Brahm, Fischer, Jonas), sie allein haben das Statut unterzeichnet, sie allein dürfen Vereinsversammlungen berufen und besuchen, sie allein dürfen sich cooptiren, sie allein ernennen Ehrenmitglieder, sie allein haben Anteil am Vereinsvermögen, sie allein haften für etwaige Schulden des Vereins mit ihrem Privatvermögen." (146)

Jedes engere Mitglied haftet erst einmal mit einer Summe von 500 Mark. Die Masse der übrigen -passiven- Mitglieder, die sich bald zahlreich meldeten — es waren zu Beginn 360 und zu Ende des Jahres ungefähr 900 — erhielt durch ihren Mitgliedsbeitrag nur das Recht auf 10 Theateraufführungen im Jahr, die Sonntags mittags stattfanden. Der Verein verbreitete Auszüge aus den Satzungen und eine Vorschau seines Programmes an alle Interessenten. Die erste Aufführung, Ibsens „Gespenster", fand am 29. September 1889 statt, wahrscheinlich im Lessingtheater, dessen Intendant damals Oskar Blumenthal war. Über die Wahl der Stücke, ihre Inszenierung und Darstellung hatte — so berichtete Heinrich Hart — Otto Brahm selbständig zu entscheiden. Den Mitgliedern des engeren Ausschusses war es allerdings vorbehalten, dem Leiter der Bühne Vorschläge zu machen und Wünsche vorzutragen. Julius Hart äußert sich in seiner Autobiographie zur Persönlichkeit Otto Brahms: „Die Wahl Otto Brahms war sicher die beste." „Eine durch und durch kühle, gelassene und ironische, keine poetische, aber eine stark kritische Natur. Gerade kein Anreger, kein Begeisterter, kein Entdecker und Pionier, kein Weiser neuer Wege und nicht schöpferisch, — und das Jugendlose, Temperament- und Leidenschaftslose seines Wesens stand im Gegensatz zu dem Sturm und Dranggeist der Jüngsten, zu aller ihrer Unruhe, Gärung und Ausgelassenheit und dem Genietreiben des Naturalismus. Darum war aber er eben der echte Mann. Ein berufener Rektor." Er sagt weiter, daß Brahm durch seine Besonnenheit und Klugheit die „Freie Bühne" vor der Gefahr bewahrt habe, „daß sie Experimentier, -Probe- und Schulbühne für Jugend- und Anfängerwerke wurde." (147)

146 Paul Schlenther, a. a. O. S. 31
147 Julius Hart, Velhg. u.Clasg., 24. Jg., Bd. 1, S. 293

Als einziger der Begründergruppe war Heinrich Hart von Beginn an gegen die Wahl Brahms zum Leiter der „Freien Bühne": „Der Ausschuß hatte sich selbst verurteilt, nichts als Dekorationsstoff zu sein. Nicht einmal ein künftiger Wechsel in der Leitung, ein jährlicher Turnus etwa, war, soviel ich weiß, vorgesehen." „Wenn ich mich auch keineswegs den Gründen verschloß, die für eine uneingeschränkte Machtstellung sprachen, so widerstrebte es mir doch allzusehr, gerade Brahm mit so viel Macht ausgerüstet zu sehen. Ich sah ein Verhängnis darin, daß ausschließlich sein Geist die Entwicklung der neuen Bühne beherrschen sollte. Wenn ich Brahm auch nur wenig kannte, so kannte ich ihn doch gut genug, um zu wissen, daß im Sinne einer feineren Idealität, einer großen Geistes- und Ideenkunst nichts von ihm zu erhoffen war." (148)

Auch die drei ursprünglichen Initiatoren des Vereins, Harden, Wolff und Stockhausen waren von der Art, wie er seine Tätigkeit auffaßte und den Verein zu führen begann, nach kurzer Zeit schon so enttäuscht, daß sie austraten. Harden berichtet darüber im „Magazin für die Litteratur des In- und Auslandes": „ . . .; ich freue mich noch heute, daß es mir gelang, den jetzigen Vorsitzenden des Vereins, Herrn Dr. Otto Brahm, für die Sache zu gewinnen und ihm die Zeitung zu sichern, aber ich bedaure auch nicht, daß ich mit den beiden anderen Begründern aus dem Verein schied, als er Juni 1889 Miene machte, in das Zeichen des roten Umschlages zu treten." Das bedeutet: „ . . .als man, wie jeder beliebige Theaterdirektor auch, mit Reklamenotizchen und Mitgliederfang im großen Stil vorzugehen begann, da war unseres Bleibens nicht mehr." (149)

Etwas anders stellt Schlenther den Rücktritt in seiner später von Hanstein scharf kritisierten Broschüre dar, wenn er in dem für ihn charakteristischen überheblichen Ton schreibt: „Ich habe damals den Rücktritt der drei Mitbegründer ehrlich bedauert, denn keiner von ihnen war ohne Verdienste um unser Unternehmen. Der Zeitungsredakteur war derjenige gewesen, der uns zur ersten Besprechung gebeten hatte; der Theateragent hatte uns vom bühnenpraktischen Standpunkt aus einen Kostenüberschlag gemacht, von dem späterhin mancherlei benutzt werden konnte; vom journalistischen ehemaligen Schauspieler erhofften

148 Heinrich Hart, a. a. O. S. 71/72 Julius Bab, a. a. O. S. 54, sagt im Widerspruch dazu, Heinrich Hart selbst habe Brahm vorgeschlagen. Das scheint mir einfach eine falsche Information zu sein.
149 Maximilian Harden, a. a. O. Magz. 1890. S. 210.

wir künstlerischen Beistand durch Rat und Tat. Überdies hatten alle drei Herren bis zuletzt tätig und wirksam in ihren Kreisen für die ‚Freie Bühne‘ passive Mitglieder angeworben. Ich beklagte ihren Rücktritt und hörte erst auf ihn zu beklagen, als ich wahrnahm, daß sie gegen die späteren Unternehmungen der ‚Freien Bühne‘ in mehr oder minder persönlicher Gehässigkeit schrieben und schrien. Nun erst wurde mir klar, daß wir uns nach den verschiedensten Seiten hin auf die Dauer nie verständigt hätten." (150)

An dieser Stelle sei darauf hingewiesen, daß über die 10 Begründer der „Freien Bühne" sowohl in den autobiographischen Schriften als auch in den gängigsten Literaturgeschichten Unklarheit herrscht. Paul Schlenther spricht von drei Initiatoren, ohne ihren Namen zu nennen, ebenso Maximilian Harden. In den anderen Quellen wird immer wieder nur von Wolff und Harden als den beiden Initiatoren gesprochen. Ruprecht hat diese Aussage übernommen (151) und erwähnt ebenfalls nur die beiden. Nur bei Julius Bab (152) fand sich der Name des dritten, Stockhausen. Da Bab auch als Beruf des dritten „Theateragent" erwähnt, deckt sich das mit der anonymen Erwähnung bei Schlenther. Es erscheint mir als sicher, daß sich der erste Begründerkreis so zusammensetzte, wie ich ihn oben beschrieb. Zur Dreizahl der Begründer, die den Verein sehr bald verließen, würde auch passen, daß drei Mitglieder an Stelle der Ausgeschiedenen neu hinzugewählt wurden, nämlich Hauptmann, Fulda und Mauthner. Die beiden letzten wurden zwar in den autobiographischen Schriften —wahrscheinlich auf Grund von Erinnerungstäuschungen —als von Anfang an zugehörig behandelt. Wäre das jedoch gewesen, so hätte der Kreis aus 12 Mitgliedern bestanden. Es ist jedoch immer von 10 Mitgliedern der Kerngruppe die Rede, auch wieder nach dem Ausscheiden der Initiatoren.

Nach dem Austritt Hardens, Wolffs und Stockhausens bestand kurze Zeit später der engere Mitgliederkreis des Vereins „Frei Bühne" endgültig aus Brahm, Fischer, Jonas, den beiden Harts, Schlenther, Stettenheim und den neu hinzugekommenen Ludwig Fulda (geb. 1862), der seit 1888 als freier Schriftsteller in Berlin lebte, und Fritz Mauthner (geb.

---

150 Schlenther, a. a. O. S. 9
151 Erich Ruprecht, a. a. O. S. 157
152 Julius Bab, a. a. O. S. 53/54

1862), der damals schon ein bekannter Berliner Theaterkritiker war, sowie Gerhart Hauptmann. Es gibt sehr spärliche Aussagen über Ort und Atmosphäre der Kerngruppentreffen, weil der praktische Zweck des Vereins im Vordergrund der Interessen stand. Vermutlich ist der Verein von einer zentralen Geschäftstelle aus geleitet worden, vielleicht derselben wie bei der Redaktion der Zeitschrift. Auch die Wohnung von Brahm und der Verlag Fischer sowie gelegentliche Treffen bei Kempinski mögen dem organisatorischen Teil zu gute gekommen sein. Über das Verhältnis der Mitglieder nach dem Austritt der drei Initiatoren ist fast gar nichts zu erfahren. Es ist auch am wichtigsten, wie sie zum Vereinsführer gestanden haben. Solange das Verhältnis zu ihm gut war, mußte es auch untereinander gut gehen. Von einer nochmaligen Änderung der Mitgliederzusammensetzung ist nichts bekannt. Zwischen Hauptmann und Brahm hat eine enge Freundschaft bestanden. Auch Schlenther und Brahm waren mehr für einander als nur Vereinsmitglieder und gleichinteressierte Theaterkritiker. Fischer und Hauptmann waren ebenfalls eng befreundet. Das Verhältnis zwischen den Brüdern Hart und Brahm hat sich im Laufe der Zeit freundschaftlicher gestaltet, denn Brahm verkehrte auch später in Friedrichshagen noch mit ihnen. Wenig ist über die Beziehungen der anderen zu Mauthner, Fulda und Stettenheim bekannt.

Nach der Eröffnungsvorstellung lud der Vereinsvorstand einflußreiche Persönlichkeiten des literarischen und kulturellen Lebens zu einem Festessen in das Hotel Monopol ein. Auch später trafen sich viele Vereinsmitglieder nach den Aufführungen noch bei Kempinski. Heinrich Hart berichtet darüber: „Es bürgerte sich bald eine Sitte ein, nach den Aufführungen der Freien Bühne ein Gelage, ein Symposion zu veranstalten. Und diese Einrichtung war zweifellos mit das Beste, was jene Tage brachten. Sie gab zu regem Verkehr, zu lebhaftem Gedankenaustausch zwischen den aufstrebenden Geistern Anlaß, viele, die später wacker zusammenhielten und miteinander gingen, traten sich hier zum ersten Mal näher." (153)

Der „Verein Freie Bühne" schlief nach der Uraufführung von Hauptmanns Drama „Die Weber", die als letzter großer Höhepunkt im Verein am 26. Februar 1893 stattfand, langsam ein. Er hat wohl bis zur Jahrhundertwende noch existiert, verlor aber immer mehr an Bedeu-

153 Heinrich Hart, a. a. O. S. 73

tung für die Moderne, besonders seitdem Brahm am 30. Juni 1894 in der Nachfolge Larronges die Leitung des „Deutschen Theaters" übernahm, das daraufhin führend in der Inszenierung moderner Dramen wurde.

Der Verein „Freie Bühne" ist der erste Verein, der unter dem Gesichtspunkt gegründet wurde, die inzwischen ausgereiften naturalistischen Theorien über modernes Theater zu verwirklichen. Man wollte der interessierten Öffentlichkeit zeigen, wie moderne Kunst auszusehen hat. Man wollte den literarischen Gegnern sozusagen den Fehdehandschuh hinwerfen. Es sollte sich nicht mehr um Gedanken, sondern um bereits Gestaltetes, nicht mehr über möglichen, sondern über tatsächlichen Erfolg gestritten werden. Das hatte zur Folge, daß das im „Verein Durch" schon angeschnittene Problem einer zeitgemäßen Kritik in den Vordergrund rückte und daß Publikum und Presse ganz anderes Gewicht bekamen. Daher auch die zahlreichen Artikel in der Zeitschrift „Freie Bühne" und in anderen der literarisch interessierten Publikationsorgane über Wert und Unwert der Kritik, über Theaterinszenierungen, über Kunst im allgemeinen und Schauspielkunst im besonderen und über neu erschienene Dramen. Der Verein „Freie Bühne" war auf Initiative von jungen, unbekannten Leuten ins Leben gerufen worden, die eine Bresche durch den Kulturalltag schlagen wollten. Um wirksam werden zu können, brauchte man tatkräftige Leute, die das nötige Organisationstalent, Durchstehvermögen, Ideen und Aufgeschlossenheit für die Moderne besaßen, um die Moderne gegen die festgefahrenen Theatereinrichtungen und -traditionen durchsetzen zu können.

Ein Verein, der nicht nur mit Hilfe eines Publikationsorganes, uer an anderer Stelle schon erwähnten, später noch zu behandelnden Zeitschrift „Freie Bühne", die letztlich doch nur von einigen wenigen literarisch interessierten Leuten gelesen wurde, sondern durch eines der wirksamsten Medien, das Schauspiel, ein neues Publikum erziehen wollte, mußte anders, straffer organisiert werden als ein Klub literaturbegeisterter Privatleute. Das Publikum, das erzogen werden sollte, dachte man sich überwiegend als höheren und bürgerlichen Mittelstand, Beamte, Akademiker, freie Berufe, Ärzte, Juristen und Kaufleute und, wie das in Preußen immer noch Tradition war, Beamten- und Finanzadel. Die Publikumserzieher kamen, soweit sich das nachprüfen läßt, ebenfalls aus dem Mittelbürgertum. Zur Zeit der Vereinsgründung hatte die Mehrzahl der Mitglieder ein abgeschlossenes Hochschulstudium. Brahm, Schlenther, Fulda, H. Hart waren promoviert, Mauthner und Jonas waren fertige Juristen oder sie standen fest im Beruf wie Stockhausen, Fischer und Stettenheim. Nicht so klar war immer noch die Berufssituation von Julius Hart, der aber mit seinem inzwischen akademisch ausgewiesenen Bruder zusammen arbeitete und trotz wahrscheinlich nicht abgeschlossenen Studiums als avanciert bezeichnet werden kann. Hauptmann war noch Privatier ohne nennenswerte Erfolge, Harden und Wolff standen erst am Beginn ihrer Laufbahn. Psychologisch ist interessant, daß über den ernsten Alltag der Berufsausbildung in den Autobiographien kaum die Rede ist.

Ein großer Unterschied zu den früheren Zusammenschlüssen bestand darin, daß die Gründergruppe von vornherein eine fest umgrenzte aktive Mitgliederzahl vorsah. Außerdem wurde durch Abstimmung gleich zu Beginn die organisatorische Form festgelegt. Daß diese Festlegung Anlaß zum ersten Konflikt gab, ist sicher kein ungewöhnliches Geschehen, ebenso wie die nicht einmütige Wahl des Vorstandes. Bezeichnend für die zielbewußte Ausgangsposition des Vereins ist, daß man nicht nur Literaten, sondern gerade auch solche Personen in die Kerngruppe hineinwählte, die Erfahrung auf Gebieten hatten, die für die Verwirklichung der gemeinsamen Ziele von großem Nutzen waren. Ohne einen erfahrenen Juristen, ohne Theaterpraxis, ohne Kenntnis des Publikationswesens hätte ein solcher Verein wenig erreicht. Auch die Tatsache, daß einige Mitglieder in der Öffentlichkeit nicht mehr unbekannt waren, konnte und sollte dem Vorhaben nutzen. Nicht wie im „Verein Durch" wurde der Initiator des Unternehmens auch der erste Vorsitzende, sondern hier wählten die Initiatoren gemeinsam mit den anderen einen Mann wegen seiner Persönlichkeit. Julius Hart betont: „Es schlug dabei die Einsicht durch, daß gerade ein Theater vor allem der einheitlichen Leitung bedarf und nicht das Dreinreden allzu vieler Köpfe verträgt." (154)

Brahm entsprach in vielen Punkten den Forderungen, die man an eine solche Aufgabe stellten mußte Gerade die von Julius Hart hervorgehobene kritische Ironie die kühle Gelassenheit und Überlegenheit bei Schwierigkeiten mit Freunden und Gegnern wird Brahm auch von anderen Zeitgenossen nachgesagt, oft lobend, oft abwertend. In

154 Julius Hart, Velhg. u. Clasg. 24. Jg. Bd. 1, S. 292

einer immer noch im Aufbruch befindlichen Literaturepoche, wo es von unrealistischen und unrealisierbaren Plänen und Vorstellungen nur so wimmelte, war die Wahl dieses Mannes sicher der wichtigste Schritt zum Erfolg. Seine konsequente Haltung in der künstlerischen Leitung der „Freien Bühne", die sich auf seine kritische Urteilskraft in Niveaufragen stützt, seine vorurteilsfreie Auswahl von Schauspielen und das nötige Organisationstalent zusammen mit gutem Instinkt für menschliche Qualität, machten Brahm bald zum führenden Mann im Berliner Naturalismus überhaupt.

Dazu trug besonders noch die Gründung der Zeitschrift „Freie Bühne" bei, die als Publikationsorgan des Vereins, aber auch als allgemeines naturalistisches Veröffentlichungsforum unter seiner Leitung stand. Auf diese Weise hatte er die Möglichkeit, seine künstlerischen und weltanschaulichen Vorstellungen zum Maßstab für den Naturalismus zu machen. Das ist ihm gerade von seinen Gegnern angekreidet worden. Einige davon, wie Bleibtreu und Alberti, selbst starke Persönlichkeiten, wenn auch nicht gerade von der kühlen Nüchternheit Brahm's, versuchten daher Gegenunternehmungen durchzusetzen, mußten jedoch vor Brahm's Tüchtigkeit kapitulieren.

Max Halbe schildert ihn: „Der kleine Mann mit dem bartlosen gelblichen Angesicht, wie von verschrumpeltem Leder, erging sich in einer Fülle von teils witzigen, teils kaustischen, teils imponierend klugen Bemerkungen, die seine Unterhaltung höchst amüsant machten, freilich auch öfter zum Widerspruch herausforderten . . . Brahm stand zwar erst am Anfang der Dreißig konnte aber eben so gut für vierzig gelten. Sein Gesicht hatte etwas Zeitloses, aber nicht nach der Jugend, sondern nach dem Alter hin." (155) Hanstein beschreibt das Verhältnis von Brahm und Schlenther sehr subjektiv, aber nicht ohne Sinn für seinen Kern: „ . . .denn Schlenther, obgleich zwei Jahre älter wie Brahm, war doch in geistiger Hinsicht völlig abhängig von diesem, der sein langjähriger Freund und Zimmergenosse gewesen war. Selbst völlig ohne Eigenart des Denkens, blickte er zu dem geistig so viel kraftvolleren Brahm mit völliger Schülerandacht empor." „Dabei wurden Schlenthers Kritiken in Berlin bald viel lieber gelesen als einst die von Brahm, denn man brauchte nicht soviel dabei zu denken — und sie waren amüsant, so

155 Max Halbe Scholle und Schicksal. Geschichte meines Lebens München 1933, S. 402

neckisch." (156) Paul Ernst sagt dagegen: „Brahm war ein vorsichtiger Mann, er war vorsichtiger als Schlenther." (157)

In den negativen Kritiken der Naturalisten an Brahm erscheint er ihnen als Manager. Sie identifizieren sich mit seinem Einfluß in der Öffentlichkeit und schmücken sich mit ihm, ohne sich selbst dabei vom Publikum isolieren zu müssen. Zwischen ihrer tatsächlichen Abhängigkeit von ihrem Manager Brahm und ihrem durchgehaltenen Autorenstolz bestand ein Widerspruch. Analog zu den Gruppen, die wir früher behandelt haben, wäre auch die „Freie Bühne" unter Vorstellungen wie sie Harden in seinem Magazinartikel andeutete, sicher erfolglos gewesen. Mit Idealismus konnte man nichts gegen einen solchen Schwarm von Gegnern, wie sie sich z. B. bei Gelegenheit der ersten Hauptmannschen Uraufführung zeigten, ausrichten. Rein private Literatenkreise konnten auf Publizität ihrer Werke im damaligen Preußen nur hoffen, wenn sie dem herrschenden Geschmack nicht widersprachen, weil sie sonst einfach niemanden fanden, der sie druckte und die nötige Reklametrommel für sie rührte. Daher führte der Austritt der drei Initiatoren auch nicht zur Zerstörung, sondern nur zu einer Umgruppierung. Beherrschend war und blieb die Persönlichkeit Brahm's. Ohne Brahm und Fischer wäre selbst Hauptmann nicht so schnell berühmt geworden. Ohne die „Freie Bühne" hätte es wahrscheinlich keine Berliner naturalistische Epoche gegeben. Es wäre dem Naturalismus dann doch nur die Rolle des Wegweisers in ziemlich unbekannten Organen geblieben, denn die Münchner „Gesellschaft" allein hätte nicht zum Durchbruch gereicht. Insofern kann man von Brahm als einer großen Figur im Naturalismus sprechen. Er hatte einfach Erfolg oder Mißerfolg vieler schreibender Zeitgenossen in der Hand. Dabei war er kein Diktator wie wohl z. B. George weil er nicht Dichter und Organisator in sich vereinte sondern nur Kritiker und Organisator, seine Interessen daher sehr weit über die des Vereins „Frei Bühne" hinausgingen.

Obwohl in einzelnen Autobiographien immer wieder die Machtstellung und diktatorische Haltung Brahm's hervorgehoben wurde und von Heinrich Hart z. B. die rein dekorative Rolle der übrigen Kerngruppenmitglieder bedauert wird, so darf man die Rolle Schlenthers als Mitherausgeber der Zeitschrift „Freie Bühne" und wichtiger Manager

---

156   Adalbert von Hanstein, a. a. O. S. 118/119
157   Paul Ernst, a. a. O. S. 226

des Vereins, ebenso wie die Position Fischers als Verleger der Zeitschrift und vieler Naturalisten nicht unterschätzen. Jonas beschränkte sich ausschließlich auf die juristische Beraterfunktion. Mauthner, Stettenheim und Fulda waren einfach interessierte, beim Publikum bereits arrivierte Mitarbeiter.

Hauptmann war in erster Linie am Publizieren seiner Werke und dann erst an den Freunden interessiert, und da ihn noch dazu Freundschaft mit Brahm verband, hat es für ihn keine Machtkonflikte gegeben. Er war sozusagen der Gegenpol zu Brahm: der Künstler ergänzte den Organisator. Einzig die Brüder Hart waren aus den bereits erwähnten Gründen nach dem Austritt der drei Initiatoren Harden, Wolff und Stockhausen etwas aufs Nebengleis gerückt. Sie beschränkten sich immer mehr auf kritischen Journalismus. Daher vielleicht auch die negative Äußerung Heinrich Harts zur Wahl Otto Brahms. Später in Friedrichshagen sind die Harts noch einmal in eine ähnliche Vermittler- und Anregerrolle gekommen wie zu Beginn der naturalistischen Bewegung. In den aktiven Gruppen wie der Freien Bühne und der Freien Volksbühnenbewegung war ihnen als Vereinsmitglieder nur eine unbedeutendere Position möglich. Allein daran zeigt sich schon die Trennung zwischen Theorie und Praxis im deutschen Naturalismus.

Gerade einer der Hauptangriffspunkte, sein Weltbürgertum, verhalf Brahm zum Erfolg. Er gab dadurch dem deutschen Naturalismus die Möglichkeit, aus der provinzhaften nationalistischen Enge der noch immer im Einigungsrausch befangenen Kultur in Deutschland zu finden. Daß er mit seiner Bevorzugung der nordischen Literatur Geister rief, die später wieder in die Enge, eine gefährliche Enge, zurückführten, konnte er damals nicht ahnen. Da Brahm überwiegend an Dramatik und nicht an Epik interessiert war, nahm Zola nicht die Vorzugsstellung im Berliner Naturalismus eine wie im Münchener. Jedoch auch die Harts hatten ja, wie bereits erwähnt, die Neigung zur Verherrlichung des Germanentums, die später Julius Hart in die Richtung des Nationalismus trieb, während sie bei Brahm vom künstlerischen Geschmack diktiert worden waren. Bezeichnenderweise sind viele der Naturalisten im Alter später für die Parolen des Nationalsozialismus nicht unempfänglich gewesen, was sicher zum Teil mit ihrer früheren Vorliebe für Germanentum und Heimatkunst zusammenhängt. Einige besonders eifrige Germanenverehrer legten in ihrer Gegnerschaft zu Brahm sogar offen Antisemitismus an den Tag, der zum Teil verschwommen auf

Rassentheorien, zum Teil aber auch einfach auf Mißgunst fußte. Im ganzen aber spielten solche Argumente noch eine ziemlich nebensächliche Rolle und fielen nicht wirklich ins Gewicht.

Über das interne Zusammenwirken im Verein „Freie Bühne" ist nicht so viel nachzuweisen wie beim „Verein Durch". Da man sich aus zweckgebundenen und nicht aus privaten und künstlerischen Motiven zusammengefunden hatte, da es um eine festumrissene Aufgabe und nicht um gegenseitige persönliche Förderung ging, spielten die Beziehungen untereinander nur im Hinblick auf das ganze Unternehmen eine Rolle. Da dieses Unternehmen immerhin einige Jahre unter derselben Leitung erfolgreich war, muß die Gruppe mit ihrer Zusammensetzung im großen und ganzen zufrieden gewesen sein. Protokolle oder Berichte über Vereinssitzungen gibt es nicht; ob es sie gab, war nicht festzustellen. Erfolg und Mißerfolg hingen von den Inszenierungen ab. Die sichere finanzielle und geschickte künstlerische Organisation konnte auch Skandale wie etwa anläßlich der Hauptmannschen Uraufführung auffangen, ohne daß die Kerngruppe oder auch der große Kreis der passiven Mitglieder auseinanderliefen.

Dieser große passive Mitgliederkreis, ein sicheres Abonnentenpublikum, von gemeinsamen Interessen geleitet und zusammengehalten, war ein bis dahin unbekanntes Phänomen. Auch die frühen Naturalisten hatten außer einander nur anonyme Leser und positive oder negative Kritiker — je nach Einstellung der preußischen Kulturpolitik. Die frühen Naturalisten hatten, um aus der Anonymität herauszukommen, einige wenige literarische Gegner aufs Korn genommen, um in ihnen die ganze Situation exemplarisch zu treffen und einige Vorbilder, die für alle ihre Ideale standen. Einer der Hauptgegner war der Theaterkritiker Landau vom „Berliner Börsenkurier". Brahm setzt sich in seinen Artikeln öfter persönlich mit ihm auseinander (158). Für die „Freie Bühne" gab es dagegen einen Seismographen des Erfolges: Die passive Mitgliedschaft. Für sie konnte und wollte man Dramen zur Aufführung bringen, sie war Repräsentant des angesprochenen Geschmacks, und nicht zuletzt finanzierten ihre Beiträge zum beachtlichen Teil das ganze Unternehmen. So warb der Verein um die passiven Mitglieder und versuchte sie zugleich geschmackserzieherisch zu beeinflussen. Potentiell setzten sie

158 Otto Brahm, FB, 1890. „Raus", S. 317 und „Das geschmackvolle Publikum", S. 417

sich aus Interessierten, Engagierten und sogar Gegnern zusammen. Tatsächlich ließen sich scharfe Gegner als Mitglieder eintragen, um den Verein von innen her zu beeinflussen. Wer die Oberhand behielt, bestimmte das Fortbestehen des ganzen Vereins. Zwischen Presse, anonymem Publikum und aktivem Verein war also eine Zwischengruppe geschoben worden. Denn mit ihrem Beitritt engagierten sich die passiven Vereinsmitglieder anders, als etwa durch Lektüre einer literarischen Zeitung. Sie wußten, daß auch ihre Interessen dort auf der Bühne verhandelt wurden. In dem Moment, wo sich der Naturalismus durchgesetzt hatte, in dem Moment, wo andere Strömungen bereits die Öffentlichkeit gefangen nahmen, in dem Moment vor allem, wo die neue Kunst auch Zugang zu den konventionellen Theatern gefunden hatte, wo naturalistischer Schauspielerstil den pathetischen der Gründerzeit verdrängen half, verlor auch der Verein „Frei Bühne" dessen Funktion ja darin bestanden hatte, eine neue, den herrschenden Geschmack bekämpfende Kunst durchzusetzen, praktisch seine Daseinsberechtigung. Die Mitglieder der Kerngruppe hatten schon anderes im Sinn und begannen, sich neuen Literaturströmungen zuzuwenden.

Aus dem Kreise der aktiven Mitglieder des Vereins „Freie Bühne" war schon einige Zeit nach dessen Entstehung die gleichnamige Zeitschrift gegründet worden, die zum ersten Male am 1. Januar 1890 erschien. Sie wurde zum wichtigsten Publikumsorgan des späten Naturalismus und besteht unter dem Titel „Die neue Rundschau" bis heute. Die Ankündigung nannte als Ziel: „Die Freie Bühne soll ein Mittelpunkt für die Bewegungen unserer Zeit und unserer Gesellschaft sein." (159) Im Einleitungsartikel des ersten Heftes heißt der entscheidende Satz' „Im Mittelpunkt unserer Bestrebungen soll die Kunst stehen; die neue Kunst, die die Wirklichkeit anschaut und das gegenwärtige Dasein." Aber im Gegensatz zu vielen Gruppierungen, Parolen und Artikeln der frühen naturalistischen Zeit heißt es weiter unten: „Wir schwören auf keine Formel und wollen nicht wagen, was in ewiger Bewegung ist, Leben und Kunst, an starren Zwang der Regel anzuketten." (160)

Verleger war Samuel Fischer, der seit Beginn der neunziger Jahre für den Berliner Naturalismus den Verleger Friedrich in Leipzig, den Mäzen

---

159 Freie Bühne für modernes Leben. Hrsg. v. Otto Brahm, Berlin 1890, Ankündigung im Magz. Februar 1889
160 FB Jg. I, 1890, H. I. , S. 1/2

des Frühnaturalismus, ersetzte. Friedrich hatte eine Zeit lang das „Magazin für die Litteratur des In- und Auslandes" verlegt und die wichtigste Zeitschrift des Frühnaturalismus, die Münchner „Die Gesellschaft". Der Einfluß Fischers auf Geist und Gestalt der Zeitschrift ist den Autoren selbst nicht so bewußt geworden wie die Rolle Brahms, des ersten Redakteurs (161). Arno Holz wurde der erste Schriftleiter. Aber Brahm und sein Freund Schlenther waren es vor allem, die der Zeitschrift im ersten Jahr ihr Gesicht gaben, d. h. die engagierte Aufgeschlossenheit für alle literarisch-naturalistischen und sozialkritischen Fragen. Zu den Schriftstellern, die zunächst am häufigsten in der „Freien Bühne" schrieben, gehörten Brahm, Holz, Schlaf, Schlenther und Paul Ernst, Wille und Bölsche und etwas später auch die Harts, die wir bereits aus dem „Verein Durch" kennen. Alle anderen Mitglieder des „Vereins Durch" vor allem aber Hanstein, Eugen Wolff und Julius Türk veröffentlichten nicht dort. Hanstein stand in Spannung zu Brahm und Schlenther. Er war es vor allem, der der „Freien Bühne" „Ausländerei" vorwarf. Der sehr links orientierte Türk empfand die Zeitschrift als zu liberal bürgerlich. Die unbekannteren Mitglieder des Vereins fanden keinen literarischen Zugang zur Öffentlichkeit, Holz, Schlaf und Paul Ernst gerieten sehr bald in Opposition zu Brahm und Schlenther.

Hartleben berichtet davon in seinem Tagebuch: „Großer Streit in der Freien Bühne. Holz, Schlaf und Bahr sagen sich los. Brahm ist ihnen nicht gefügig genug. Um ihren Austritt mit möglichstem Eclat und Nachdruck zu bewerkstelligen, wollen sie eine Erklärung in die Zeitung bringen. . . . Dieser Erklärung soll auch ich mich anschließen. Holz forderte mich zunächst brieflich dazu auf. Ich schrieb ihm vorgestern Abend, daß ich diesen Schritt nicht billige. Sie hätten sich von vornherein sagen müssen, daß Brahm's und ihre Tendenzen keineswegs identisch seien. Sie hätten von ihm immer nur erwarten können, daß er sie stets zu Wort kommen lassen würde. Das hätte er meines Erachtens, so viel ich wüßte, in vollem Maße gethan. Mehr verlangen, hieße

---

161 Über Fischer als Verleger und über seinen Einfluß auf die Zeitschrift „Freie Bühne", sowie über seine Kontroverse mit Brahm berichtet Wolfgang Grothe, Die Neue Rundschau des Verlags S. Fischer, In: Archiv für Geschichte des Buchwesens IV, 4/5. Ganz neu erschien von Peter de Mendelssohn: S. Fischer und sein Verlag. Frankfurt 1970. Die Darstellungen konnten in diesem Text nicht mehr verwertet werden.

verlangen, daß Brahm sich ihnen einfach unterordne. Das wäre aber unbillig und ungerecht gegen Brahm, der eigentlich auf unsere ‚neue Kunst' zum ersten Mal in Berlin mit Nachdruck aufmerksam gemacht hat.")162) Nachdem ihn Schlaf aber persönlich noch um seinen Austritt aus der ‚Freien Bühne' gebeten hatte, hat sich — wie berichtet — auch Hartleben zum Austritt bereit erklärt unter der Bedingung, daß Hauptmann sich auch gegen Brahm ausspräche. Da Hauptmann mit Brahm nach wie vor sehr befreundet war, ist es jedoch nicht zu Hartlebens Austritt gekommen. Die Redaktion der Zeitschrift „Freie Bühne" erklärt dazu in ihren Miszellen „Da wir nicht lieben, privates vor der Oeffentlichkeit auszubreiten, so sehen wir von der Schilderung einer Meinungsdifferenz gern ab, deren Wesentliches dieses Eine war: daß mehrere Herren, denen wir die Fähigkeit zutrauten, zweite Geige zu spielen, die Prime beanspruchten; und wir bestätigen nur in aller Kürze, daß insbesondere Herr Bahr an dieser Zeitschrift nicht mehr mitarbeiten wird." „Sei denn erklärt: daß niemals diese Zeitschrift beabsichtigt hat, sich zum Anschauungsorgan von sei es nun sieben, oder neun, oder selbst dreizehn Herren zu machen. Mögen auch die Anstifter dieser Operettenverschwörung glauben: L'etat c'est moi, der Naturalismus sind wir — es ist immer wieder in dieser „Freien Bühne" ausgeführt worden, wie an keine Person und an keine Formel, an kein Programm und an keine ‚Richtung' die moderne Kunst gebunden ist." (163) Die „Freie Bühne" hat sich wenigstens in ihren eigenen Augen nicht zum „Organ" bestimmter Personen oder Gruppen machen lassen wollen. Am 2. August 1890 gaben Holz, Schlaf, Ernst Bierbaum, Liliencron, Iven Kruse, Bahr und Bernhard Maenicke ihren Austritt im „Magazin für Litteratur des In- und Auslandes" bekannt. Nachdem dann Julius Hart kurze Zeit Redakteur war, übernahm Bölsche 1891—1894 die Redaktion und gab der „Freien Bühne" ein naturwissenschaftlich philosophisches Gesicht. Er und sein Freund Wille, der eine naturwissenschaftlich, der andere sozialkritisch, beteiligten sich selbst mit ausführlichen Beiträgen.

162 O. E. Hartleben, „Tagebuch". Fragment eines Lebens. München 1906, S. 133/134. In einem Artikel der „Freien Bühne" „Persönliche Beziehungen" 1890, S. 338, hob Brahm hervor, daß er Holz, Schlaf und auch Hauptmann erst kennengelernt hatte, nachdem sie ihm ihre Stücke 1889 zugesandt hatten.
163 FB, 1890. „Von neuer Kunst". S. 696

Einige Beispiele aus der Glanzzeit des Vereins „Freie Bühne" sollen noch einmal die theoretische Position der Kerngruppe des Vereins erhellen, deren Hauptanliegen, wie schon gesagt, Kritik und Theater waren. Eine konventionelle Theaterkritik, wie sie damals immer wieder gegen den Naturalismus geschrieben wurde, mag zunächst illustrieren, was die Naturalisten in ihrer Frühzeit mit Verlogenheit in Kunst und Literatur gemeint haben. Diese Art von Kritiken waren es, gegen die polemisiert, geschrieben und nun endlich in organisatorischer Gemeinsamkeit vorgegangen werden konnte: Wilhelm Thal schreibt über Hauptmanns Erstlingsdrama, das er „Sonnenaufgang" nennt, was allein schon das mangelnde Verständnis des Inhalts beweist: „Hauptmann's Drama enthält das denkbar entsetzlichste, das in der deutschen Literatur bisher geschaffen wurde, denn eine Familie, in der alle Laster, wie Trunksucht, Blutschande, Ehebruch in so lieblicher Gemeinschaft vorhanden sind, und in der selbst die Diensboten von der allgemeinen viehischen Sinnlichkeit ergriffen werden, dürfte sich denn doch nicht so leicht finden und wenn wirklich in irgend einem verlassenen Winkel eine solche Gruppe von Scheusalen lebt, so ist es die Sache des öffentlichen Schamgefühls, diesen Schandfleck nach Möglichkeit zu verhüllen, nicht aber ihn an die Oeffentlichkeit auf die Bühne zu zerren. Es kommen in diesem Stücke Stellen vor, (nicht etwa nur in der Buchausgabe, denn diese darf man überhaupt nicht citiren) welche nicht wiederzugebende Gemeinheit und Roheit athmen." „Dennoch wäre es ungerecht und falsch, wollte man Gerhart Hauptmann, wie dies von verschiedenen Seiten geschehen, all' und jede Begabung absprechen, es steckt im Gegenteil ein starkes Talent in ihm, das leider auf Abwege gerathen war. Sache der Vorstände der „Freien Bühne" wäre es gewesen, dieses verirrte Dichtergenie milde und zart auf den richtigen Lebensweg zu leiten, ihm wirkliche Menschen zu zeigen, damit er an ihnen die Kunst seines Charakterisier-Talents erprobe, nicht aber an menschlichen und seelischen Abnormitäten, welche das Theater nicht zu einer Stätte der Erziehung und Belehrung, sondern zu der des Ekels machen."

Zu der Aufführung von Björnstjerne Björnson's Drama „Der Handschuh" gibt Thal folgenden Kommentar: „Svea, die Heldin des Dramas, verlangt von dem ihr zum Gatten bestimmten Manne dieselbe Keuschheit und Unbeflecktheit, die der Mann von seiner zukünftigen Gattin fordert und schleudert ihrem Verlobten, als sie erfahren, daß diese Unschuld der Seele und des Körpers nicht bei ihm vorhanden, ihren

Handschuh ins Gesicht. Auch die Thatsache, daß Alf nicht schlechter als alle Männer, ja, daß ihr eigener Vater sich in gleichem Falle befunden, kann ihre Ansicht nicht ändern, und so stehen wir denn mit ziemlich getheilten Empfindungen dieser sonderbaren Heiligen gegenüber. Wie man sieht, ein unerquickliches Thema, dessen Hauptfigur der Dichter übrigens meisterhaft charakterisiert hat. Das Werk hat mannigfache Polemik hervorgerufen und will ich mich über die Berechtigung der Björnsonschen Forderung nicht weiter verbreiten, es ist dies mehr Sache einer medizinischen Abhandlung, welche wohl klar darlegen würde daß die Durchführung der Björnson'schen Theorie in absoluter Form schon vom rein sanitären Standpunkt aus nicht zu ermöglichen ist." (164)

Übrigens war auch die Haltung der Naturalisten gegenüber der Frauenemanzipationsbewegung noch wesentlich von bürgerlich-patriarchalischen Gesichtspunkten bestimmt. Als Schriftstellerinnen ließen sie sie allerdings gleichberechtigt neben sich gelten und in ihren Publikationsorganen schreiben. In die aktiven Gruppen wurden keine Frauen hereingewählt. Als passive Mitglieder waren sie jedoch willkommen. Vor allem die „Freie Volksbühne" rechnete auf die Beteiligung gerade von Frauen an ihrer Bewegung. Das liegt aber an ihrer besonderen Publikumssituation (165). Im allgemeinen trennte auch die Mehrzahl der Naturalisten die Frauen noch in sogenannte anständige aus dem Bürgertum und die einfachen aus den Diener- und Kellner- bzw. Arbeiterkreisen. Der grundsätzliche Unterschied zwischen ihrer Haltung und der Auffassung von Leuten wie Thal bestand darin, daß die jungen Neuerer das „moralische" Verhalten der Bürgerin nicht als Verdienst und das „unmoralische" Verhalten der Frauen aus den unteren Gesellschaftschichten nicht als Schuld ansahen, sondern auf Klassenzustände zurückführten. Die Bewertung des Einzelschicksals nach den Losungen des bürgerlichen Gesetzbuches, wie sie hinter Thals Kritik steht, war ihnen zuwider, und sie prangerten den Gesamtzustand der moralischen Situation in Deutschland in ihren Werken an. Daher glaubten sie sich auch zu Übertreibungen berechtigt. Ungerührt wurde die Kellnerin auf

164 Wilhelm Thal, Berlins Theater und die „Freien Bühnen". Hagen 1890, S. 24—27
165 Paul Ernst behauptet in seinem Aufsatz „Frauenfrage und soziale Fragen", daß die deutsche Frauenemanzipationsbewegung proletarischen Charakters sei. F B 1890, S. 423ff.

eine Stufe mit der Dirne gestellt, die Arbeiterin stand dazwischen. Die Schauspielerin dagegen war, sofern es sich um seriöses Schauspiel handelte, hoch geachtet.

Die Naturalisten war für die Freie Liebe, da sie sie aber nicht in ihren Kreisen haben konnten, hielten sie sich an kleine Verkäuferinnen, Wäscherinnen und Näherinnen, soweit es sich um halbwegs dauerhafte Liaisons handelte. Die Wahl der Ehefrauen wurde in der unteren Mittelschicht getroffen, da die konventionellen Bürger ihre Töchter kaum an Männer mit der Gesinnung und dem unsicheren Lebensstand der Naturalisten verheiratet hätten. Wolzogen, der Aristokrat, spricht vom Standpunkt seiner eigenen Gesellschaftsschicht, zu der er sich trotz seiner Neigung für die jungen Literaten zugehörig fühlt, anläßlich einer Charakterisierung des Friedrichshagener Kreises: „Ich für meine Person empfand den schlagendsten Unterschied zwischen dem Friedrichshagener Kreis und dem älteren Poetengeschlecht, dem ich mich wesensverwandt fühlte den, daß bei den Friedrichshagenern der Einfluß der *Damen, des Salons der guten Gesellschaft* gänzlich ausgeschaltet war. Alle diese jungen Leute, die nicht ausgeschlossen, die sich einer besseren Herkunft erfreuten, waren beweibte Junggesellen. Einige wenige von ihnen waren sogar richtig verheiratet, sofern man darunter ‚standesamtlich anerkannt‘ verstehen will. Aber ihre Lebenskameradinnen waren durch die Bank Mädchen aus dem Volke, nur Bett- und allenfalls Tischgenossinnen, aber blöde Fremdlinge in ihrer geistigen Welt.“ Fast alle beweibten Junggesellen sollen nach ihm später noch standesamtlich geheiratet haben. Arno Holzens „Literatur- Lieschen“ habe sich übrigens gut anpassen können, „aber eins blieb ihnen doch allen gemeinsam: die gesellschaftliche Unmöglichkeit“. Nur Gerhart Hauptmann, meint er, habe eine Dame geheiratet. (166)

Nach diesem, durch die Thalsche Rezension angeregten Exkurs wenden wir uns wieder der „Freien Bühne“ zu. Verein und Zeitschrift kämpften entschlossen für vorurteilsfreie Kritik, Einsicht in kulturelle und soziale Mißstände und hatten den aufrichtigen Willen, nichts zu übertünchen, nichts an veralteten Maßstäben zu messen und lediglich zu „bessern“. Daß gerade die Kritik ein Spiegel der Zustände war, und daß man Einfluß auf den Publikumsgeschmack bekam, erst wenn man Einfluß auf die Kritik hatte, davon waren die Naturalisten überzeugt.

166 Ernst v. Wolzogen, Wie ich mich ums Leben brachte. a. a. O., S. 70/71

Otto Brahm schreibt in der Zeitschrift „Freie Bühne" 1890 unter dem Titel „Die Lügen der Presse": „Aber nicht um die objektive Wahrheit geht die Frage, hier und in allen menschlichen Dingen: die Wahrheit der persönlichen Überzeugung ist es, die gefordert wird; und welcher Richter sie nicht leistet, bricht seinen Eid." „Und gerade dasjenige wird, im politischen und im Kunstleben, am ersten das Opfer der Preßlüge, welches auf Wahrheit den gerechtesten Anspruch hat: das selbstständige, keinem Parteizwang unterthänige Urtheil, die freie, sich selbst getreue und nur sich selbst gehorsame, persönliche Überzeugung." „;wir stehen im Leben mitten drin. In einem Leben voll conventioneller Lügen, wo man die wenigen, die ihr volles Herz nicht wahrten, ‚von je gekreuzigt und verbannt'. Wie sollen wir die Wahrheit sprechen, wir allein?" (167) Dazu hieß es schon in der ersten Nummer der Zeitschrift: „Der Bannerspruch der neuen Kunst, mit goldenen Lettern von den führenden Geistern aufgezeichnet, ist das eine Wort: Wahrheit; und Wahrheit, Wahrheit auf jedem Lebenspfade ist es, die auch wir erstreben und fordern. Nicht die objektive Wahrheit, welche aus der innersten Überzeugung frei geschöpft ist und frei ausgesprochen: die Wahrheit des unabhängigen Geistes, der nichts zu beschönigen und nichts zu vertuschen hat. Und der darum nur einen Gegner kennt, seinen Erbfeind und Todfeind: Die Lüge in jeglicher Gestalt." „Nicht das Alte welches lebt, nicht die großen Führer der Menschheit sind uns die Feinde; aber das todte Alte, die erstarrte Regel und die abgelebte Kritik, die mit angelernter Buchstabenweisheit dem Werdenden sich entgegenstemmt — sie sind es, denen unser Kampfruf gilt"(168)

Julius Harts Worte sollen zum Abschluß stehen: „Die ‚Freie Bühne' ist in erster Linie eine Schöpfung der Theaterkritiker gewesen, und diese so oft angegriffenen und verlästerten, als unfruchtbare und überzählige Geister verschrienen Geschöpfe hatten hier wenigstens auch als Eigenschaffende eingegriffen und für die dramatischen Dichter wie für die Schauspieler eine so ideale Stätte geschaffen, wie sie in der Geschichte des Theaters noch nicht existiert hatte" (169).

Brahm hatte im ersten Spieljahr seines Theatervereins vor allem ausländische moderne Dramatiker aufgeführt bis auf die berühmt-be-

167   Otto Brahm, Die Lügen der Presse, FB. 1890, S. 105/106
168   Zum Beginn. FB 1890, Jg. I, H. I, S. 1ff.
169   Julius Hart, Velhg. u. Clasg. 33. Jg. Bd. 2. S. 97/98

rüchtigte Erstaufführung von Hauptmanns „Vor Sonnenaufgang" und ein bald vergessenes Drama von Arthur Fitger „Von Gottes Gnaden". Dieses Programm trug ihm bald von verschiedenen Seiten, auch aus dem Kreis der naturalistischen Schriftsteller, den Vorwurf eines übertriebenen Europäertums ein. Deshalb gründeten Karl Bleibtreu und Conrad Alberti als Gegenunternehmen zum Brahmschen Theater die „Deutsche Bühne", die ausschließlich Stücke deutscher naturalistischer Dramatiker aufführen sollte. Die Eröffnung wurde mit Bleibtreus Napoleondrama „Schicksal" jedoch kein Erfolg. Auch Paul Schlenther schrieb darüber eine abfällige Kritik in der Zeitschrift „Freie Bühne" (170). Weiterhin sollen die Dramen von Alberti: „Brot", Hart: „Sumpf", Bahr: „Neue Menschen" und Müller Gutenbrunn: „Irma" im „Deutschen Theater" aufgeführt worden sein. Alberti und Bleibtreu hatten anfangs auch Kretzer für ihren Plan gewonnen, der aber noch vor der Eröffnung wegen Differenzen zurücktrat. Mehrere Artikel in der Zeitschrift „Freie Bühne" bezeugen die Feindschaft zwischen der „Freien Bühne" und der „Deutschen Bühne" (171). Brahm hatte sie seinem Lesepublikum mit folgenden Worten vorgestellt: „In Paris florirt seit Jahren das Théâtre Libre: aber Niemand hat noch den Versuch gemacht, ihm ein Concurrenz- Unternehmen zur Seite zu stellen. Anders bei uns in Deutschland, dem Land des Wettbewerbs, wo jeder Erfolg seine Neider findet; das erste Lebensjahr unserer Freien Bühne sollte nicht zu Ende gehen, ohne daß eine neue Frei Bühne sich ihr beigesellte. Wir sind und bleiben eben das Volk der Individualitäten, und wenngleich die Zeit der nationalen Zerklüftung zu Ende ist, bleibt die Zerklüftung der Parteien, der politischen und aesthetischen doch die alte. Dawider ist nun nichts zu machen; und wir sind die letzten, irgend einem Versuch entgegentreten zu wollen, welcher unser litterarisches Leben vor Stagnation bewahren kann. Heißen wir also die Deutsche Bühne willkommen, obwohl sie ihre Thätigkeit mit einem Angriff auf die Freie Bühne eröffnete; ihr Spielplan will nur Werke deutscher Schriftsteller umfassen, ‚zumeist jüngerer, litterarisch bereits hinreichend bekannter'. Unter den Werken, welche der Spielplan aufzählt, hat ein großer Theil auch den Leitern der Freien Bühne vorgelegen, ist aber von der Aufführung ausgeschlossen worden, weil ihnen eine Lebenskraft nicht zugetraut wurde, . . ."

170 Paul Schlenther, FB 1890, S. 925—927
171 Z. B.: FB. 1890, S. 575 (ohne Überschrift)

„Wenn also das Glück es will, haben wir im nächsten Theaterjahr drei Freie Bühnen in Berlin zu gewärtigen: die ‚alte‘ Freie Bühne, die Freie Volksbühne und die Deutsche Bühne. Von weiter zu gründenden Freien Bühnen verlautet bis zum Redaktionsschluß nichts." Als Anmerkung: „Für eine verläumderische Insinuation, welche dabei mit unterläuft, haben wir nur eine Antwort: das Schweigen der Verachtung." (172) An anderer Stelle behauptet Brahm, die Initiatoren der „Deutschen Bühne" hätten sich erst, nachdem er das Schauspiel des einen — er nennt keinen Namen — für die „Freie Bühne" abgewiesen hatte, von Verehrern zu Gegnern entwickelt (173). Da das Niveau der modernen deutschen Dramen, mit Ausnahme derer Hauptmanns, im allgemeinen höchst ungenügend war und blieb, konnte sich die „Deutsche Bühne" nicht lange halten und ist über ein halbes Dutzend Inszenierungen allem Anschein nach nicht hinausgekommen.

Als Ergänzung, nicht als Konkurrenzunternehmen zum Verein „Freie Bühne" gründeten einige besonders an Lyrik und Prosa interessierte naturalistische Autoren 1890 die „Freie litterarische Gesellschaft". Die Mitglieder lasen sich gegenseitig an offenen Vorlesungsabenden aus eigenen und anderen zeitgenössischen Werken vor und debattierten anschließend darüber. Der Vorstand setzte sich folgendermaßen zusammen: 1. Vorsitzender war Heinrich Hart, 2. Vorsitzender Gustav Karpeles, ein um zehn Jahre älterer, konservativer Berliner Redakteur und Schriftsteller. 1. Schriftführer war Leo Berg, 2. Schriftführer Franz Held, Schatzmeister Dr. jur. Joseph Herzfeld, 1. Beisitzer Ernst von Wolzogen, 2. Beisitzer Hermann Bahr, 3. Beisitzer Fedor von Zobeltitz. Außerdem existierte ein Ehrengericht, das sich aus Otto von Leixner, Dr. Otto Neumann-Hofer und Wilhelm Bölsche zusammensetzte. Fontane wurde zum Ehrenvorsitzenden gewählt. Außerdem verkehrten im Verein häufig Heinz Tovote und Otto Erich Hartleben.

Über den ersten Vereinsabend, der am 4. November 1890 stattfand, berichtet Wilhelm Bölsche in der Zeitschrift „Freie Bühne", Ernst von Wolzogen habe ihn mit einer kurzen Festrede eingeleitet. In ihr hätte er das Ziel und die Richtung des Vereins umrissen: „möglichst parteilos, nur nicht unmodern, keine unnöthigen Brutalitäten, aber auch keine Kaffeekränzchen für höhere Töchter; und in allem wirkliches Schaffen

172 Otto Brahm, Verein „Deutsche Bühne". FB 1890, S. 325
173 ders., „Persönliche Beziehungen".FB 1890, S. 339

für die Kunst, keine Vereinsmeierei und Sensationsmache." „Im Ganzen war der Abend eine werthvolle That, die wärmster Beifall lohnte. Und Thaten sind es, war wir brauchen, Momente, da die Leistung hervortritt im Gegensatz zu der kritischen Kannegießerei und Nörgelei" (174). Die Gesellschaft war seit 1891 fest organisiert, führte anscheinend aber kein Protokoll. Die Statuten wurden am 1. Februar 1891 festgesetzt. Es heißt darin: „§ 1: Zweck der Freien litterarischen Gesellschaft ist, ihre Mitglieder mit lyrischen, epischen, dramatischen Werken zeitgenössischer Dichter bekannt zu machen. § 2: Dieser Zweck wird erreicht: a durch öffentliche Versammlungen, in welchen moderne Dichtungen durch berufene Kräfte zum Vortrag gelangen; b durch Anlegung einer Bibliothek moderner Litteratur; c durch zwanglose Veröffentlichungen des Vereins. § 3: Die Mitglieder scheiden sich in ordentliche und außerordentliche: Ordentliches Mitglied kann Jeder (Herr oder Dame) werden, der dem Vorstand als Schriftsteller bekannt ist oder sich durch ein eigenes Werk, welches das Lesekomite prüft, als solcher ausweist. Über die Aufnahme entscheidet der Vorstand. (. . .) Jedes Mitglied des Vereins zahlt 1 Mark Eintrittsgebühr und einen monatlichen Beitrag von 1 Mark. Es hat dafür freien Zutritt zu den Vortragsabenden, sowie ein Recht auf freie Benutzung der Vereinsbibliothek und des Lesezimmers. Auch gehen jedem Mitglied die Veröffentlichungen des Vereins unentgeltlich zu. Der Vorstand ist berechtigt, zu den öffentlichen Vorträgen auch Nicht-Mitglieder gegen Zahlung eines vom Vorstande zu bemessenden Eintrittsgeldes zuzulassen. § 4: Der Vorstand des Vereins, der aus 9 Mitgliedern besteht, hat den Verein nach außen zu vertreten und seine Geschäfte zu führen." (175) Nach dem Bericht von Julius Hart „hörte zu, wer gerade wollte und die anderen plauderten miteinander, die einen saßen, die anderen gingen umher. Alles rauchte und trank natürlich, und die Menschenansammlung pflegte erdrückend zu sein. Eines Abends las Otto Erich Hartleben seine eben entstandenen Pierrot-Lunaire-Übersetzungen vor. Es war der vollkommenste Durchfall. Jedes Gedicht wurde ausgelacht. Da erhob sich der Dichter mit vergnügt strahlendem Gesicht: ,Dann will ich länger nicht meine Perlen vor die Säue werfen. Prost Publikum.' Und ,Prost!' ertönte es von allen Seiten.

174 Wilhelm Bölsche, Von Neuer Kunst, FB. 1890, S. 1111
175 Deutscher Litteraturkalender. Hrsg. v. Joseph Kürschner. 13. u. 14. Jg.
    1891/92 Stuttgart Selbstverlag. Rubrik Lokale Vereinigungen Berlin. S. 55/56

Oder mein Bruder hörte mitten in einem Vortrag auf. Er hatte die Hälfte des Manuskriptes zu Hause liegen lassen: Na, Sie wissen ja schon alles, was ich Ihnen sagen will. Ich eröffne die Debatte darüber.'" (176)

Im zweiten Jahr, 1892, bestand der Vorstand aus: Paul Dobert 1. Vorsitzender, Dr. A. Dresdner 2. Vorsitzender, Leo Berg 1. Schriftführer, Fritz Mauthner 2. Schriftführer, Felix Lehmann 1. Schatzmeister, Ulrich Kracht 2. Schatzmeister, Hermann Heiberg 1. Beisitzer, Emanuel Reichner 2. Beisitzer, Arthur Kraußneck 3. Beisitzer. In der Mitgliederzusammensetzung der „Freien Litterarischen Vereinigung" zeigt sich deutlich die neue Tendenz des Naturalismus, d. h. einiger seiner typischen Vertreter, eine Zusammenarbeit mit dem ehemals angefeindeten konservativen Schriftstellerkreisen herbeizuführen. Aber auch umgekehrt setzten sich Kritiker des Naturalismus wie Otto von Leixner nun gern mit den Naturalisten zusammen. Das hat einmal seine Ursache in einer langsamen Entradikalisierung der modernen Bewegung, die sich durchzusetzen begann und Übertreibungen um der Reklame willen nicht mehr nötig hatte. So provozierten die konservativen Literatenkreise nicht mehr in dem Maße, wie das anfänglich der Fall war. Außerdem gehörten die hier verkehrenden naturalisitischen Vertreter von Beginn an zu den gemäßigteren. Zum zweiten hatten sich auch die älteren Literaten an die moderne Bewegung gewöhnt und erfahren, daß es sich nicht nur um Schreierei dabei handelte. Da die Tatsache, daß eine Gruppe von Literaten mehr Wirkung im Publikum als jeder einzeln hatte, auch ihnen vor Augen stand, daß die Publikumsorgane der Naturalisten Erfolg hatten, erschien es durchaus vielversprechend, zu einer Zusammenarbeit mit ihnen zu kommen. Allerdings weist die Vorstandsliste des zweiten Vereinsjahres bereits ein deutliches Überwiegen der Konservativen auf. Die Entwicklung wird rückläufig. In derselben Zeit verlagert sich der Naturalismus in Richtung auf individualistische, esoterische, impressionistische Vorstellungen.

176 Julius Hart, Velhg. u. Clasg. 24. Jg. Bd. 1, S. 291

IV. „FREIE VOLKSBÜHNE UND "NEUE FREIE VOLKSBÜHNE"

Eine wesentlich erfolgreichere Ergänzung zur „Freien Bühne" als die „Deutsche Bühne" ging etwa zur gleichen Zeit von Bruno Wille aus. In seinem Bildungsbemühen um die Arbeiterklasse verwirklichte er mit einigen seiner „Durch"-Freunde, vor allem mit Türk, Bölsche und den Brüdern Hart und unter lebhaftem Interesse von Brahm den Plan einer „Freien Volksbühne". Wilhelm von Spohr berichtet: „Der Anstoß dazu ging von einem kleinen Verein bildungseifriger Arbeiter aus. Es war kurz vor dem Ablauf des Sozialistengesetzes. Die Berliner Sozialdemokraten hatten ihre verbotenen politischen Vereine getarnt als kleine Skat- und Lotterieklubs, Männergesangsvereine und Bildungsvereine wiedererstehen lassen, unauffällig in kleinen Budiken tagend. In einer der letzteren im Osten Berlins, ‚Alte Tante' benannt, hatte man die Gründung und Bewährung des Vereins „Freie Bühne" mit Aufmerksamkeit verfolgt. Man wird dort als geschlossene Gesellschaft bei der Aufführung verbotener Stücke frei von der Theaterzensur. War das nicht auch möglich für andere Kreise, als für die literarischen Zirkel von Berlin—W? Zwei der Mitglieder des Arbeiterbildungsvereins — es waren der Buchbinder und spätere Buchhändler Heinrich Wibker und der Gewerbegerichts-Berichterstatter Wille Bach — beide sind später auch Friedrichshagener geworden, gingen zu Bruno Wille um ihn darüber zu befragen. Daran knüpfte sich die Anregung für Bruno Wille, doch eine solche freie Bühne für Arbeiter zu schaffen. Natürlich konnten diese kaum hohe Mitgliedsbeiträge bezahlen. Die Idee begeisterte Bruno Wille sogleich" (177). Er veröffentlichte im März 1890 einen Aufruf zur Gründung einer „Freien Volksbühne" im „Berliner Volksblatt", dem späteren „Vorwärts" und in der „Freien Bühne (178). Dieser enthielt seinen ersten Vorschlag zur Organisation des Unternehmens, das sich darin eng an die der „Freien Bühne" anschließen wollte: „Der Verein besteht aus einer leitenden Gruppe und aus den Mitgliedern. Die Leiter

---

177 Wilhelm v. Spohr, O, ihr Tage von Friedrichshagen, S. 32
178 Meine Wiedergabe stützt sich auf den Aufruf in der FB 1890, S. 260/61

wählen die aufzuführenden Stücke sowie die Darsteller aus. Die Mitglieder erwerben durch einen Vierteljahresbeitrag den entsprechenden Theaterplatz für drei Vorstellungen. Jeden Monat, und zwar Sonntags, findet eine Vorstellung statt. Die Beiträge bezwecken nur, die Theatermiethe und die Honorare für die Schauspieler zu decken. Sie wurden so niedrig wie möglich bemessen." Der Platz konnte zu 50 Pfg abgegeben werden. Im Gegensatz zur „Freien Bühne" wurden die Plätze der Volksbühne verlost, damit jeder die Chance hatte, einen guten Platz zu bekommen. Die Vorstellungen fanden nachmittags statt. Das hatte den Vorteil, daß die Berufsschauspieler leichter zu engagieren waren, da sie am Abend ihre anderen Verpflichtungen einhalten konnten. In einem längeren Artikel im Magazin hebt Wille hervor, daß ihm der Gedanke zur Freien Volksbühne aus dem Bestreben der „Freien Bühne" erwachsen sei. Jedoch ist die „Freie Volksbühne" nicht nur aus dem literarischen Leben hervorgegangen, sondern sie kam auch wirtschaftlichen und sozialpolitischen Interessen entgegen. Die „Freie Volksbühne" wurde gegründet für „eine Elite der Proletarierklasse, eine immerhin stattliche — in Berlin nach Tausenden zählende — Schar von Arbeitern und Arbeiterinnen, welche durch natürliche Begabung . . . in den Besitz ganz beträchtlicher Bildungsfragmente und eines, oft erstaunlichen Verständnisses für moderne Zeitprobleme und Kunstwerke gelangt ist." „Ganz verfehlt ist die Meinung, die sozialdemokratische Parteileitung habe irgendetwas mit der „Freien Volksbühne" zu tun. Eher ist der Grund zur Annahme vorhanden, daß die Parteileitung sich zur „Freien Volksbühne" wenn nicht ablehnend, so doch mißtrauisch verhält." (179)

Über den ersten Versammlungsabend am 29. Juli 1890 im großen Saal des „Böhmischen Brauhauses", an dem die Gründung beschlossen wurde, haben verschiedene Naturalisten berichtet, Heinrich Hart schildert: „Da sitzen sie alle, die jungen Stürmer und Dränger, die Naturalisten und Halbnaturalisten, die Apostel und Propheten, und zwischen ihnen hier und da ein blasiertes Weltkind, ein adrettes Herrchen, das von den Roten und den Grünen irgendeine nervenprickelnde Sensation erhofft. Da sitzt Bruno Wille, der behäbigste aller Philosophen, der immer Gläubige, immer Überzeugte, neben Otto Brahm, in dessen scharf geschnittenes Gelehrten- und Schauspielergesicht Ironie und

179   Bruno Wille, Die Freie Volksbühne. Magz. 1890, S. 653—656

Skepsis unverwischbare Linien eingegraben haben. John Henry Mackay, der Individualist, Anarchist und Aristokrat, neben Julius Türk, dem Demokraten und Sozialisten, der kaum noch anders als genossenschaftlich zu denken vermag. Wilhelm Bölsche neben Otto Erich Hartleben, zwei wackere Zecher, die auch diesen Abend epikuräisch zu genießen verstehen. Und neben all den Literaten innig gesellt die führenden unter den Berliner Sozialdemokraten, neben Paul und Bernhard Kampffmeyer, wenn ich mich recht erinnere, die Genossen Werner und Wildberger." (180)

Die Literaten saßen an einem von den Arbeitern gesonderten Tisch. Zum Vorsitzenden des Vereins wurde Bruno Wille gewählt, zum Schriftführer Julius Türk (181) und zum Kassenführer der Tapezierer Karl Wildberger. Beisitzer wurden Curt Baake, Richard Baginski, Wilhelm Bölsche, Otto Brahm, Julius Hart und Conrad Schmidt. Im Schlußsatz seiner Schilderung des ersten Versammlungsabends drückt Otto Brahm seine Haltung zur „Freien Volksbühne" aus: „Nicht vom Standpunkte einer Partei begrüße ich also den Plan freudig, denn ich gehöre keiner an und bin politisch und ästhetisch ein geborener Wilder; sondern ich erkenne in einer Freien Volksbühne – nicht in einem sozialdemokratischen Theater– ein Unternehmen von der allgemeinen künstlerischen und socialen Bedeutung, und meine besten Wünsche begleiten ihr Werden." (182) Am 19. Oktober 1890 fand die erste Vorstellung des Vereins, Ibsens Drama „Stützen der Gesellschaft" im Ostendtheater statt. Nach einem dreiviertel Jahr seines Bestehens wurde der Verein vom Polizeipräsidenten überprüft. Man vermutete, daß der Verein „socialistische Parolen vertreibe" „und eine Einwirkung auf öffentliche Angelegenheiten bezweckt." (183) Vom Vereinsvorstand wurde ein Mitgliederverzeichnis und Rechenschaft über Statuten und

180 Heinrich Hart, a. a. O., S. 80
181 O. E. Hartleben vermerkt in seinem Tagebuch a. a. O., daß er im März 1891 Türks Stellung als Schriftleiter übernahm. Türk soll damals schon aus dem Verein ausgeschieden sein.
182 Otto Brahm, Die Freie Volksbühne, FB 1890, S. 713. Weiter berichtet v. Hanstein über den 1. Versammlungsabend, a. a. O., S. 186/87
183 FB. 1891, S. 673–677. Obwohl nach der Verfassungsurkunde für den preußischen Staat v. 31. 1. 1850, Art. 30, alle Preußen das Recht hatten, sich zu vereinen, wenn sie den Strafgesetzen nicht zuwiderhandelten, war die Aufhebung ihrer Vereinigungen weitgehend in das Ermessen des Staates gestellt. Anm. 93 zu Art. 189, 6. Titel, 2. Teil.

deren etwaige Veränderungen gefordert. Diese Verfügung stützte sich auf § 2 des preußischen Vereinsgesetzes. Außerdem sollten Zu- und Abgang von Mitgliedern binnen drei Tagen gemeldet werden. Gegen diese Maßnahme erhob der Verein Klage beim Oberverwaltungsgericht in Berlin. Bruno Wille charakterisiert in diesem Zusammenhang die Freie Volksbühne mit folgendem Satz: „Die Freie Volksbühne kultiviert die sozialistische Weltanschauung auf dem Gebiet der Dichtung, Bühnenkunst und literarischen Kritik, ist aber deswegen durchaus kein politischer Verein." (184) Man konnte dem Verein keine Ungesetzlichkeiten nachweisen, so daß die Verfügungen des Polizeipräsidenten aufgehoben werden mußten.

Zwei Jahre nach der Gründung der Bühne, 1892, verdichtete sich die Kontroverse zwischen Bruno Wille und einigen seiner Literaturfreunde mit den parteigebundenen Literaten und der Leitung der sozialdemokratischen Partei. Am 2. August hatte man noch gemeinsam das zweijährige Bestehen der „Freien Volksbühne" am Müggelsee gefeiert. Über diese Feste schrieb Julius Hart: „Wenn aber die ‚freie Volksbühne' dort ihre Fest beging und Tausende von Gästen über die Seeufer und die Wälder sich ergossen, dann waren wochenlang vorher alle Hände beschäftigt, um zur Kurzweil und Belustigung der verehrlichen Mitglieder allerhand herbeizuschaffen und herzustellen, das nur nicht einen Groschen kosten durfte." (185) Die Partei warf Wille vor, daß sein Bildungsbemühen bürgerlich tendenziös sei. Auch Türk, sein früherer Gesinnungsgenosse, der sich inzwischen enger an die Partei angeschlossen hatte und hauptamtlicher Mitarbeiter geworden war, machte ihm den Vorwurf, daß er die Arbeiter zu Bürgern erziehen wollte, indem er bürgerliche Bildungsvorstellungen an sie herantrüge. Der Streit spitzte sich so zu, daß Wille und fast der ganze künstlerische Kreis aus dem Verein austraten und eine „Neue Freie Volksbühne" gründeten. Julius Hart (186) nimmt dazu Stellung: „In der ersten Generalversammlung trat u. a. auch ein Arbeiter auf und erklärte, daß man gern alle Schriftsteller aus dem Verein los sein möchte, daß man ihres Rates und ihrer Beihilfe durchaus nicht bedürfe, daß die Arbeiter sich das alles schon allein machen könnten, und siehe da, der Herr, der so sprach,

184   Freie Bühne 1892, S. 335
185   Julius Hart, a. a. O., 33. Jg. S. 654
186   Julius Hart, Der Streit um die „Freie Volksbühne" FB. 1892, S. 1226—1229

wurde zum zweiten Vorsitzenden gewählt. Ich glaube, der Fingerwink war deutlich genug, und die Schriftsteller haben nur dem lebhaft ausgesprochenen Wunsche der Versammlung Folge geleistet und sind davon ausgegangen. Der Kopfarbeiter hat zuletzt so gut wie jeder Handarbeiter etwas, das man Würde und Selbstachtung nennt, und wenn wir vielfach mit dem Arbeiter gleiche soziale Bestrebungen und politische Ziele verfolgen, so wollen wir uns deshalb doch nicht von ihm mit Schmähungen überhäufen lassen und noch ‚Danke schön‘! sagen. Als die alte Freie Volksbühne in der Folge sah, daß sich ohne künstlerische Sachverständige doch nicht gut arbeiten lasse und überall in der Schriftstellerwelt anklopfte, da fand sie mit Recht auch überall verschlossene Türen, denn so würde- und charakterlos sind wir Schriftsteller doch noch nicht, daß wir nicht auf einen groben Klotz einen groben Keil setzen.“ (187)

Zur künstlerischen Leitung des neuen Vereins gehörten von naturalistischer Seite: Bölsche, Julius Hart, Harden, Hartleben, Hegeler, Wolzogen und Wille. Außerdem Franz Deutschinger, Albert Dresdner, Victor Holländer (Kapellmeister), Landauer, Mauthner, Polenz, Leopold Schönhoff, Emil Lessing (Regisseur), Max Marschalk, Hermann Büttner, dann die Sozialisten Carl Wildberger und die Brüder Kampffmeyer. Leiter der alten „Freien Volksbühne“ wurde Franz Mehring. Die Aussagen über die personelle Zusammensetzung des Vereins widersprechen sich in den Autobiographien sehr. Das liegt wahrscheinlich daran, daß der Wechsel der Ämter in der Erinnerung der einzelnen Autoren nicht richtig registriert wurde. Die Aufstellung stützt sich daher im wesentlichen auf eine Schrift, die im Auftrag des Vorstandes der „Neuen Freien Volksbühne“ von Josef Ettlinger herausgegeben wurde (188). Es bestanden also eine Zeitlang zwei „Freie Volksbühnen“ nebeneinander in Berlin (189).

In seinem Aufsatz „Proletariat und Kunst“ nimmt Bruno Wille Stellung zu dem Streit? „Daß aber das Ereignis überhaupt eintreten konnte, lag an der Konstituion des Vereins, und letzten Endes an der

---

187 Zitiert bei Josef Ettlinger S. 18
188 Josef Ettlinger, Die neue Freie Volksbühne, Geschichte ihrer Entstehung und Entwicklung, Berlin. Verlag der „Neuen Freien Volksbühne“, Geschäftsstelle Bremerstraße 59, 1905.
189 Julius Bab berichtet, a. a. O., S. 60, daß es während des 1. Weltkrieges wieder zu einer Einigung der beiden Bühnen gekommen sei.

Beschaffenheit vieler ,zielbewußter Genossen'. Das Statut der freien Volksbühne war eben ein ,demokratisches', d. h. die Mitglieder hatten, wenn auch indirekt, die Leitung in den Händen. Schon vor der Gründung, im Freundeskreis, hatte ich vor dieser Konstitution *gewarnt*. Doch der Hinweis auf die ,demokratischen' Gewohnheiten der Berliner Arbeiter, die Befürchtung, daß eine ,undemokratische' Volksbühne keinen Anklang werde finden können, die Opportunitätspolitik gewichtiger Förderer meines Unternehmens nahm mich damals ins Schlepptau, und -hinc illae lacrimae!" „Will das Publikum einer freien Volksbühne geistig mehr werden als es ist, so darf es durchaus *nicht selber den Verein leiten*, auch nicht indirekt, indem es Leiter wählt — es sei denn, daß bei dieser Wahl der Zufall, die Blindheit, Eitelkeit und Selbstsucht nicht mitspielen können — was indessen leider eine Utopie ist. Ich habe im Vereinsleben die Erfahrung gemacht, daß die ,Demokratie' wenigstens die übliche sogenannte Praxis, durchaus nicht immer geeignet ist, sachverständige Leute auf die Posten zu bringen, zu denen sie berufen sind." „Die Organisation, die ich für wahrhaft berufen halte, die künstlerische Erziehung des Volkes, eine Vermählung von Proletariat und Kunst zu vollziehen, hat eine gewisse Verwirklichung gefunden, in unserer „*Neuen* freien Volksbühne". Ihr Prinzip ist die *freie Vereinbarung*. Eine Gruppe von Leuten, die sich selbst und einander für sachverständig halten, veranstaltet eine Volksbühne vollkommen selbstständig und ohne ein anderes Mandat zu haben, als die Zustimmung der Vereinsmitglieder, wie sie einfach in deren Beitritt zum Verein zum Ausruck gelangt."

Aus den Ausführungen Willes geht hervor, daß die erste „Freie Volksbühne" den Vorstand und künstlerischen Ausschuß von allen Mitgliedern hatte wählen lassen. Dagegen wendet sich Wille nun: „Bezeichnend für den Unverstand und die Leichtfertigkeit der Wähler ist es, daß bei den jüngsten Wahlen des litterarischen Ausschusses der Freien Volksbühne wohl hunderte von Wählern Kandidaten ihre Stimme gaben, die sie gar nicht kannten, deren Qualifikation ihnen aber infolge einer Vorstellung von Angesicht zu Angesichtern gleich einleuchtete, — als könnte man den Leuten an der Nase ansehen, ob sie litterarische Kenntnisse und Urteilskraft besitzen!„ (190)

190 Bruno Wille „Proletariat und Kunst". Abgedruckt in Ettlinger a. a. O., S. 20ff Der Aufsatz soll unter dem Titel „Die Spaltung der Freien Volksbühne" im „Kunstwart" abgedruckt worden sein.

Über den Streit zwischen Wille und seinen Anhängern berichtet Julius Hart in der Zeitschrift „Freie Bühne": „Der größere Teil der Freien Volksbühne war urplötzlich über Nacht zu der Erkenntnis gekommen, daß Herr. Dr. Wille ebenso wenig für die Leitung des Vereins tauge, wie Carl Wildberger und Berhard Kampffmeyer. Erst ganz kurz vorher hatten diese Mitglieder Bruno Wille wiedergewählt und ihm *rückhaltlos ihr unbeschränktes Vertrauen ausgesprochen*, wenige Tage später und siehe da: Bruno Wille war ein trauriger Ignorant geworden, den man so rasch wie nur irgend möglich los werden wollte."
„Allgemein wird versichert, daß Wille, Wildberger und Kampffmeyer wegen ihres freien politischen Glaubensbekenntnisses den der Partei angehörigen sozialdemokratischen Mitgliedern des Vereins unangenehm waren, und damit um jeden Preis entfernt werden sollten. Da die Volksbühne zunächst *künstlerische* Ziele verfolgt, so war es meines Erachtens nicht erlaubt, derartige parteipolitische Tendenzen in den Verein hereinzutragen (191). Julius Hart hebt in seinem Bericht hervor, daß Bruno Wille für die Volksbühne ohne jeden Lohn arbeitete. Auch der „Neuen Freien Volksbühne" stand als Veröffentlichungsorgan die Zeitschrift „Freie Bühne" weiterhin zur Verfügung.

Die Organisation der „Freien Volksbühne" und auch der „Neuen Freien Volksbühne" gleicht in mehreren Punkten der der „Freien Bühne". In allen drei Gründungen gibt es eine verantwortliche Kerngruppe, einen Vorsitzenden und meistens Schrift- und Kassenführer. Alle drei Vereinigungen haben außer der anonymen Öffentlichkeit noch ihre passiven Mitglieder zum Publikum. Alle drei haben außer einem anonymen konservativen Bildungspublikum auch Gegner, die aus der eigenen Bewegung kommen. Der Verein „Freie Bühne" hatte einen Hauptgegner z. B. in der „Deutschen Bühne", die Zeitschrift „Freie Bühne" in der Münchner Zeitschrift „Die Gesellschaft". Das letztere kam nicht von ungefähr, da dort Bleibtreu und Alberti, die Initiatoren der „Deutschen Bühne", den Ton angaben. Es ergab sich eine Konkurrenzsituation, in der besonders die Münchner fürchteten, daß die Berliner ihnen den Rang streitig machen könnten. Das hatte außer literarischer Mißgunst auch die alte Rivalität zwischen Bayern und Preußen zur Ursache. Ein Feind der „Freien Volksbühne" war auf sehr handfeste Weise der preußische Rechtsstaat in Gestalt des Polizeipräsi-

191 Julius Hart, FB 1892, S. 1226—1229

denten. Dazu kamen aus dem entgegengesetzten Lager, der Sozialdemokratischen Partei, Wilhelm Liebknecht und Schweichel. Der Literarische
Zweck aller drei Vereinigungen war die Aufführung antikonservativer
Theaterstücke und die Erschließung der Dramenliteratur für ein interessiertes Publikum in einer Form, wie sie bis dahin nicht geübt worden
war. Es handelte sich also bei allen um die praktische Verwirklichung
von kulturpolitischen Theorien des Naturalismus. Auch die Tatsache,
daß die Kerngruppe sich in organisatorischer Klugheit nicht nur als
Literaten formierte, gilt noch für alle drei Gruppen.

An diesem Punkt jedoch beginnt der grundsätzliche Unterschied
zwischen der „Freien Bühne" und beiden „Freien Volksbühnen". Der
Zweck der „Freien Volksbühne" war es, dem 4. Stand sozialkritische,
moderne und klassische Dramen nahe zu bringen. Sie rechneten mit
einem Publikum, dessen Bildungsstand und -auffassungsvermögen weit
unter dem eigenen lag. Während die „Freie Bühne" bis zu einem
gewissen Grade mit der geschmacklichen Verbildung ihres Publikums
rechnete und es in ihrem Sinne umschulen wollte, beabsichtigte die
„Freie Volksbühne" die nahezu völlige Unbildung ihres Publikums zu
überwinden. Daß die Leiter dabei mit größter Selbstverständlichkeit
ihre bürgerlichen Bildungsvorstellungen an die Arbeiter herantrugen,
daß sie im Grunde nicht vom Arbeiter, sondern vom Bürger her
argumentierten, wurde für den Naturalismus ein besonderes Problem.
Die Bildungsvorstellungen der „Freien Volksbühne", besonders die der
„Neuen Freien Volksbühne", liefen jedoch vielen Strömungen in der
deutschen Arbeiterschaft parallel, denn der Verbürgerlichungsprozeß
der Arbeiterbewegung vollzog sich in diesen Jahren ja auch politisch.
Aus der Programmgestaltung der „Freien Volksbühne" und der „Neuen
Freien Volksbühne" wird ersichtlich, daß es ihnen thematisch eher um
eine Reform bürgerlichen Geistes als um eine politische Neuentwicklung
ging. Autoren wie Anzengruber, Ibsen, Hebbel und der junge Schiller
wurden bevorzugt. Die „Neue Freie Volksbühne" brachte im November
1892 als Eröffnungsvorstellung unmittelbar nach dem Krach mit dem
alten Verein sogar Goethes „Faust". Man glaubte, sozialkritisch im
Sinne des 4. Standes zu sein, wenn man die Bildungslosigkeit des
Proletariats eher ansprechen zu können glaubte als die Verbildetheit des
Bürgertums. Man hoffte, daß die eigenen Ideen auf unverbrauchtem
Boden ganz anders, besser, durchschlagender zum Tragen kommen
könnten, als die „Verlogenheit" gewisser bürgerlicher Bildungsschichten

das zuließ. Das war die revolutionäre Gesinnung und der vermeintlich revolutionäre Kern.

Dabei wurde den Bildungsrevolutionären die Befangenheit in ihrer eigenen Bürgerlichkeit, die mit zunehmender Sicherheit in Spießbürgerlichkeit absinken mußte, nicht bewußt. Es wäre sicher ergiebig, die Rolle linksinteressierter, im Grunde aber bürgerlich denkender Intellektueller für die Entwicklung der deutschen Arbeiterbewegung tiefer zu analysieren, und gerade der Naturalismus würde da manchen erhellenden Beitrag liefern können. Für die Analyse der linken naturalistischen Literatengruppen können nur die wenigen folgenden Gesichtspunkte berücksichtigt werden.

Es begann damit, daß einige zum Bürgertum aufsehende Arbeiter an die naturalistischen, dem Arbeiterstand zugeneigten bürgerlichen Schriftsteller herantraten. Beide Seiten glaubten, gemeinsam den 4. Stand in die bürgerliche Bildungswelt des deutschen Reiches einreihen zu können. Dabei hatten die Arbeiter Aufstiegsabsichten, sowohl politischer und gesellschaftlicher als auch wirtschaftlicher Art. Die bürgerlichen Schriftsteller hatten sozialpolitische und bildungspolitische Ideale, einmal allgemein ethischer Natur, zum anderen aber auch die Einsicht, daß ungeheure geistige Reserven im Volk ungenutzt blieben und die politische und kulturelle Entwicklung in Deutschland und Europa daher stagnierte. Man traf sich auf der Ebene eines verständnisvollen Entgegenkommens. Von einer revolutionären Haltung war überhaupt nicht die Rede, weder von Seiten der Arbeiter noch von der der Literaten. So waren es im Grunde auch die unrevolutionären Arbeiterkreise, die zu den Aufführungen kamen. Die radikalen Arbeitergruppen sahen in der von Bruno Wille und seinen Gesinnungsgenossen geplanten langsamen Besserung der sozialen Verhältnisse auf dem Wege über Bildung einen Verrat an der sozialistischen Idee.

Daß es zwischen der Berliner SPD und den Volksbühnenliteraten zu schwerwiegenden Konflikten kam, die auch in der Öffentlichkeit bekannt wurden und u. a. eine Scheidung in zwei Volksbühnen zur Folge hatten, lag jedoch nicht nur an der Sorge der Partei um die Reinheit ihrer politischen Position. Es muß da auch der persönliche Machtkampf zwischen Türk und Wille, die zu Zeiten des „Durch" noch so befreundet gewesen waren, daß sie gemeinsam mit Bölsche eine Wohnung inne hatten, mitgespielt haben. Das ist allerdings nur eine Vermutung, die sich auf Andeutungen aus den Quellen stützt. Der

Konflikt in der Kerngruppe der „Freien Volksbühne" führte im Gegensatz zur „Freien Bühne" zur Auflösung des Führungskreises, aber nicht zur Aufgabe der Idee. Der größte Teil der alten Kerngruppe gründete einfach ein Konkurrenzunternehmen mit unterschiedlichen personellen und politischen Details. Als solches hat es bis in zwanzigste Jahrhundert bestanden. Die in der alten Führungsgruppe Verbliebenen wählten Franz Mehring als Vorsitzenden und wandten sich hauptsächlich an die parteigebundene linke Arbeiterschaft. Der neue Kreis organisierte sich unter Bruno Wille wesentlich straffer als bisher. Die letztlich autoritäre Haltung dem Arbeiterpublikum gegenüber wird aus dem Statut deutlich, dessen wichtigste Paragraphen hier zitiert werden:

1) Zweck des Vereins
   Der Verein bezweckt, seinen Mitgliedern erhebende und befreiende Kunstwerke aller Gattungen, insbesondere Theatervorstellungen, Dichtungen und Musikwerke, nach Möglichkeit auch Werke der Malerei und Bildhauerkunst vorzuführen und durch Vorträge und Aufsätze zu erläutern.
5) Der Vorstand
   Der Vorstand entscheidet über das Theater und in Gemeinschaft mit dem künstlerischen Ausschuß über den Regisseur sowie über sämtliche Vereinsangelegenheiten, welche nicht einer anderen Verwaltungsgruppe übertragen sind.
   Der Vorsitzende und sein Stellvertreter leiten die Vereinsgeschäfte, vertreten den Verein nach außen und werben den künstlerischen Ausschuß. Der Kassierer hat eine genaue Mitgliederliste zu führen. Er hat in der Generalversammlung Kassenbericht abzulegen und der Verwaltung jederzeit Auskunft über den Vermögensstand zu geben.
6) Verwaltung
   Die Verwaltung besteht aus dem Vorstande, dem künstlerischen Ausschuß und den von der Generalversammlung gewählten fünf Ordnern.
7) Ordnerschaft
   Die Ordnerschaft besteht aus mindestens fünfzehn Personen, von denen fünf durch die Generalversammlung in die Verwaltung gewählt werden. Die Ordnerschaft wird von der Generalversammlung gewählt. Die Ordnerschaft leitet die Verlosung der Plätze bei den Vorstellungen und überwacht nach Bedürfnis die Vereinsversammlungen.

8) Künstlerischer Ausschuß

Der künstlerische Ausschuß besteht aus sieben Personen und zwar aus fünf vom Vorstand ernannten und zwei von der Verwaltung gewählten Mitgliedern.

Der künstlerische Ausschuß entscheidet in Gemeinschaft mit dem Vorstande über sämtliche künstlerischen Veranstaltungen

1890/91 gehörten dem alten Verein „Freie Volksbühne" an:
Bruno Wille, 1. Vorsitzender
Karl Wildberger, Kassierer
Julius Türk, Schriftführer.
1891/92 blieb der Vorstand so.
Nach dem Bruch 1892/93 war dann der Vorstand der „Neuen Freien Volksbühne";
Bruno Wille, 1. Vorsitzender
Max Halbe, Schriftführer
Robert Bertelt, Kassierer
Die gleiche Zusammensetzung bestand auch 1893/94 (192)

Die personelle Zusammensetzung der künstlerischen Ausschüsse war bunt gemischt. Neben den Schriftstellern waren es kleinbürgerliche Arbeiter, vor allem aber auch konservative, politisch meist liberal gesonnene Literaten, die an der Sache interessiert waren. Die bereits in der Zusammensetzung der „Freien Litterarischen Gesellschaft" beobachtete Tendenz zur Vereinigung mit ehemals gegnerischen Literaten ist auch hier festzustellen. Dabei braucht die Gegnerschaft nicht persönlich gewesen zu sein. Was sich im Zuge der literarischen Entwicklung zu gegenseitiger Achtung wandelte, war eine Angleichung der Anschauungen im bürgerlichen Geist auf der Grundlage einer mehr oder weniger ernst gemeinten sozialkritischen Einstellung. Gerade das mag verwunderlich erscheinen, denn bei einer Arbeiterbühne sollte man doch noch Reste von revolutionären literarischen Gedanken vermuten. Aber der Naturalismus war schon saturiert, und Literaten wie Wille, die Harts und viele andere waren nicht daran interessiert, neue Wege zu finden, die literarische Revolution aufzufrischen und weiterzutreiben. Sie zehrten von ihren früheren literarischen Theorien, die sie in ethische, bildungspolitische und praktische Bemühungen soweit ummünzten, wie

192   Joseph Ettlinger, a. a. O., Anhang

sie sich Erfolg davon versprachen. Die wenigen dichterischen Begabungen hatten sich inzwischen den neuen Strömungen zugewandt und gruppierten sich unter neuen Gesichtspunkten, die ihren einstigen sozialkritischen z. T. genau entgegengesetzt waren, wobei dieser Gegensatz oft folgerichtig auf den alten Anschauungen aufbaute. Bevor wir uns dieser letzten, nur noch mit Einschränkungen naturalistisch zu nennenden Gruppe zuwenden, sollen einige Äußerungen der Literaten um die Volksbühnen herum die aufgeführten Behauptungen erhärten:

Bruno Wille, der sich schon als Führerpersönlichkeit im „Verein Durch" erwiesen hatte und einer der aktivsten, dabei selbst dichterisch nicht produktiven Naturalisten war, ist im wesentlichen auch hier der führende Kopf und die prägende Persönlichkeit. Zusammen mit seinen Freunden Bölsche und Julius Hart versuchte er, nicht nur durch zahlreiche populärwissenschaftliche Vorträge und Aufsätze das Interesse des 4. Standes an Kultur und Bildung zu wecken und über dieses Interesse das Klassenbewußtsein zu stärken. Allerdings hatte er nicht allzugroßen Erfolg. Die bis zum Januar 1892 üblichen Vorträge, die den Arbeitern von Mitgliedern des leitenden künstlerischen Ausschusses Erläuterungen zu den Stücken gaben, mußten aufhören, weil sie nur von einem geringen Teil der Vereinsmitglieder besucht wurden. Statt dessen gab Wille eine monatliche Vereinszeitschrift „Freie Volksbühne" für den Verein „Freie Volksbühne" heraus. Sie diente als Publikumsorgan der Vereinsleitung. Willes politischen Bemühungen entsprachen seine freireligiösen Anschauungen. Er wurde Leiter der Freireligiösen Gemeinde Berlins und übernahm zeitweilig Religionsunterricht in diesem Sinne. Noch lange Jahre — weit über die Zeit des Naturalismus hinaus — kümmerte er sich aktiv um die Volksbühne und saß im Vorstand des Vereins.

Seinen bürgerlichen Sozialismus bringt Wille in dem 1890 in der „Freien Bühne" erschienenen Aufsatz „Der Mensch als Massenglied" zum Ausdruck, in dem er zwar auf die Notwendigkeit hinweist, daß der Mensch ein „geselliges Wesen sein müsse, um Sprache, Wissenschaft, Kunst, Technik, Sittlichkeit" zu besitzen. Der Mensch habe neben seiner „Heerdennatur" aber noch „Selbstständigkeit und Individualität", und das sei im Grunde das Wesentliche: „Wenn wir demgemäß die Überwindung der Heerdennatur, die Unabhängigkeit von unseren Brüdern, die innere Freiheit, die Selbstständigkeit im Fühlen und Denken als ein hohes Ziel der Menschheit bezeichnen, so muß uns doch tiefe

Betrübnis befallen, wenn wir sehen, wie selbst in der ‚modernen Zeit‘, wo wir es doch ‚so herrlich weit gebracht haben‘, im öffentlichen Leben zahlreiche und gewaltige Bollwerke der Heerdennatur bestehen, und wie vielfach die Massengliedschaft sogar als sittlich bezeichnet wird.“ „*Individuum* sei gepriesen! Selbstherrlichkeit, Du bist die erhabenste Krone! ‚Höchstes Glück der Erdenkinder ist doch die Persönlichkeit‘. Möge dieser Goethesche Gedanke jener Schablone und Uniform entgegenarbeiten, welche die Erziehung durch Eltern, Lehrer, Vorgesetzte, Bücher, Beruf und Öffentlichkeit eigen ist. Auch dich, *Mephisto*, rühme ich, dich ‚Geist der stets verneint‘, dich Geist des Widerspruches. Denn nur durch scharfe Kritik und energischen Widerspruch kann die Aufdringlichkeit überwunden werden, mit welcher die ‚Gespenster‘ in Sittlichkeit, Gesetz und Gewohnheit uns zu knechten suchen. Und endlich verherrliche ich dich, o *Einsamkeit!* Denn wiewohl die Geselligkeit gepriesen wird, und auch vielfach mit Recht gepriesen wird, muß ich doch fast gestehen: ein Kopf ist desto unvernünftiger, je mehr Gesellschaft er hat; die Menge verschüttet die Gedanken und Gefühle des Einzelnen; das kann man so ziemlich an jeder Kneiptafel, an jeder ‚Gesellschaft‘, an jeder Versammlung beobachten. Die Einsamkeit dagegen ist die Mutter großer Gedanken.“ (193)

Solche Worte konnte nur jemand schreiben, der sich seiner Führerrolle bewußt war und für den die Gesellschaft immer aus Mündigen und Unmündigen bestand, d. h. aus solchen, die in der Einsamkeit „große Gedanken“ gebären und anderen, denen diese Gedanken nahe gebracht werden müssen, Gedanken, die sie zu akzeptieren haben, weil sie nun einmal geistig und real abhängig sind. Das einzige, was Willes Standpunkt vom bürgerlichen Durchschnitt unterscheidet, ist, daß er auch Menschen aus dem 4. Stand grundsätzlich die Möglichkeit der Persönlichkeit zugesteht. Sein elitäres Bewußtsein gilt eher der Person als ihrer Herkunft.

Wilhelm Bölsche charakterisiert die Volksbildungsbewegung folgendermaßen: „Eigenthümliche Anzeichen weisen darauf hin, daß sich gerade im Augenblick ein höchst bedeutsamer Prozeß zu vollziehen beginnt, probend, tastend, unsicher, aber doch merkbar. Die realistische Dichtung dringt ins Volk, in den eigentlichen Kern des Volkes. Das will etwas ganz anderes sagen, als: der Realismus findet Publikum, findet

193 Bruno Wille, Der Mensch als Massenglied. FB 1890, S. 868ff.

Käufer. Wenn die Berliner „Freie Volksbühne" auch noch jetzt in Folge irgend welcher äußerlicher Constructionsfehler zu Nichts zerfiele, die Theilnahme an der modernen Dichtung in Kreisen, die kein Verleger realistischer Schriften bisher als Publikum sich dachte, die aber trotzdem nach Tausenden und Abertausenden zählt, hat sie über jeden Zweifel erhaben nachgewiesen. Für den Dichter wie für den Kritiker wächst vor solchen Thatsachen die Verantwortung. Die Trompete des Realismus lockt nicht mehr bloß einen kleinen Kreis zum fröhlichen Waldpiknik, es wogt und wälzt sich heran auf ihr Schmettern in einer ungeahnten Weise. Und diese Bewegung, einmal eingeleitet, wird nicht sobald sterben. Der Realismus müßte gewaltige, tief einschneidende Fehler machen, wenn er die Gunst der Massen, die sich ihm zuzuwenden beginnen, wieder verscherzen sollte. Was das für Fehler sein sollten, sehe ich vorläufig nicht ein." (194)

Willes Gedanken ähnlich ist, was Julius Hart in seinem Artikel „Soziale Lyrik" ausspricht: „Versteht sie es, (die soziale Lyrik) den ganzen Inhalt des sozialen Gedankens in allem seinen Wesen innerlich zu erfassen und künstlerisch zu gestalten, so braucht sie nicht zu fürchten, daß sie nur wie eine blendende glänzende Rakete aufsteigt, um rasch in der Luft zu verpuffen und als armseliger, todter Aschenrest auf die Erde zurückzukommen, wie etwa die Herwegh'sche Poesie. Sie wird dann nicht nur von der Gunst einer politischen Partei in die Höhe gehoben und braucht sich nicht darum zu kümmern, wenn selbst der ‚soziale Hauch' unserer Zeit ebenso rasch verwehen sollte, wie der conservative Hauch, der für einige Jahre lang durch das deutsche Volk dahinging. Sondern sie hat eine ewiggiltige Dauer, weil in dem Sozialismus ewiggiltige Wahrheiten sich crystallisiert haben. Der Sozialismus bedeutet mehr als eine revolutionäre politisch-wirthschaftliche Partei, er bedeutet auch eine *Weltanschauung* und vermag darum auch, nicht nur wie eine politische Leidenschaft die Empfindungen bloß obenhin zu kräuseln, sondern in ihren untersten Tiefen zu verändern und umzugestalten. Die soziale Weltanschauung beruht auf der von Lazarus und Steinthal festgesetzten Grundlage unserer modernen Psychologie: Der Mensch ist ein Gesellschaftswesen. Damit hebt sie nicht den Individualismus auf, die Grundanschauung des bürgerlichen Liberalismus, der

194 Wilhelm Bölsche, „Widerstrebe nicht dem Uebel in der Litteratur." FB 1890, S. 891f.

bürgerlichen Revolution, der Genieperiode und der Romantik, aber sie schränkt ihn ein." (195)

Die deutsche Bildungsmisere der damaligen Zeit wird von Bölsche in seinem Aufsatz: „Die Weltanschauung der Jahrhundertwende" folgendermaßen gesehen: „Und ich brauche kaum hinzuzusetzen, daß zu der im Ganzen ungeheuren, fast erdrückenden Arbeitslast, die der Fortgang der Erkenntnisarbeit aufgehäuft hat, die entsetzlichen Konsequenzen und Schäden der sozialen Verteilung kommen, die direkten Kämpfe um Licht und Brod, die grenzenlose Vergeudung von Gehirnmaterial auf der einen, die sinnlose und sinnverwirrende Ueberlastung Weniger auf der anderen Seite, Myriaden, die gar nicht zum Anteil an den Geisteskämpfen kommen, weil ihnen die dürftigste Erziehung nicht gewährt wird, und Massen von wirklich Erzogenen, die doch die Geisteskämpfe nicht rein ausfechten dürfen, da sie mit ihnen zugleich ihr Brod erwerben sollen und deshalb in den Wurzeln ihres moralischen Wesens notwendig vergiftet werden müssen." (196)

Ähnlich Bruno Wille: „So ist auch die heutige Volkswirthschaft nicht reif zur Verallgemeinerung der Körperarbeit und Beseitigung der wirtschaftlichen Ausbeutung. Unsere Volkswirthschaft will ihre einseitige Arbeitstheilung, welche einen Theil der Arbeiter übermäßig leiblich, den andern übermäßig geistig und nervös belastet, durchaus nicht aufgeben und glaubt, ohne Grundbesitzer, Rentiers und kapitalistische Unternehmer nicht bestehen zu können. Freilich, wenn die sozialistische Wissenschaft Recht hat − und ich gebe ihr Recht −, so drängt die wirthschaftliche Entwicklung auf Ueberführung des Grund und Bodens, der Häuser, Fabriken, Maschinen, Verkehrsmittel, kurz der großen Productionsmittel aus den privaten Händen in den Besitz der Gesellschaft sowie auf Socialisierung der Production unwiderstehlich hin. Ist diese Phase der Entwicklung erreicht, dann hört auch das sociale Klassenwesen, die Trennung der Menschen in Reiche und Arme, Vornehme und Geringe, auf; und dann *adelt* die Arbeit im Tolstoischen Sinne. Alsdann ist die Zeit gekommen, so die Agitation für *allgemeine* (natürlich maaßvolle) Körperarbeit einen empfänglichen Boden findet.

195 Julius Hart, „Soziale Lyrik". FB 1890, S. 1080/81
196 Wilhelm Bölsche, „Die Weltanschauung der Jahrhundertwende". FB 1891, S. 35

Die Abwechslung geistiger und körperlicher Arbeiten, die *harmonische* Uebung *aller* Kräfte des Menschen läßt sich dann durchführen." (197)

Gustav Landauer, ein Mitglied im künstlerischen Ausschuss der „Neuen Freien Volksbühne", ist überzeugt, daß die sociale Frage keine „Magenfrage, sondern lediglich eine *Geistesfrage"* ist. In spätestens 50 Jahren hätte die Chemie die Magenfrage grundsätzlich gelöst und die Not beseitigt. „Verachtung der rein körperlichen geistlosen Arbeit und heißen Streben nach höherer Lebensart, das ist nach meiner sicheren Ueberzeugung der innerste Kern der socialen Frage." (198)

Fritz Küster, ein in der „Freien Bühne" häufig schreibender Kritiker, soll die Reihe der Bildungs- und Gesellschaftskritiken abschließen. Er zeigt verschiedene Mißstände auf: „Die seichte Zufriedenheit bei der Mehrzahl unserer sogenannten ‚Gebildeten', die mit ein paar Schlagworten sich abfindet, die sowohl amtlich wie theetischlich oder bierbänklich über alle Geheimnisse der Schulfrage, der Religionsfrage, des Darwinismus und was weiß ich sonst noch ihr fertiges Urtheil fällt, ohne sich je die Mühe zu machen, erst einmal da, wo es was zu lernen gibt, demüthig ihre Unkenntnis in den einfachsten Kardinalfragen einzugestehen und abzuthun. Der Mangel an freien Volkslehrern da, wo wirklich Bildungsdrang ganz zweifellos in hohem Maße vorhanden ist: in den Vereinen, vor allem den Bildungsvereinen der Berliner Arbeiterschaft, wo tausende bereit stehen, ihre letzte Feierstunde der Wissenschaft zu widmen, wenn nur die rechten Leute zur Belehrung sich finden wollten." (199)

Daß angesichts solcher Vorstellungen die radikalen Anhänger des Sozialismus mit Skepsis und Zorn auf die Tätigkeit der Arbeiterbildungsbemühungen blicken mußten und die offizielle Parteileitung der SPD, soweit sie nicht um revisionistischen, sondern um revolutionären Sozialismus bemüht war, in der „Revolution der Litteratur" eine Gefahr für die Verwirklichung ihrer eigenen Vorstellungen sah, ist nicht verwunderlich.

Otto Brahm nimmt zu dem Protest Wilhelm Liebknechts, den dieser in der Wochenschrift „Die Neue Zeit" 1891 veröffentlichte, in seinem Aufsatz „Naturalismus und Sozialismus" Stellung. Ein Zitat Liebknechts dient ihm als Ausgangspunkt für seine eigene Stellungnahme:

197 Bruno Wille: „Tolstios Verherrlichung der Körperarbeit." FB 1891 S. 60
198 Gustav Landauer, „Religiöse Erziehung". FB 1891 S. 137
199 Fritz Küster, „Ein Stückchen Berliner Zoologie", FB 1891 S. 83

Ich habe das junge Deutschland gekannt, welches aus dem Boden des bürgerlichen Realismus hervorgewachsen.' sagt er, ,und als ich erfuhr, daß ein jüngstes Deutschland erstanden sei, da dachte ich, es müsse zu dem modernen Sozialismus in einem ähnlichen Verhältnis stehen, wie weiland das ,junge Deutschland' zu dem Liberalismus'. So ,dachte' Liebknecht in seinem politischen Sinn, und weil nun dies Gedachte, dies abstrakt Geforderte, seiner Meinung nach nicht erfüllt wird, darum ist es nichts mit dem jüngsten Deutschland. Das ist derselbe trostlose Doktrinarismus, den die Bourgeois von reinstem Blut vor der Kunst zu entfalten pflegen, und dem sie am liebsten die Formel beilegen: ,Ich *verlange* das von einem Kunstwerke.' ,Nicht aus dem Geist der Sache heraus urteilen sie, sondern aus dem eigenen Geist: jene ,verlangen', Herr Liebknecht ,denkt'. Was aber denkt er, und welches ist sein Ideal der Kunst? Daß sie den Sozialismus mit Haut und Haar wiederspiegele? Dramatisierter Marx in fünf Akten? Das klingt wie ein Witz, aber ich glaube in der That, daß man sich ,was er dachte' nicht roh genug (im ästhetischen Wortsinn natürlich, nicht im geistigen) vorstellen kann. Denn wie könnte er sonst behaupten: daß der Hauch der sozialistischen, oder auch nur der sozialen Bewegung nicht auf die Bühne des jüngsten Deutschlands gedrungen ist."

Liebknecht hatte geäußert, daß die Lektüre der Dramen des jüngsten Deutschlands nichts von der Gegenwart vermittle. Brahm bezweifelt, daß Liebknecht die einschlägigen Bühnenstücke überhaupt gelesen habe. „ . . .sollte wirklich jemand, der Hauptmann's Drama ((Vor Sonnenaufgang)) liest, verkennen können, eine wie enge Fühlung mit den Problemen des Sozialismus hier gegeben ist? " „Man darf nur den Begriff des Gegenwärtigen nicht fraktionspolitisch eng fassen, und nicht vom Dichter fordern, daß er Parteiprogramme dramatisiere; man muß den näheren und ferneren Zusammenhang überblicken können, der diese Werke verbindet mit den Zeitströmungen in den anderen Kulturländern, mit der Vorliebe, auch der modernen Malerei für die Mühseligen und Beladenen, und mit tausend andern feinen Keimen des Neuen, die die Luft dieser Epoche befruchtend füllen. Dann erst wird man die Einheit sozialer und künstlerischer Bewegungen erkennen, die Herr Liebknecht so eilig vermißt." (200)

200   Otto Brahm, „Naturalismus und Sozialismus". FB 1891, S. 241—243

Julius Hart pariert den Vorwurf der Bürgerlichkeit, den die Sozialdemokratie den Naturalisten auf dem politischen Gebiet machten, für die Sozialdemokratischen Parteiführer auf dem ästhetischen: „Liebknecht, Schweichel und viele andere ältere Herren von der Sozialdemokratie mögen in ihren politischen Ansichten noch so revolutionär sein, aber in ihrem ästhetischen Glaubensbekenntnis gehören sie zur konservativen Partei, welche in ihrer ganzen Geschmacksrichtung an dem Hergebrachten und Überlieferten, von dem, was in ihrer Jugend als Kriterium der Poesie galt, sich nicht loszureißen vermögen." „auch die Gründung der ‚Arbeiterbildungsschule‘ und der ‚Freien Volksbühne‘ u. s. w. wird von solchen Köpfen vielfach als eine Thorheit und eine Spielerei angesehen, und ängstlich sucht man sich dagegen zu wehren, daß die sozialistische Bewegung mehr als eine Klassen-, mehr als eine auf die nächsten wirtschaftlichen Interessen begrenzte Bewegung wird. Hier klafft auch ein Gegensatz zwischen ‚Alten‘ und ‚Jungen‘." (201)

Gerade die Naturalisten sahen in ihrer Bewegung einen großen Teil des sozial kämpferischen Deutschlands. Nur verkannten sie und die Sozialisten gegenseitig ihre Kampfmotive. Daß ihre Gesellschaftskritik nicht sozialistisch, sondern höchstens sozialkritisch war, daß ihre Zukunftsvorstellungen auf Harmonisierung nicht auf Revolution hinausliefen, ihre geistige Haltung elitär nicht kommunistisch und ihre wirtschaftlichen Vorstellungen trotz aller Proteste kapitalistisch blieben, das gehört zu ihren Selbsttäuschungen. Unvermögend, unwissend und unausgegoren standen sie zu den Fragen ihrer Zeit, deren brennende Probleme sie mit Arbeiterbildungsvereinen, die auf privatem gutem Willen fußten, lösen wollten. „Die Bildung unserer Arbeiterautodidakten hängt gewissermaßen in der Luft, sie kennt keine Verbindung mit der Geschichte. Das ist ein Nachteil, aber auch ein Vorteil. Der Samen der Bildung fällt auf ein ganz großes Neuland und die Freude an den neuen Göttern wird durch keinerlei Furcht vor den alten Göttern getrübt. Die neuen Ergebnisse unserer Naturwissenschaften sind für den Gebildeten, der alle Schulen durchlaufen, nur ein Wissen, dem er immer kritisch gegenübersteht: für den Arbeiter werden sie zu einem Glauben, den er hinnimmt, ohne nach Beweisen zu fragen, weil er die entgegenstehenden Anschauungen überhaupt nicht kennt."

201 Julius Hart, „Ein sozialdemokratischer Angriff auf das ‚jüngste Deutschland‘".
     FB 1891, S. 913/914

„ . . .mit dem Glauben, daß die heutige Gesellschaftsordnung unhaltbar ist, weil sie fortwährend neues wirthschaftliches Elend erzeugen muß, daß aber der Sozialismus endgültig die klaffenden Unterschiede zwischen Arm und Reich beseitigen wird, beginnt überhaupt erst der Sozialismus. Hier beginnt auch das, was die Gegner das ‚Utopische' nennen. Aber gerade in diesem ‚Utopischen' liegt die besondere Kraft der sozialdemokratischen Bewegung. Sie wird damit aus einer wirtschaftlichen zu einer religiösen, die sich der urchristlichen Bewegung an die Seite stellt. Zu dem Arbeiter, der nichts will als einen höheren Lohn, gesellt sich der Idealist, der das Reich des Glücks heraufführen möchte, der uns mit herrlichen Farben das kommende Sion ausmalt, wie die Bebel, die Bellamy, Hertzka." (202)

Trotzdem kann man den Naturalisten nicht vorwerfen, wie das einige Male gemacht wurde, sie hätten sich der sozialistischen Themen nur der Mode halber angenommen. Die alte Vorstellung von der Verantwortung des Dichters im Staat war ihnen durchaus ernst, bloß übersahen sie, daß eine Gesellschaftsstruktur wie die ihrer Zeit bereits zu kompliziert geworden war, um sie mit den alten idealistischen Elitevorstellungen des bürgerlich gebildeten Dichters oder Kritikers erfassen zu können, geschweige denn wirksam in sie eingreifen zu können, wie das eventuell noch im Viel-Länder-Deutschland vor der Reichsgründung möglich gewesen war.

Daß sie solche Elitevorstellungen — vielleicht unbewußt und gegen ihren Willen — dennoch vertraten, bewies schon ihre Einstellung zum Beruf, die bei vielen auf das Nur-Dichter- oder Schriftsteller-Sein hinzielte und allenfalls Journalistik und Verwaltungstätigkeit im Interesse ihrer Literaturgruppen noch als beruflich tragbar ansah. Volle oder auch nur gelegentliche Tätigkeit, die sie mit den Problemen des 4. Standes, mit der Situation der Schule oder der Wirtschaft und Industrie direkt konfrontiert hätte, die ihnen konkreten Zugang zu den am Klub- oder Wirtshaustisch diskutierten Fragen verschafft hätte, lehnten sie grundsätzlich ab. Auch nur vier Wochen im Bergwerk oder der Fabrik zu arbeiten, um „Milieu" zu erleben, währe ihnen nicht in den Sinn gekommen. Sie bezogen ihre Kenntnisse aus zweiter Hand oder Gelegenheitserlebnissen. Als Grundlage zur Erschließung eines

202 Julius Hart, „Der Kampf des Christentums wider den Sozialismus. Streiflichter zum evangelisch-sozialen Congreß." FB 1891, S. 609/610

völlig neuen Themenbereichs mochte das genügen. Als Literaten konnten sie durchaus Anspruch erheben, ernst genommen zu werden, sei das künstlerische Niveau auch wie es wolle. Aber zum Sozial- und Kulturpolitiker mit Einflußnahme fehlt ihnen das Wissen und die praktische Erfahrung. So mußte der Versuch, mit der Arbeiterbildung in die soziale Wirklichkeit eingreifen zu können, für alle Teile letztlich unfruchtbar bleiben, obwohl es der am besten organisierte Versuch einer ihrer Gruppierungen war.

Schon allein die Tatsache, daß als Mitglied aufgenommen wurde, wer immer nur Interesse zeigte, ganz gleich welcher politischen Einstellung er war, daß man kommen und gehen konnte, wann man wollte, daß es kaum Verpflichtungen gab, verwies die ganze Gruppe auf die Initiative der wenigen Vorstandsmitglieder. Was diese nicht unternahmen oder erreichten, blieb zur Unwirksamkeit verdammt. Die Möglichkeiten einer einmütigen, gemeinsamen Politik, bei der man sich um ein klares Programm geschart hätte, wurden nicht ausgeschöpft. Das Programm beschränkte sich auf die Illusion, man könne den vierten Stand durch Bildung moralisch „heben" und gesellschaftlich eingliedern sowie seine wirtschaftliche Lage verbessern. Man wollte Protest gerade nur soweit, wie er zur Reform der Zustände, zur Erneuerung eines verblaßten Humanitätsideals nötig erschien. Das scheint uns der Grund dafür zu sein, daß die „Freie Volksbühne" und die „Neue Freie Volksbühne" keine Keimzellen für Neues wurden, sondern sich zu einer von vielen Bildungseinrichtungen entwickelten. Weil Wille und die Seinen sich nicht von ihrem bürgerlichen Bewußtsein lösen konnten, mußten sie über kurz oder lang in idyllisches Sektierertum geraten. Jeder sah sich als den genialischen Einzelmenschen und mied die Unterordnung unter gemeinsame Ziele und Regeln. Da die künstlerische Kraft fast bei allen nicht ausreichte, wurden sie bald vergessen.

Die Freie-Bühnen-Bewegung gehört zum bedeutendsten, was der Naturalismus ins Leben gerufen hat. Durch sie kamen das in bourgeoisem Geist erstarrte deutsche Theater, die Dramendichtung und die Schauspielkunst in Bewegung. In ihr schlugen sich alle naturalistischen Richtungen nieder: Europäertum, Nationalismus, Sozialismus, Sozialkritik, Arbeiterbildungsbemühungen, neue Wortkunst, Darwinistisches Weltbild, Mitleidsethik. Sie ist äußeres Zeichen für die Vielseitigkeit des Naturalismus, aber auch für seine Desorientiertheit, die Zersplitterung in Meinungsgruppen, die zum Teil Ursache seiner in Programmen und

Plänen steckengebliebenen Gesamtleistung ist. Anfang der neunziger Jahre gab es in Berlin gleichzeitig vier von den Naturalisten gegründete Freie Bühnen: Die „Freie Bühne", die „Deutsche Bühne", die „Freie Volksbühne" und die „Neue Freie Volksbühne".

V. FRIEDRICHSHAGEN

Kurz nach der Gründung der „Freien Bühne" begann sich eine Veränderung in der Lebensform der naturalistischen Schriftsteller abzuzeichnen. Eine merkwürdige Abwehr gegen die Großstadt, die ihnen doch bis dahin Stoff und Anregung zur Verwirklichung ihrer dichterischen Vorstellungen gewesen war, und deren Probleme sie zu zahlreichen sozialkritischen Aufrufen veranlaßt hatte, vergrößerte sich. Es wuchs die Besorgnis, ein „unfruchtbares Bohemetum" im Kaffeehaus und auf Studentenbuden würde einer „Verbürgerlichung" der Existenz durch geordnete Heim- und Familienverhältnisse" (203) im Wege sein. Das löste geradezu eine Großstadtflucht der Naturalisten aus. Julius Hart begründet sie in seinen Erinnerungen: „Man hatte all die Jahre hindurch tage und nächtelang soviel von der Natur und der Wahrheit gesprochen, von dem Freilichte, woran die Kunst genesen sollte: aber in dem grauen Häusermeer Berlins, in den geradezu mathematischen Linien der Straßen, hingeschoben und versinkend in eine Flut gleichgültiger vorüberdrängender Menschen, die mehr wie Schatten und Schemen, fast wie Gespenster vorüberglitten — sucht die Seele eigentlich am hoffnungslosesten gerade nach einem solchen Leben in Natur und Kunst. Großstadtmüde — das Gefühl war sehr bald und rasch erwacht und groß geworden." (204) Schon 1886 war Gerhart Hauptmann mit seiner jungen Frau nach Erkner, das damals ein Dorf in der Nähe Berlins war, gezogen. Die Brüder Hart, Bölsche, Wille und viele der anderen hatten ihn dort gelegentlich besucht. Bei einem ihrer längeren Spaziergänge am Müggelsee sollen es vor allem die Harts gewesen sein, die den Plan faßten, in das am See gelegene kleine Dörfchen Friedrichshagen zu ziehen. Begeistert erzählten sie Bruno Wille und Wilhelm Bölsche davon, die dann mit ihren jungen Frauen sogar noch vor ihnen nach Friedrichshagen zogen. Bölsche wohnte anfangs eine Zeit bei den Brüdern Kampffmeyer, zwei literarisch interessierten Sozialisten, die

203   Wilhelm v. Spohr, O ihr Tage von Friedrichshagen. a. a. O., S. 26
204   Julius Hart, Velhg. u. Clasg. 33. Jg. Bd. 1. S. 652/653

den Schrifststellern durch die Volksbühnenbewegung nahe gekommen waren. Sie besaßen schon seit einiger Zeit ein Haus in Friedrichshagen. Kurz nach Bölsche und Wille folgten die Harts. Für weitere Literaten hatte der Ort keine Wohnung mehr, sodaß Peter Hille eine Weile in Erkner wohnen mußte. Die Gastfreundschaft wurde von allen sehr hoch gehalten. Julius Hart erzählt: „Friedrichshagen wurde in diesen Jahren auch zu einer Art Kamerun für die großstadtmüde junge Berliner Literatur, die die Kunst, die ganze Natur sein wollte, möglichst rein zu gewinnen und zu genießen trachtete und sie eher in der Volksseele und bei den Arbeitern zu finden glaubte, als auf den Festen und in den Zerstreuungen der Gesellschaft von Berlin W. W." (205)

Als häufigste Gäste nennt Heinrich Hart: Hartleben, Gerhart und Carl Hauptmann, Leistikow, Max Halbe, Frank Wedekind, John Henry Mackay, Richard Dehmel, Hans von Gumppenberg, Wilhelm Hegeler, Wilhelm von Polenz, Georg Hirschfeld. Auch Paul Ernst ist gelegentlich Gast in Friedrichshagen gewesen (206). Man traf sich zu Spaziergängen, zum Kaffee in einem Landgasthaus am Müggelsee, im Hause der Brüder Kampffmeyer oder im nahe gelegenen Erkner bei Gerhart Hauptmann, wo vor allem auch Arno Holz und Johannes Schlaf eine Zeilang viel verkehrten. Wilhelm von Spohr, einer der anschaulichsten Biographen der Friedrichshagener berichtet: „Der Ort hatte seine eigene Atmosphäre, die vor allem für den Kreis der Eingeweihten spürbar war, und im besonderen war das auf Freundschaft und vielfältige Arbeitsgemeinschaft beruhende gesellige Leben des Friedrichshagener Kreises anregend und einzigartig." Und an anderer Stelle heißt es: „Die Harts ließen ihr Temperament und ihre gute Laune auch in Friedrichshagen weiterspielen, Scherz gab's also genug, dazu die ernsten Gespräche auf weiten Spaziergängen, die sich oft um künstlerische und wissenschaftliche Fragen drehten, etwa um unsere kulturellen Gründungen, wie die Volksbühne und den Giordano-Bruno-Bund, oder spezielles Interesse der einzelnen, oft auch, der Zeit entsprechend, um die sozialen und politischen Fragen, von denen damals das benachbarte Berlin geladen war. Ein paar von uns standen immer im schärfsten Kampf; die staatlichen Widerstände waren ja gegen die idealsten Bestrebungen gerichtet, die man in unserer Person gern unschädlich gemacht

205 Julius Hart, Velhg. u. Clasg. 33. Jg. Bd. 1, S. 653
206 Heinrich Hart, a. a. O., S. 67

hätte." (207) Und typisch für die Atmosphäre des Kreises sind Heinrich Harts Worte: „Es war ein Miteinanderleben, Zusammensein, Zusammenfühlen, wie es so intensiv und vielseitig Mutter Erde sicherlich nicht allzuoft kennen gelernt haben wird." (208) Von vielen Seiten wird die Bedeutung dieses geselligen Miteinanderlebens für die Weiterentwicklung der Literatur der neunziger Jahre hervorgehoben. Wichtig und anders als in Berlin waren dabei folgende Umstände: Die Gespräche und Debatten konnten zu jeder Zeit des Tages plötzlich und unvermittelt entstehen, man traf sich also nicht mehr in einem festgesetzten Turnus wie etwa im „Durch" einmal wöchentlich unter einem vorher verabredeten Thema. Ebenso waren der Ort der Gespräche und die Zusammensetzung der Gesprächsteilnehmer völlig zufällig. Eine entscheidende Änderung gegenüber dem Berliner literarischen Leben trat außerdem ein, als viele der jungen Schriftsteller eine Familie gründeten. Die Frauen, die bis auf die Frau Gerhart Hauptmanns aus den unteren Gesellschaftsschichten stammten, spielten auf literarischem Gebiet gar keine Rolle, sorgten aber durch die häusliche Atmosphäre, mit der sie ihre Männer umgaben, für eine ruhige, ziemlich ins Bürgerliche abgleitende Lebensweise. Dazu äußert sich Wolzogen von seinem typisch aristokratischen Standpunkt aus sehr negativ: „ . . . für die meisten jener jungen Umstürzler bedeutete der Verzicht auf die Ehe mit einer geistig ebenbürtigen Frau und auf die damit verbundene gesellschaftliche Geltung kein zu großes Opfer, weil sie durch ihr Herkommen schon von dieser höheren Gesellschaftsschicht ausgeschlossen waren. Sie bekämpften diese Gesellschaft, ohne sie zu kennen, und sie machten nicht die geringsten Anläufe, um selbst in sie hineinzugelangen, sei's auch nur zum Zwecke des kritischen Studiums, weil das von ihrer Bequemlichkeit Opfer verlangt hätte. Es gehört immerhin eine gewisse Selbstzucht dazu, um gute Manieren und vornehme Haltung in allen Lebenslagen zu bewahren. Solche Haltung aber ist Wildlingen von der Art der Friedrichshagener unbequem." (209) In Friedrichshagen wird noch deutlicher, was sich bereits in den Berliner Gruppen abgezeichnet hatte: Die Literaten bilden untereinander zwei Hauptinteressengruppen. Da war einmal der Kreis der literarisch mehr Interessierten: die Harts,

207 Wilhelm v. Spohr, a. a. O., S. 26 u. S. 47
208 Heinrich Hart, a. a. O., S. 67
209 Ernst von Wolzogen, Wie ich mich ums Leben brachte. a. a. O., S. 73

Bölsche und alle, die sich gerne zur Lesung dichterischer Werke und Erörterung literarischer Probleme um Hauptmann sammelten. Ein zweiter Kreis bildete sich um Bruno Wille, der zusammen mit den Brüdern Kampffmeyer führende Köpfe aus der damaligen Arbeiterbildungsbewegung und den anarchistisch eingestellten Kreisen um sich versammelte. Dazu gehörten u. a. die beiden Sozialisten Heinrich Wibker und Willi Bach, von den Schriftstellern besonders J. H. Mackay und auch Richard Dehmel. Heinrich Hart berichtet an einer Stelle seiner Autobiographie darüber: „Friedrichshagen wurde in kurzer Zeit ein Hauptmittelpunkt des literarischen Treibens und ebenso der sozialen Bewegung. Das letztere von dem Tag an, als eine Schar jüngerer Sozialdemokraten, unter ihnen Wille und die beiden Kampffmeyer in erster Reihe, den Versuch machte, die allzu opportunistisch und allzu dogmatisch gewordene Partei neu aufzurütteln und zu revolutionieren." (210) Wie dieser Kampf mit der Sozialdemokratie ausging, ist im Abschnitt über die Volksbühnenbewegung erwähnt worden. Die Friedrichshagener lösten sich von der Partei und bildeten einen eigenen Bund, bezeichneten sich als Freie Sozialisten und hatten Kontakt mit allen linksanarchistischen Bewegungen in Europa. Trotz dieser beiden sehr geprägten Interessenrichtungen kann man jedoch keinesfalls von einer Spaltung des Friedrichshagener Literatenkreises sprechen. Beide Interessen waren letzten Endes ineinander verflochten und wurden von allen lebhaft diskutiert, wobei die Personen im Einzelnen bewußt oder unbewußt aufeinander eingewirkt haben mögen. Der Friedrichshagener Kreis ist besonders wichtig für die Überwindung des Naturalismus in seiner ursprünglichen Form. Ein locker, ausschließlich auf privater Ebene verkehrender Kreis, stand er am Ende einer Bewegung und weist andere Erscheinungsformen auf als der frühe Hartkreis, der sich ähnlich privat konstituiert hatte. Ein wesentliches Merkmal ist, daß die Kerngruppe, so wie sie sich beim „Verein Durch" und später herausgebildet hatte, nun um neue Personen bereichert, die alten, erprobten, aber auch neue Ziele des Kreises und seine Publikumswirkung bestimmt. Das geschah aber nicht mehr auf Vereinsebene, sondern in einer Wohn- und Lebensgemeinschaft. Dabei sind die führenden Persönlichkeiten nicht wie in den Vereinen mit konkretem kulturpolitischem Ziel gleichzeitig auch organisatorische Leiter. Geistig führen Wille und Bölsche, Wille

210   Heinrich Hart, a. a. O., S. 66

dabei besonders politisch, und vor allem Gerhart Hauptmann, dessen literarische Überlegenheit unbestritten war. Andererseits hatte jeder seinen durch die Verbundenheit gemeinsamer Jahre gesicherten Platz. Es ging nicht mehr um Führung. Die Gewichte in der Gemeinschaft waren mehr oder weniger ausbalanciert. Das wird allerdings anders im Verhältnis zu den neu von außen hinzukommenden Mitgliedern und den Gästen des Friedrichshagener Kreises. Sie gruppierten sich je nach Weltanschauung oder künstlerischer Intention entweder mehr um Wille oder um Hauptmann. Sie sind es dann, die neue Interessen zum Tragen bringen. Ohne sie wären die Friedrichshagener in der Idylle und in immer neu aufgewärmten, immer noch für revolutionär gehaltenen Vorstellungen stecken geblieben, mindestens, was die politische und kulturpolitische Seite betrifft. Während der Entschluß der Bühnenbewegungen in Berlin, auch nichtliterarische Berufe aufzunehmen und ihnen sogar führende Stellungen zu überlassen, notwendige organisatorische Gründe hatte, geht es Friedrichshagen um etwas Anderes: Die zahlreichen Nichtschriftsteller des Friedrichshagener Kreises, vor allem die vielen bildenden Künstler, beweisen, daß es in erster Linie um Weltanschauung ging, um die Kunst als Lebensmacht, um Künstlertum als Lebensform, um Natur als poetisches Thema, um Rückzug auf die Individualität, nicht mehr um literarische oder reale politische Kampfpositionen. Friedrichshagen ist eine Künstlerkolonie wie später Worpswede. Arno Holz hat ihr in seinem Drama „Sozialdemokraten" ein sarkastisches Denkmal gesetzt. Die spießige Vertrotteltheit, die er dem Kreis zuschreibt, ist sicher übertrieben. Daß ihre Lebensweise, ob es nun Wille, Bölsche vor allem aber die Harts sind, zu bourgeoiser Gemütlichkeit abglitt, hat Holz sicher richtig gesehen. Manche der früher in Berlin ins Leben gerufenen Organisationen wurden von Friedrichshagen aus weitergeführt. Wille kümmerte sich noch immer um die Volksbühne, und die anderen hielten Vorträge für die Arbeiterbildung und nahmen aktiv an Versammlungen in Berlin teil. Auch die „Freie Bühne" und die „Freie Litterarische Gesellschaft" wurden wegen der Übersiedlung aufs Land nicht aufgegeben. So blieb man weiterhin mit dem breiteren Berliner literarischen Leben in mehr oder weniger kritischem Kontakt. Wilhelm Bölsche äußert sich über die Zeitschrift „Freie Bühne" in einem Brief an Georg Ebers vom 9. XI. 1891 aus Friedrichshagen: „ . . .es wäre alles möglich, wenn aus dem unklar begründeten und zum Teil sehr konfus geleiteten Unternehmen doch noch einmal ein gutes, dem Jungen unserer Zeit gerecht werdendes und doch nicht parteilich einseitiges Blatt würde." „Wäre nur das nicht, was man heute (auch besonders in München!) ‚Realismus' nennt, ein so verworrenes Ding, in das sich so zahlreiche Unberufene mischen! Ein Blatt, das hier eingreifen, zum Guten eingreifen sollte, muß gewiß von der Literaturbewegung nicht allein abhängen, sondern die naturwissenschaftlichen, die religiösen, auch die sozialen Bewegungen, soweit sie irgend neuen Geist bringen, in sich aufnehmen. Es gibt vorläufig kein Blatt dieser Art, aber der Versuch wäre doch schön" (211). Ein interessantes Fazit der Veränderungen, die bei den Naturalisten stattgefunden haben, zieht Bölsche schon 1891 in der Zeitschrift „Freie Bühne": „Wir alle wissen, daß in der Theorie des Naturalismus gegenwärtig eine Rückströmung sich geltend macht. Manches an ihr ist berechtigt. Wenn gegen ein geistreiches Extrem wie Ansichten von Arno Holz, Frond gemacht wird, so ist das in der Ordnung, und es gibt der Punkte mehr, wo kritische Nachprüfung und teilweise Umwertung des Neuen zu einem Neuesten Vertiefung und Fortschritt ist. Aber es ist ein schlechter Spaß, wenn bei solcher Skepsis im eigenen Lager sich jäh verrät, daß weder das Alte verdaut noch das Neue begriffen war und das scheinbare Allerneueste in Wahrheit wieder das Älteste, mit allen Fehlern dieses Veralteten und noch ein paar Mißverständnisse obendrein." (212)

Aber daß hinter aller Vereinsmeierei, die so revolutionär begonnen hatte und so konservativ endete, denn doch ehrliches und berechtigtes Wollen — noch in den von heute aus gesehen heimatkünstlichen Auswüchsen steckte, sagt wiederum am deutlichsten Bölsche am gleichen Ort und im gleichen Jahr: „ ‚Erlöser der deutschen Sprache' . . .wird nicht ein Individuum von unmöglicher Berge-Versetzungskraft sein, sondern ein ganzer Stand: der Dichter und Schriftstellerstand, als Ganzes befreit vom wirtschaftlichen Joch. . . .Ein Schriftstellerstand, der nicht seiner Lage nach systematisch darauf ausgehen muß, jedem Novizen die Stilunschuld zu rauben und die feine Kunstform zum Maschinengeknatter zu degradieren, damit er endlich so viel und entsprechend schreiben lerne wie es nötig ist. Und ein Schriftstellerstand schließlich auch, der eben nach Abwerfen aller jener

211 Der Brief ist unveröffentlichter Besitz des Schiller-Nationalmuseums.
212 Wilhelm Bölsche, „Zur Aesthetik der Confusion", Rez. von Curt Grottewitz: „Die Überwindung des Milieus". FB 1891, S. 771

Unwürdigkeiten eine Stellung in der Gesellschaft einnimmt, wie wir sie heute gar nicht kennen, eine Stellung, die, ... zu wenigsten soviel sittliche Macht hat, um unseren offiziellen Kanzleistil, diese Schande eines auch nur mäßiges Deutsch redenden Volkes, vor der jeder Dutzendskribent erröten muß, wenn er sie in amtlichen Aktenstücken zu Gesicht bekommt, aus der Welt zu schaffen." (213)

Einige Friedrichshagener blieben trotz ihres ländlichen Refugiums eifrige Vereinsmeier. Der Konservatismus der Brüder Hart und der Widerstand gegen Brahm's weltoffenes Theater kommen 1893 zum Ausdruck in einer Gründung die sich „Verein wider das moderne Theaterwesen" nennt. Dazu gehören u. a. so konservative Leute wie Otto von Leixner und Dr. Karl Lamprecht. Das Ziel ist: „den Einfluß der Fremde auf das gebührende Maß herabzusetzen, die Herrschaft der bloßen Mache und des rohen Effektes zu bekämpfen und Schöpfungen von echtem Kunstgehalt, von poetischem und dramatischem Wert den Weg zur Bühne zu bahnen. Dabei soll jede Einseitigkeit vermieden und jede berechtigte Richtung innerhalb der Kunst in gleicher Weise gefördert werden." (214) Weniger auf das Theater bezogen, aber dafür mit einem Zug ins Lebensreformerisch-Sektiererische ist dann eine weitere Gründung der Brüder Hart mit dem verräterischen Namen „Neue Gemeinschaft". Zeitlich gehört sie jedoch in die hier behandelte Epoche ebenso wie der private Kreis um Richard Dehmel in Berlin, bei dem es bereits um Probleme ganz neuer Kunstbetrachtung ging.

213 Wilhelm Bölsche, FB 1891, Rubrik: „Von neuer Kunst". S. 432—433
214 Angekündigt in FB 1893, Rubrik: „Kritische Rundschau über Leben und Kampf der Zeit." S. 220

VI. GRUPPIERUNGSMOTIVE

Folgerungen aus zwei Tabellen

Aus Gründen der Übersichtlichkeit und aus der Überzeugung, daß die bisher chronologisch behandelten Vereinigungen der Berliner Naturalisten durch eine graphische Darstellung ein noch deutlicheres Profil gewinnen, wurden auch auf die Gefahr einer Simplifizierung hin, Tabellen über die vorhandenen Gruppierungen hergestellt. Schon bei einem ersten Blick auf Tabelle I wird evident, wieviel Gruppen und Vereine durch Personen, die mehreren angehörten, in Kontakt zueinander gestanden haben müssen. Es zeigt sich, daß mehrere Schriftsteller sich im Laufe der Zeit offenbar auch mit scheinbar recht hetorogenen Intentionen identifiziert haben müssen. Bei einer solchen Behauptung ist jedoch Vorsicht geboten. Die Brüder Hart z. B., die 11 von insgesamt 13 Gruppen angehörten, vereinigten in sich von Anfang an literarisch revolutionäre und politisch konservative Neigungen. Bei ihnen handelt es sich immer wieder um Schwerpunktverlagerungen zwischen weltbürgerlichem und Heimat-Bewußtsein. Und die Symphatie für die Leiden des 4. Standes vertrug sich durchaus mit dem Hang zur Idylle. Nicht nur von unserer heutigen Sicht her sieht es so aus, als habe im Widerstreit der Neigungen die eine die andere am endgültigen Durchbruch gehindert. Die Brüder Hart waren als Schriftsteller nicht eben produktiv, was ihren besonderen Hang zur Vereinsmeierei gefördert haben mag. Was jedoch für sie gilt, trifft auch auf andere, markantere Figuren zu. Das Schwanken zwischen sozialkritischem, revolutionärem Aufbruch und Rückzug in Heimatkunst, Idylle, Deutschtümelei, ja, offenen Nationalismus, auf das wir in allen Gruppen mit verschiedenen Akzenten treffen, muß in einem allgemeinen historischen Rahmen gesehen werden, auf den später noch zurückzukommen sein wird.

Unsere Tabelle erfaßt 13 Gruppen, in denen alle uns bekannten Mitglieder aufgeführt sind. Die Gruppen sind in der Reihenfolge ihrer Gründungsdaten von links nach rechts angeordnet, die Schriftsteller von oben nach unten in der Reihenfolge ihrer Gruppenbeitritte aufgeführt.

Bei Gleichzeitigkeit ihrer Mitgliedschaft in ein und derselben Gruppe erscheinen sie in alphabetischer Reihenfolge.

Außerdem sind noch Ausbildung und Beruf angegeben. Bei vielen trat keine Änderung des Berufsstandes ein. Die Daten in der Tabelle wurde dem im Literaturverzeichnis ausgewiesenen Quellenmaterial entnommen. Da dies z. T. sehr lückenhaft ist, konnten einige Daten, besonders die Ein- und Abgangsdaten, nur vermutet werden. Völlig vage oder fehlende Angaben wie z. B. die Lebensdauer einzelner Zusammenschlüsse sind durch Fragezeichen markiert. Eine Interpretation der Tabelle die zweifellos einige interessante literaturhistorische und gesellschaftliche Phänomene deutlich macht, hätte derartige Unsicherheiten zu berücksichtigen.

In der Tabelle sind einige Gruppen aufgenommen worden, die im Text nicht näher behandelt wurden. Das ist einmal der im ersten Kapitel kurz erwähnte „Bund der Lebendigen", in dem Hermann Conradi eine führende Rolle spielte. Die Zusammensetzung ist nicht die der Magdeburger Schülergründung, deren Mitglieder für den Naturalismus meistens uninteressant waren. In der Tabelle erscheinen nur die späteren Berliner: Conradi, Arno Holz, Schlaf und Mackay. Die andere, im zweiten Kapitel ebenfalls nur kurz erwähnte Gruppe ist der „Geniekonvent". Seine Mitgliederzahl ist ungewiß. Immerhin haben ihm für den Naturalismus so entscheidende Figuren wie Bölsche, Wille und natürlich auch die Brüder Hart angehört.

Die Zeitschrift „Freie Bühne", die zunächst nur das Organ des Vereins „Freie Bühne" sein sollte, bildete von Beginn an in ihrem Mitarbeiterstab um Brahm und Schlenther durchaus einen Kreis, der allein durch die gezielte Auswahl von Autoren und Veröffentlichungen alles dafür tat, die literarischen Theorien und kulturreformerischen Vorstellungen der Naturalisten einer breiteren Öffentlichkeit zugänglich zu machen.

Die „Deutsche Bühne" ist wie die Bühnenvereinigungen überhaupt nur mit Einschränkung eine scharf umrissene Personengruppe. Dazu war die Beziehung zwischen der Kerngruppe der jeweiligen Gründer und Vorstände zu den passiven Mitgliedern zu komplex und zu wichtig für den Bestand der Gründung. Wir haben jedoch die anderen „Bühnen" ausführlicher behandelt, weil ihre Kerngruppen entscheidend in die Entwicklung des Naturalismus eingegriffen haben. Für die „Deutsche Bühne" gilt das nur in geringem Maße. Sie wurde von zwei Außenseitern des Naturalismus, Bleibtreu und Alberti gegründet. Es wurden Dramen der beiden Gründer und Werke von Julius Hart, Hermann Bahr und Müller-Gutenbrunn aufgeführt. Aber mit diesen Aufführungen wollte sich die „Deutsche Bühne" gerade vom herrschenden Geist des Berliner Naturalismus absetzen, der ihnen den nationalen Gedanken nicht genügend in den Vordergrund rückte.

Auch die übrigen neun Gruppen, die auf Tabelle 1 erscheinen, sind im vorangegangenen Teil nicht alle ausführlich behandelt worden, da das zu allzu-viel inhaltlichen Wiederholungen geführt hätte. Unter dem Gesichtspunkt der Gruppierungsfreudigkeit der Berliner Naturalisten sind sie jedoch durchaus aufschlußreiche Faktoren. Wir hatten schon gesagt, daß die Brüder Hart in 11 Gruppen erscheinen. Wilhelm Bölsche ist 8 mal, Hartleben 7 mal vertreten. Auch Wille ist Mitglied in 7 Vereinigungen, deren vier sogar auf seine Initiative zurückgehen: Der Ethische Klub, der Geniekonvent, die Freie Volksbühne und die Neue Freie Volksbühne. Er war es, der sich seit 1887 etwa der Organisation der linksorientierten Naturalisten besonders angenommen hat. Arno Holz, Mitglied in 6 Vereinigungen, war weniger organisatorisch als kritisch wirksam. Dasselbe gilt für seinen engsten Freund Schlaf, der mit Sicherheit 5 mal, wahrscheinlich aber auch 6 mal auftaucht und zwar in denselben Gruppen wie Holz. Mackay ist 5 mal, Wolzogen 4 mal Teilnehmer. Conradi, Gründer des Bundes der Lebendigen, der nur bis 1886 in Berlin war, gehörte dort zum Kreis um die Harts und dem im Würzburger Bräu. Leo Berg, der nur 2 mal teilnahm war Gründer und Spiritus rector des „Vereins Durch" und gehörte auch in der „Freien Litterarischen Gesellschaft" zum Führungskreis.

Numerisch gesehen war etwa ein Drittel der Berliner Naturalisten ausgesprochen vereinsfreudig. Dabei handelt es sich ausschließlich um Leute, deren Hauptberuf die Literatur war. Auch die übrigen aufgeführten Schriftsteller haben sich keineswegs abgeneigt gegenüber Austauschmöglichkeiten gezeigt, die die Zusammenschlüsse boten. Die einzige Ausnahme ist Hermann Sudermann, der trotz seines Erfolges beim Publikum, das in ihm durchaus einen ausgesprochenen Naturalisten sah, gerade wegen seines Außenseitertums von den Schriftstellerkollegen kritisiert, wenn auch nicht totgeschwiegen wurde.

Eine solche Situation wirft die Frage auf, in welchem Maße die Neigung zu vereinzeltem Vorgehen nicht nur das äußere Bild der behandelten literarischen Epoche kennzeichnet, sondern geradezu von ihr herausgefordert wurde. Die Tatsache, daß die Startgruppe des Berliner Naturalismus, der Kreis um die Brüder Hart, seit 1884 aus Männern bestand, die den Wunsch, sich zusammenzuschließen, bis in den späten Friedrichshagener Kreis hinein verwirklichten, sollte zu denken geben. Auch eine derartige literarische Soziätät der Brüder Hart kann nicht mit bloßer Vereinsmeierei oder Insuffiziensgefühlen abgetan werden. Natürlich bietet sich der Gedanke an, daß die ungewöhnliche Kooperationsbereitschaft des Brüderpaares besonders kreisbildend gewirkt hat. Aber warum ist es dann nicht beim ursprünglichen Hartkreis geblieben? Oder warum haben sich, nachdem er auseinanderfiel, immer wieder neue Kreise gebildet — und zwar mit aktiver Beteiligung der Brüder Hart und anderer Mitglieder ihrer Startgruppen? Warum schließlich haben sich die naturalistischen Schriftsteller nicht wie andere vor ihnen in gesellschaftliche Vereinzelung und private Produktion zurückgezogen? Es muß etwas zu bedeuten haben, daß selbst so erfolgreiche Dichter wie Gerhart Hauptmann später Richard Dehmel beide als Teilnehmer von vier, wenn auch z. T. verschiedenen Kreisen, offenbar davon überzeugt waren, gewisse Ziele besser mit anderen zusammen als isoliert durchsetzen zu können.

Ehe wir uns jedoch der Beantwortung dieser Fragen nähern können, wollen wir versuchen, noch einige Auskünfte aus Tabelle 1 zu erhalten. Interessant ist, was sie über Schriftsteller aussagt, die nicht zum ursprünglichen Hartkreis gehörten.

Die spät zu den Schriftstellerkreisen gestoßenen Brüder Kampffmeyer sind seit 1890 in allen verfügbaren Vereinen von der Freien Volksbühne bis zum Friedrichshagener Kreis zu finden, was sich in ihrem Falle durch ihr fast ausschließlich politisches Interesse motivieren ließe, wäre der Friedrichshagener Kreis nicht geradezu ein Refugium einer gewissen Resignation auch an der Politik gewesen. Wie Richard Dehmel, von dessen kommunitativer Aktivität schon die Rede war, stießen auch Ludwig Fulda, Hermann Bahr, Max Halbe und Otto Julius Bierbaum erst spät zu den Naturalisten. Daß sie sich an den bestehenden Gruppierungen nur sehr selektiv beteiligt haben, hängt doch ganz offenbar damit zusammen, daß sie die programmatische Seite des Naturalismus schon für überwunden gehalten haben. Sieht man sich Dehmels Vereinsfreudigkeit näher an, so handelt es sich um Gruppen, denen der ursprüngliche kämpferische Optimismus der Naturalisten der ersten Stunde schon abhanden gekommen war.

Otto Brahm und sein engster Mitarbeiter Paul Schlenther sind immer wieder Gäste der verschiedenen Vereinigungen. Durch ihre einflußreiche Rolle als Leiter der bedeutendsten spätnaturalistischen Zeitschrift und des Theaters Freie Bühne waren sie jedoch wie die Verleger Friedrich und Fischer die Vermittler zwischen den Naturalisten und ihrem Publikum. Über ihre tatsächliche Bedeutung für den Naturalismus gibt die Tabelle keinen angemessenen Aufschluß. Die Frage liegt nahe, ob nicht gerade sie, dadurch daß sie den Schriftstellern das erwünschte Gehör in der Öffentlichkeit verschafften, ihre Zusammenschlüsse mit der Zeit überflüssig machten.

Es wäre jedoch ein Kurzschluß, das Gruppierungsbedürfnis des naturalistischen Kerntrupps lediglich auf das mehr oder weniger artikulierte Bedürfnis zurückführen zu wollen, sich durch geschlossenes Vorgehen Publikations- und Aufführungsmöglichkeiten zu sichern. Derartiges mag mitgespielt haben. Aber die gezielten Bühnenbewegungen beweisen, daß man immer wieder neu versuchte, ein Publikum nicht nur zu gewinnen, sondern auch – ob in dessen eigenem Sinne richtig gesehen oder nicht – zu repräsentieren. Einen Zugang zum Verständnis der Gruppierungsmotive geben die Berufsangaben von Tabelle 1. Alle 10 gesicherten Mitglieder der Startgruppe Hartkreis waren oder verstanden sich mindestens als Berufsschriftsteller, weil sie sich durch Zeitungsartikel und andere Gelegenheitspublikationen etwas Geld nebenher verdienten. Die wirtschaftliche Grundlage war und blieb jedoch der kleine oder kleinste Wechsel aus den Elternhäusern. Und der bürgerliche Berufsstand dieser jungen Schriftsteller eigenen Rechts war in den meisten Fällen schlicht: Student. Das gilt nicht nur für den Hartkreis, sondern für alle Vereinigungen auf privater Grundlage im Frühnaturalismus bis hin zum „Verein Durch", der zwar eine neue straffe Organisationsform und mindestens 15 neue in den bisherigen Gruppen noch nicht nachweisbare Mitglieder hat, über die Berufsskala vom Studenten bis zum „Schriftsteller" aber noch nicht charakteristisch hinausreicht.

Für die öffentliche Meinung im selbstbewußten jungen Kaiserreich war der Student nahezu identisch mit dem Corps-Studenten, meistens jedoch mit dem Prestige der Verbindung, zu der er gehörte. Aus den kämpferischen Burschenschaften und Bünden der Zeit vor der Reichsgründung, waren selbstzufriedene, straff organisierte Prestigegruppen geworden, deren elitäres Bewußtsein sich in der Auswahl ihrer Mitglieder nach Herkunft und Geldbeutel ausdrückte. Von daher gesehen waren die Chancen der jungen Naturalisten ziemlich gering, gesellschaftlich akzeptiert zu werden. Damit soll nicht etwa gesagt werden, daß sie lauter Füchse waren, denen die Trauben zu hoch hingen. Ein gewisser Bestandteil von — durchaus berechtigten — Ressentiments ist jedoch bei ihrer gesellschaftskritischen Einstellung nicht auszuschließen. In unserem Zusammenhang ist allerdings eine andere mögliche Reaktion dieser jungen Leute auf das für sie nicht zutreffende Prestige-Image des Studenten von damals wichtiger: die Neigung, sich mit Gleichgesinnten zusammenzuschließen. Nicht daß der literarische Bund, Kreis, Klub, Konvent und schließlich Verein nur ein Ersatz für das studentische Corps, die Burschenschaft, die Verbindung hätte sein sollen. Dazu fehlte den Gründungen der Naturalisten ein entscheidendes Merkmal der konservativen akademischen Gruppen: die Tradition, die nach rückwärts mit dem Geist oder wenigstens dem Wunschdenken des Elternhauses und nach vorwärts mit vorgezeichneten Berufsbildern verband, Karrieren eröffnete und Beziehungen stiftete. Gerade der empörte Antitraditionalismus der jungen Literaturrevolutionäre hätte jeden einzelnen von ihnen, wäre er für sich geblieben, aber in eine Isolation getrieben, die nicht nur unfruchtbar, sondern mindestens in jungen Jahren auch kaum zu ertragen gewesen wäre. Jeder private Bruch mit Konvention und Tradition muß zu einem schwer zu verkraftenden Identitätsverlust führen, wenn ihm kein Identitätsgewinn von anderer Seite zu Hilfe kommt. In diesem Sinn sind die vielen Zusammenschlüsse der Naturalisten nicht nur ein literaturgeschichtliches, sondern auch ein sozialpsychologisches Phänomen.

Der durch den Zusammenschluß erreichte Identitäsgewinn für den Einzelnen beruhte auf der gemeinsamen Identifikation mit gemeinsamen Zielen. Da diese Ziele etwas meinten, was es noch nicht gab, ein ganz Neues, erst zu Schaffendes, einstweilen Unartikuliertes, das zu verwirklichen eben der Zusammenschluß erstrebte, stand das Identitätsbewußtsein der einzelnen ständig auf unsicheren Füßen und blieb offen für immer neue Gedanken und Strömungen, die Zeit und Zufall an die jungen Leute herantrugen. Daher wohl die immer neuen Gruppengründungen mit nur wenig veränderten und vergrößerten Mitgliederbeständen, daher die Absplitterungen mit nur geringen inhaltlichen Akzentverschiebungen.

Identitätsunsicherheit mag auch der Grund dafür gewesen sein, daß die jungen Leute ihre Selbstauffassung als Bohemiens und Anti-Bour-

geois durchaus mit der Nachahmung studentischer Trink- und Treffsit-
ten, mit Bierulk und unverbindlicher Liebelei unterm Stand vereinbaren
konnten. Bei der Mehrzahl von ihnen führte das Pathos der freien Liebe
zu nichts anderem als der doppelten Moral des Corpsstudenten: zur
bürgerlichen Ehe, im trauten Heim, der den umgetriebenen Revoluzzer
von gestern seinen Frieden mit morgen zu machen verhalf. Ehe und
Familiengründung mögen manchen der Naturalisten darüber getröstet
haben, daß er die Trümpfe seiner Jugend nur in bescheidener Weise
ausspielen konnte.

Der nicht ganz ungefährliche Vorgriff, den die meisten Mitglieder des
Hartkreises mit der Berufsbezeichnung Schriftsteller unternommen hat-
ten, erwies sich bezeichnenderweise erst als solide, sobald die jungen
Schriftsteller sich mit Nichtschriftstellern verbündeten.

Wie die Tabelle zeigt, sind die Gründer des Vereins „Freie Bühne"
neue Leute. Die Brüder Hart waren allerdings inzwischen so bekannt
geworden, daß Maximilian Harden und Theodor Wolff mit ihrem Plan
an sie herantraten. Von den zehn bis dreizehn Mitgliedern der aktiven
Kerngruppe waren nur die Brüder Hart und Gerhart Hauptmann vorher
in naturalistischen Vereinigungen gewesen. Drei von dreizehn, nämlich
der Verlagsbuchhändler Samuel Fischer, Rechtsanwalt Jonas und der
Theateragent Stockhausen sind keine Schriftsteller. Brahm und Schlenther waren in erster Linie Theater- und Literaturkritiker und faßten sich
nicht im genialischen Sinn als Frühnaturalisten, als Schriftsteller auf.
Bezeichnend ist, daß die genannten fünf jedoch von vornherein Öffent-
lichkeitskontakt mitbrachten, und daß Ziel ihres Vereins sich weniger in
radikalen Forderungen als in praktischen Neuerungen zu erkennen gab.
Erst ihrer Organisation gelang der Durchbruch der frühen Hauptmann-
Stücke, deren Erfolg — und sei es in der Form des Skandals — die
Öffentlichkeit weit über den Rahmen der passiven Mitglieder hinaus
erreichte. An dieser Organisationsform der „Freien Bühne" konnten
sich auch erst die Konkurrenz- und Gegengründungen entzünden, durch
die die Ursprungsintentionen des Naturalismus sich sowohl konkreti-
sierten als auch auf bezeichnende Weise an der sozialen Wirklichkeit
scheiterten. Mit der Gründung der „Freien Volksbühne" wurde zwar die
Arbeiterschaft als Publikum gewonnen doch fühlte sich der 4. Stand
durch die Konfrontation mit seinen mehr oder weniger vermeintlichen
Leiden auf der Bühne keineswegs angesprochen. Zwar fanden die beiden
Hauptströme des naturalistischen Engagements in den Bühnenbewegun-

gen erst wirklich zueinander. Die Bereicherung der Dramenliteratur um neue Milieus und sozialkritische Aspekte, um Wahrhaftigkeit gegenüber gesellschaftlicher Wirklichkeit im angeblich sozial beglückten und befriedeten Kaiserreich und der politische Impuls in Form des Kontaktes zum 4. Stand als einem unerschöpflichem Empfänger-Reservoir für das Theater als moralische Anstalt hätten glücklich zusammenwirken können. Aber an diesem gesellschaftlichen Kreuzweg zeigte es sich, daß die neue Literatur allenfalls — wenngleich auch über vielerlei Hindernisse hinweg — das alte Publikum erreichen konnte —, daß das neue Publikum sich aber für die alte Literatur entschied. Den dauerhaften Erfolg der literarischen Revolution im Sinne der neuen Thematik sicherte ironischerweise das — wahrscheinlich anfangs nur sensationsfreudige — Bürgertum. Die Arbeiterschaft dagegen wurde in wahrlich geringer Zahl getroffen durch die Tatsache ihrer nun endlich ermöglichten Teilhaberschaft am Theater als gesellschaftlichem Ereignis. Die Eröffnung der „Neuen Freien Volksbühne" durch Faust I besagt gewiß nichts gegen Goethe. Aber es war dann doch der seit anderthalb Jahrhunderten gefeierte Dichterfürst, dem auch die Erniedrigten und Beleidigten huldigten. Mir Kretzers Betrogenen und Verkommenen, wären diese selbst von einem Hauptmann auf die Bühne gebracht worden, hätten sie sich nicht identisch gefühlt. Auf die Programmgestaltung der „Freien Volksbühne" nehmen sozialistisch organisierte Arbeiter Einfluß. Mitglieder der Berliner SPD — wie die Tabelle zeigt — zusammen mit den alten Größen aus dem Hartkreis und dem „Verein Durch" im Vorstand. Vielleicht hätte eine solche personelle Zusammensetzung einem sozialistischen Theater sogar zum Durchbruch verhelfen können, wenn es die entsprechende Dramenliteratur gegeben hätte. Von Hauptmann allein konnte man nicht leben. So griff man notgedrungen auf das bürgerliche Schauspiel zurück, um schließlich aus der Not eine Tugend zu machen. Nach diesem Kulminationspunkt mindestens organisatorischer Kooperation von Schriftstellern und Arbeitern schlug das Pendel der gesellschaftlichen Ungelöstheit der literarischen Situation bezeichnenderweise nach entgegengesetzten Seiten aus. Parteipolitik und Literatur glaubten, im Theater getrennte Wege gehen zu können. Selbst unter dem Vorsitz von Franz Mehring führte Parteifrömmigkeit jedoch weder zum sozialistischen Theater noch zur Erziehung des Arbeiterpublikums für die Ziele der sozialistischen Politik. Willes „Neue Freie Volksbühne", die eigentlich die alte vor dem Krach mit der Partei war und blieb, sicherte sich durch straffe Organisation und dem Kompromiß mit dem Publikumsgeschmack ihren Bestand bis auf den heutigen Tag. Der Pendelausschlag nach rechts in der „Deutschen Bühne" hätte dem Gedanken des Volkstheaters gefährlich sein können, wenn der Nationalismus im deutschen Drama potentere Wortführer gehabt hätte.

Für die „Freie Litterarische Gesellschaft" zeigt die Tabelle, daß zu ihr bereits mehr Teilnehmer mit abgeschlossener Berufsausbildung gehören. Wegen der fortgeschrittenen Zeit sind viele Studienwege abgeschlossen. Der Schriftstellerberuf schmückt sich nun gelegentlich mit dem Doktortitel. Die Frage, ob man es den akademischen Würden zu Last legen darf, daß hier zum ersten Mal naturalistische und konservative Schriftsteller zusammengehen, soll nur am Rande gestellt werden. Durch die konservativen Kräfte verändert sich auch der Altersdurchschnitt der Schriftsteller. Schon bei der „Freien Bühne" schwankten die Geburtsjahre zwischen 1831 (Julius Stettenheim) und 1868 (Theodor Wolff). In der „Freien Litterarischen Gesellschaft" sind die Vierzig- und Mehrjährigen besonders zahlreich. Daß man allmählich mehr oder weniger arriviert war, zeigt sich auch am jeweiligen Organisationsstatus: der Hartkreis war noch ein loser Zusammenschluß, der „Verein Durch" ein richtiger Verein, die „Freie Litterarische Gesellschaft" hat sogar eigene Räume, die Bühnenvereinigungen haben — abgesehen von den für die Aufführungen gemieteten Theatern — ihre Geschäftsstellen gehabt. Man verfügte über Publikumsorgane und hatte seine Verleger. Die ruhmreiche Geschichte des Verlagshauses S. Fischer hat mit den Naturalisten begonnen.

Der Friedrichshagener Kreis ist — bei Weiterbestehen der Bühnenbewegungen und Veröffentlichungsmöglichkeiten — wieder ein privater Kreis wie rund acht Jahre früher der Hartkreis. Auf den ersten Blick sieht er aus wie ein neuer Sammlungsversuch der Altnaturalisten, die, soweit sie noch in Berlin und Umgebung waren, auch ziemlich vollzählig — mindestens als gelegentlich willkommene Gäste — dazugehörten. Entscheidend ist aber, daß die vielen Neuhinzugekommenen das Gesicht des Kreises in ganz anderem Sinne prägten, als es den Naturalisten der ersten Stunde einst vorgeschwebt hatte. Man braucht nur an Schriftstellernamen wie Cäsar Flaischlen auf der einen Seite und Max Halbe oder gar Frank Wedekind auf der anderen zu denken, so erkennt man, daß in Friedrichshagen sich sowohl der herzbesonnte Frieden mit biederbürgerlicher Behaglichkeit als auch der neue Sturmangriff des Expressionismus gegen eben diese ankündigte. Beides hat mit dem Naturalismus der Thesen und Manifeste nichts mehr zu tun. Die mindestens programmatisch produktive Phase des Naturalismus war zuende. So repräsentiert Friedrichshagen einen zweifachen Rückzug der Altnaturalisten: Aus der großen Stadt Berlin und aus dem politisch engagierten Sozialismus Deutschlands. Wer einst am Großstadt-Proletariat dichterisch erstarken wollte, zog sich jetzt zurück in die Idylle einer Dichterkolonie. Die großen Talente Hauptmann, Holz und die neuhinzugekommenen Dehmel, Halbe und Wedekind gingen von Friedrichshagen aus eigene Wege, die in Neu-Romantik, Neu-Barock, Impressionismus und Expressionismus mündeten. Das Programm des Naturalismus das mehr oder weniger artikuliert die Genesung der Gesellschaft an der Literatur durch deren kämpferische Wahrhaftigkeit und der Literatur an der Gesellschaft durch den Vorstoß in neue Gesellschaftsschichten — als literarischer Gegenstand wie als Publikum — verkündet hatte, kann als gescheitert angesehen werden.

VII. ZUR LITERATUR ÜBER DEN NATURALISMUS

Kritische Auseinandersetzungen mit dem Naturalismus, die sich um einige Distanz vom tagespolitischen Für und Wider bemühten, regten sich schon in den neunziger Jahren. Die bereits zitierte Arbeit von Wilhelm Thal (215) mißt 1890 den Inhalt der naturalistischen Dramen an den bürgerlichen Moralvorstellungen jener Zeit. Daß sie dabei nicht allzu gut wegkommen, ist verständlich. Ähnlich einseitig setzt sich auch Friedrich Kirchner Anfang des letzten Jahrzehnts mit der neuen Literatur auseinander (216) doch bemüht er sich wenigstens um Voraussetzungen der naturalistischen Ethik und vor allem Ästhetik und hält die Bewegung für eine begreifliche Reaktion auf einen übertriebenen Idealismus. Er rechnet es „Gründeutschland" — so seine sarkastische Bezeichnung für die Jüngstdeutschen — als ein gewisses Verdienst an, daß es zum Neudurchdenken, der „alten, immer neuen Probleme der Ästhetik und Ethik" herausgefordert habe. In alter idealistischer Weise gipfelt sein Urteil in der Forderung: „es kommt mithin nicht auf die Übereinstimmung mit der Naturwirklichkeit, sondern mit der *Naturwahrheit* an, d. h. auf die Versinnlichung der Idee." (218) Man kann hier ruhig hinzusetzen: der Idee des Guten, Wahren, Schönen. In die — subjektiv wahrscheinlich unbewußte — Dialektik, mit deren Hilfe die aufsässigen jungen Zeitgenossen eben dieser Idee zum Siege verhelfen wollte, indem sie ihr die Wirklichkeit des Bösen, Verlogenen, Hässlichen konfrontierten — ist Kirchner nicht eingedrungen— was einem Literaturkritiker des ausgehenden Jahrhunderts übrigens kaum anzukreiden ist.

Die Gegenposition vertritt Franz Mehring in vier Aufsätzen aus den Jahren 1892—1908 (219). Auch er nimmt die Naturalisten nicht bei

215 Wilhelm Thal, Berlins Theater und die ‚Freien Bühnen'. Ein Rückblick. Hagen in W.,Verlag Hermann Risel. 1890
216 Friedrich Kirchner, Gründeutschland. Ein Streifzug durch die jüngste deutsche Dichtung. Wien Leipzig 1893 (2. unveränd.Auflg.)
217 Friedrich Kirchner, a. a. O., S. 245
218 ders. a. a. O., S. 56
219 Franz Mehring, Zur Literaturgeschichte von Hebbel bis Gorki. Berlin 1929 a) Etwas über Naturalismus. S. 103ff (erstmalig in „Die Volksbühne", I,

Wort und Tat, sondern stellt sie vor einen Hintergrund. Ein Zitat mag verdeutlichen, vor welchen: Im ersten der vier Aufsätze: „Etwas über Naturalismus" sagt Mehring: „Überall nun, wo in der Literaturgeschichte die Gedankenwelt einer absteigenden Klasse zusammenstößt, pflegt jene gegen diese unter dem Schlachtrufe der Natur und Wahrheit, des Naturalismus und Realismus anzustürmen. Begreiflich genug! Denn eine absteigende Klasse klammert sich um so ängstlicher an starre Formeln, je mehr das innere Leben daraus entweicht, und eine aufsteigende Klasse rüttelt um so ungestümer an allen Schranken, je mehr der Drang und die Kraft in ihr überquillt. Was sie leben kann und will, das ist für die Natur und Wahrheit; einen anderen Maßstab für diese Begriffe gibt es auf künstlerisch-literarischem Gebiete nicht, hat es nie gegeben und wird es auch gar nicht geben." Daß die jungen Weltverbesserer in ihrem unorthodoxen intellektuellen Wildwuchs auch vor dem Richterstuhl des historischen Materialismus einen schweren Stand haben, verrät schon der nächste Satz: „Danach liegt es aber auf der Hand, daß sich unter dem allgemeinen Namen des Naturalismus schon die allerverschiedensten Erscheinungen gesammelt haben, je nach den historischen Begriffen der Klasse, deren literarischer Wortführer der Naturalismus jeweils war. Ja unter Umständen kann er mehr das Feigenblatt einer rückläufigen, als das Banner einer vorschreitenden Bewegung sein. „Konsequent sagt Mehring zum Schluß des Aufsatzes: „Man muß in jedem einzelnen Falle untersuchen, welche Stellung diese literarische Richtung in den Klassenkämpfen ihrer Zeit einnimmt. Das heißt nicht, die Literatur unter das Joch der politischen Tendenz beugen, sondern es heißt, auf die gemeinsame Wurzel der politischen und religiösen, künstlerischen und literarischen und überhaupt aller geistigen Anschauungen zurückzugehen. Es gibt keinen anderen Weg, die jeweilige Bedeutung des literarischen Naturalismus festzustellen . . ." Was die gemeinsame Wurzel „aller geistigen Anschauungen ist, präzisiert er im zweiten Aufsatz: „Der heutige Naturalimus": „Erst wo der Naturalismus die kapitalistische Denkweise selbst durchbrochen hat und die Anfänge einer neuen Welt in ihrem inneren Wesen zu erfassen weiß,

1892/93, H. 2) b) Der heutige Naturalismus. S. 106ff (erstmalig in „Die Volksbühne", 1892/93, H. 3 c) DerNaturalismus und die moderne Arbeiterbewegung S. 294ff. (erstmalig in „Neue Zeit" XVII, 1. Band. 1899 S. 137) d) Naturalismus und Neuromantik. S. 108ff. (erstmalig in „Neue Zeit" XXVI, 2. Band. 1908

wirkt er revolutionär, wird er eine neue Form künstlerischer Darstellung, die schon jetzt keiner früheren an eigentümlicher Größe und Kraft nachsteht und die dermaleinst alle Schönheit und Wahrheit zu übertreffen berufen ist."

Von heute aus gesehen fragt man sich: Was hat Mehring damit prophezeit — Brecht oder den sozialistischen Realismus? Was er den Naturalisten vorwirft, ist praktisch, daß sie keine geschulten Marxisten sind. Das Publikum, um dessen Zustimmung und Mitgehen sie — mit gewiß noch nicht adäquaten Mitteln — rangen, die Arbeiterschaft, von der sie durch kleinbürgerlichen Bildungsoptimismus so tief enttäuscht wurden, nimmt Mehring dagegen in Schutz: Im dritten Aufsatz: „Der Naturalismus und die moderne Arbeiterbewegung", der nicht mehr in der von Wille begründeten Zeitschrift „Die Volksbühne", sondern in Kautzkys „Neue Zeit" erschien, heißt es 1899: „Es ist sinnlos, den modernen Proletariern ästhetische Rückständigkeit oder dergleichen vorzuwerfen, weil sie an unserer klassischen Literatur, einer Literatur der Aufsteigenden, größeren Geschmack finden als am modernen Naturalismus, einer Literatur der Absteigenden." Eine geheime Enttäuschung an den Beziehungen zwischen Arbeiterschaft und junger Literatur, ja, am Kunstgeschmack der Arbeiter überhaupt, scheint Mehring im selben Aufsatz zu beschwichtigen: „Je unmöglicher sich aber auch dem proletarischen Klassenkampfe ein neues Zeitalter der Kunst entwickeln kann, um so sicherer ist es, daß der Sieg des Proletariats eine neue Weltwende der Kunst herbeiführen wird, eine edlere, größere, herrlichere, als Menschenaugen je gesehen haben."

So üppige Blüten der Geist der Utopie in dieser Voraussage getrieben haben mag, so treffend ist die Diagnose, die Mehring 1908 im 4. Aufsatz „Naturalismus und Neuromantik" — wiederum in „Neue Zeit" für die Todesursachen des Naturalismus stellt: „Konnte und wollte der Naturalismus die kapitalistische Wirklichkeit nicht mehr ertragen, aber auch nicht den entscheidenden Schritt über ihre Tendenzen tun, so blieb ihm nur die Flucht in ein Traumland übrig, das ihm das Gefühl einer illusionären Freiheit gab und ihm zugleich gestattete, allen nervösen Launen eines übersättigten Publikums genugzutun."

Sieht Mehring den Naturalismus schon 1892 — im Jahre des Auseinanderfalls der „Freien Volksbühne", deren linken Flügel er danach selbst leitete — in der Gefahr, „das Feigenblatt einer rückläufigen Bewegung" zu werden, so scheint diese Tendenz dem revisionistischen

Samuel Lublinski mindestens entgegen, wenn nicht gar zu Pass gekommen zu sein. In „Die Bilanz der Moderne (220)" behandelt er die kaum zwanzig Jahre alte und schon überholte Bewegung noch mit kritischem Wohlwollen. In „Der Ausgang der Moderne. Ein Buch der Opposition." (221) bezeichnet er den Naturalismus nicht einmal mehr als Feigenblatt für die eigene Forderung nach Seele, Geist und Wille und Kultur und wirft ihm unverblühmt Materialismus vor.

Bis zum ersten Weltkrieg erschienen immerhin schon einige Dissertationen über den Naturalismus. „Beiträge zur Geschichte und Kritik des Naturalismus" von Robert Schlismann (222) und „Die soziologischen Grundlagen des naturalistischen Dramas der jüngsten deutschen Vergangenheit (223)" von Max Günther. Während für die Schlismannsche Arbeit allein der Versuch, den Naturalismus in einen gewissen Gleichschritt mit der Literaturgeschichte zu bringen, erwähnenswert ist, geht Günther mit außerliterarischen Kategorien: Individuum, Familie, soziale Gliederung, Staat, kosmopolitische Einstellung an die dramatischen Werke von Sudermann, Hauptmann, Halbe, Hirschfeld, Hartleben, Arthur Schnitzler und Wedekind heran. Daß damit im Jahre 1912 auf nur 74 Seiten keine ernsthafte Literatursoziologie zustande kommen konnte, vielmehr dem Inhalt und erst recht dem form-inhaltlichen Gange eines Dramas nur Gewalt angetan wurde, ist leicht ersichtlich.

Mit Alfred Biese: „Deutsche Literaturgeschichte von Hebbel bis zur Gegenwart." (224) gehen die Naturalisten 1913 in die allgemeine Literatur-Historie ein, nachdem Albert Soergel mit „Dichtung und Dichter der Zeit, eine Schilderung der deutschen Literatur der letzten Jahrzehnte" (225) die erste ideologiefreie Gesamtwürdigung vorgenommen hatte. „Der alte Soergel" ist heute noch eine der ausführlichsten Materialsammlungen. Die nach Gattungen (Lyrik, Epik,

220 Samuel Lublinski, Die Bilanz der Moderne, Cronbach 1904
221 Samuel Lublinski, Der Ausgang der Moderne. Ein Buch der Opposition. Dresden 1909.
222 Robert Schlismann, Beiträge zur Geschichte und Kritik des Naturalismus. Phil. Diss. 1903
223 Max Günther, Die soziologischen Grundlagen des naturalistischen Dramas der jüngsten deutschen Vergangenheit. Phil. Diss. 1912
224 Alfred Biese, Deutsche Literaturgeschichte, 3. Bd. Von Hebbel bis zur Gegenwart. 5. Aufl. München 1913.
225 Albert Soergel, Dichtung und Dichter der Zeit. Eine Schilderung der deutschen Literatur der letzten Jahrzehnte. 5. unveränderter Abdr. Leipzig 1911.

Dramatik) und nach künstlerischen Kreisen gegliederte Reihung biographischer Ausschnitte gewinnt durch die lebendige, z. T. noch auf persönlicher Kenntnis der Autoren fußende Erzählweise eine wirklich atmosphärische Verdichtung. Soergel/Hohoff (226) stellt demgegenüber zwar einen neueren Forschungsstand dar, entbehrt jedoch jener persönlichen Lebendigkeit, die das alte Werk noch heute zu einer fesselnden Lektüre macht.

Nach der Pause des ersten Weltkrieges erscheint 1923 Curt Tillmanns Dissertation „Die Zeitschriften der Gebrüder Hart (227)". Auf 211 Seiten bringt Tillmann eine wertvolle Materialsammlung und − Sichtung, ohne − bis auf die pekuniären Schwierigkeiten der Brüder − viel auf soziale und geistesgeschichtliche Hintergründe einzugehen. Auch der Wert der Arbeit von Lore Fischer: „Der Kampf um den Naturalismus. (1889−1899) (228)" liegt hauptsächlich im vorgelegten Material, z. B. einer Aufstellung von Uraufführungen zwischen 1862 und 1903 und einer Tabelle der zwischen 1889−99 in der Zeitschrift „Freie Bühne" erschienenen Aufsätze. Lore Fischer versucht, Werke und Problemstellungen systematisch, aber nicht vollständig, nach Für und Wider den Naturalismus aufzuteilen.

Die Dissertation von Horst Claus „Studien zur Geschichte des deutschen Frühnaturalismus. die deutsche Literatur von 1880−1890" (229) konfrontiert Naturalisten der ersten Stunde − Holz, Schlaf und Gerhart Hauptmann fehlen z. B. − mit ausländischen und deutschen Vorbildern und versucht so, sie in durchlaufende geistige Strömungen einzugliedern. Dabei kommt „das verwirrende Bild der verschiedensten Individualitäten" im Frühnaturalismus begreiflicherweise zu kurz. Am geschlossensten und überzeugendsten ist die Charakterisierung Conradis.

Einer einzelnen Gattung gilt Ludwig Niemanns Dissertation „Soziologie des naturalistischen Romans (230)". Auf dem Hintergrund von

226 A. Soergel/Curt Hohoff, Dichtung u. Dichter der Zeit. 1. Bd. Vom Naturalismus bis zur Gegenwart. Düsseldorf 1961.
227 Curt Tillmann, Die Zeitschriften der Gebrüder Hart. Phil. Diss. München 1923/24
228 Lore Fischer, Der Kampf um den Naturalismus. (1889−1899). Phil. Diss. Rostock 1930
229 Horst Claus, Studien zur Geschichte des deutschen Frühnaturalismus. Die deutsche Literatur von 1880−1890. Phil. Diss. Greifswald, 1933
230 Ludwig Niemann, Soziologie des naturalistischen Romans. Phil. Diss. Danzig 1932 außerdem in: Germanische Studien Nr. 148 Berlin 1934

deutlich an Ferdinand Tönnies „Gemeinschaft und Gesellschaft" orientierten Vorstellungen untersucht Niemann die Spiegelung der gesellschaftlichen Verhältnisse im Roman. In unserem Zusammenhang interessieren dabei Kretzer und Conradi am meisten, während Randerscheinungen im Sinne der naturalistischen Programmatik, wie Wilhelm von Polenz und Clara Viebig, vom Autor wohl im wesentlichen um ihrer Ergiebigkeit für seine antithetischen Kategorien herangezogen wurden. Das schon deutlich auf die Verformung literatugeschichtlicher Entwicklungen im kommenden Jahrzehnt hinweisende Werturteil des Autors gipfelt in der Feststellung, daß der im Grunde „undeutsche" Rationalismus der Naturalisten später einem Gefühls- und willensbetonten Irrationalismus Platz gemacht habe.

Zwei interessante Einzelprobleme behandeln die 1931 erschienene Dissertation von Josef Hundt: „Das Proletariat und die soziale Frage im Spiegel der naturalistischen Dichtung (1884—90) (231) und Lotte Rausch: „Die Gestalt des Künstlers in der Dichtung des Naturalismus." (232) Hundt geht sowohl geistesgeschichtlich wie sozialgeschichtlich vor, ohne dabei exakt zu trennen. Er wird den Naturalisten gerechter als Mehring wenn er ihnen zugesteht, daß sie die Arbeiterfrage aus eigener Anschauung dargestellt und konkrete Probleme des 4. Standes literarisch angepackt haben. Das bürgerliche Ideengut in ihren Werken will Hundt nicht nur einseitig aus der bürgerlichen Herkunft der Schriftsteller erklärt wissen, sondern betont, daß im deutschen Sozialimus selbst „im weitesten Maße der liberale Kulturkreis des Bürgertums weiterwirke" (233)„Was die Proletariatschilderung des Naturalismus von der aller vornaturalistischen Dichter unterscheidet, ist die größere Echtheit und Lebensnähe." Diese Bewertung hebt sich in erfreulicher Objektivität von der der marxistischen Ideologen ab.

Lotte Rausch's Dissertation befaßt sich auf nur 62 Seiten in geistesgeschichtlich-typologischen Thesen mit der seit Gerhart Hauptmanns „College Crampton" und „Michal Cramer" und vor allem seit Thomas Manns „Tonie Kröger" offenkundig gewordenen Sonderproblematik des Künstlers in der Zeit um die Jahrhundertwende. Ganz im Sinne des

231 Josef Hundt, Das Protelariat und die soziale Frage im Spiegel der naturalistischen Dichtung. Phil. Diss. 1931
232 Lotte Rausch, Die Gestalt des Künstlers in der Dichtung des Naturalismus. Phil. Diss.Gießen 1931.
233 Lotte Rausch, a. a. O., S. 94.

145

jungen Thomas Mann betont sie einen zum Künstler als solchen gehörigen inneren Zwiespalt, der sich mit jeder historischen Konstellation in typischen Antonomien äußert. Sie stellt die Naturalisten der Romantik gegenüber und behauptet, daß die letztere versucht habe, das Leben in Poesie aufzulösen, während die Naturalisten den umgekehrten Weg gegangen seien. Ihr Grundzwiespalt sei der zwischen Wollen und Können, Individuum und Masse gewesen. Die Autorin geht auf soziale und politische Aspekte nicht ein, sodaß ihre Thesen weder über die der behandelten Schriftsteller selbst hinausführen noch zu widerlegen sind.

In allgemeinen literaturgeschichtlichen Betrachtungen der Zwanziger Jahre wird der Naturalismus mehr oder weniger summarisch behandelt und steht — je nach Einstellung der Verfasser — schon im Schatten der nachfolgenden Stilrichtungen des Impressionismus, der Neuromantik und vor allem des Expressionismus. Zu nennen wären hier in erster Linie Robert Riemann: „Von Goethe bis zum Expressionismus. Dichtung und Geistesleben Deutschlands seit 1800" (234), wobei es sich um die 3. „völlig umgearbeitete" Auflage eines älteren Werkes handelt. Ferner Hans Naumann „Die deutsche Dichtung der Gegenwart. 1885–1923" (235), Wolfgang Stammler „Deutsche Literatur vom Naturalismus bis zur Gegenwart" (236) und Hans Röhl „Der Naturalismus. Ein Überblick über die literarische Bewegung in Deutschland gegen Ende des 19. Jahrhunderts" (237). Röhl hat übrigens auch schon 1926 eine — im wesentlichen nach ästhetischen Gesichtspunkten ausgewählte — Quellensammlung mit Auszügen von Conrad, Heinrich Hart, Bölsche, Conradi, Holz und Schlaf zum Schulgebrauch herausgegeben (238). Auch Oskar Walzel „Die deutsche Literatur von Goethes

234 Robert Riemann, Von Goethe bis zum Expressionismus. Dichtung und Geistesleben Deutschlands seit 1800. 3. völlig umgearbeitete Auflg. des: Neunzehntes Jahrhundert der deutschen Literatur. Leipzig 1922
235 Hans Naumann, Die deutsche Dichtung der Gegenwart. 1885–1923 Stuttgart 1923
236 Wolfgang Stammler, Deutsche Literatur vom Naturalismus bis zur Gegenwart. Breslau 1924
237 Hans Röhl, Der Naturalismus. Ein Überblick über die literarische Bewegung in Deutschland gegen Ende des 19. Jahrh. Leipzig 1927. Deutschkdl Bücherei Bd. 27
238 dersl., Aus Bekenntnis und Dichtung. Ein Hilfsbuch für höhere Schulen. in: Deutschkundliche Bücherei, Quellenstoffe und Meisterwerke, Hrsg. von Dr. G. Wenz. Leipzig 1926

Tod bis zur Gegenwart" (239) und Paul Hankamers (240) „Deutsche Literaturgeschichte." und Werner Mahrholz, „Deutsche Literatur der Gegenwart" (241) dringen nicht zu wesentlich neuen Erkenntnissen über den Naturalismus vor. Besonders für Mahrholz, inzwischen selbst zu einem Stück Literatur gewordenes, enthusiastisches „modernes" Buch gilt, was oben gesagt wurde: Der Naturalismus steht für die Literaturgeschichte der zwanziger Jahre längst im Schatten seiner Nachfolgeerscheinungen. Eine Sonderstellung nimmt nur Julius Wiegand: „Geschichte der deutschen Dichtung nach Gedanken, Stoffen und Formen" (242) ein. Diese Sammlung bringt eine fast lückenlose Aufzählung der Interessenfelder des Naturalismus in knapp und treffend erläuterten Stichworten. Materialgrundlage sind die Hauptwerke der — sehr weitherzig zum Naturalismus gezählten — Schriftsteller, wobei die theoretischen Schriften nicht hervortreten.

Im dritten Reich wird selbstverständlich mehrfach der Versuch unternommen, den Naturalismus für präfaschistische Sozialkritik und Deutschtümelei zu beanspruchen. Während sich diese Tendenz in Paul Fechters „Geschichte der Deutschen Literatur" (243) noch in den Grenzen einer allgemeinen Akzentuierung des Nationalismus und seiner verschiedenen Zuströme hält, arbeiten Helmut Kasten: „Die Idee der Dichtung und des Dichters in den literarischen Theorien des sogenannten ‚Deutschen Naturalismus" (244) und vor allem Helmut Hauscheck: „Der Entwicklungsbegriff in den theoretisch-programmatischen Schriften des frühen Naturalismus" (245) mit nationalsozialistischen Vorstellungen ganz ohne Feigenblatt. Kasten beschränkt sich auf

239 Osakr Walzel, Die deutsche Literatur von Goethes Tod bis zur Gegenwart. Mit einer Bibliographie von Josef Körner. 5. Aufl. Berlin 1929. (1. Aufl. 1918)
240 Paul Hankamer, Deutsche Literaturgeschichte. 1930
241 Werner Marholz, Deutsche Literatur der Gegenwart. Probleme-Ergebnisse und Gestalten. Berlin 1930
242 Julius Wiegand, Geschichte der deutschen Dichtung nach Gedanken, Stoffen und Formen. 2. Aufl. Köln 1928
243 Paul Fechter, Geschichte der Deutschen Literatur. Vom Naturalismus bis zur Literatur des Unwirklichen. Leipzig 1938. 3. Bd. d. 5. Aufl. der Geschichte d. dt. Lit. von Vogt u. Koch
244 Helmut Kasten, Die Idee der Dichtung und des Dichters in den literarischen Theorien des sogenannten „Deutschen Naturalismus." Phil. Diss. Königsberg 1938
245 Helmut Hlauscheck. Der Entwicklungsbegriff in den theoretisch-programmatischen Schriften des frühen Naturalismus. Phil. diss, 1941

ausgewählte Schriften von Bleibtreu und die gesammelten Werke von Conradi und Arno Holz. Er kommt zu dem Ergebnis, alle drei seien gar keine Naturalisten, weil sie der deutschen Tradition verhaftet seien, im Gegensatz zu den Theorien des „Ausländers" Zola, an dem das Wesen des Naturalismus exemplifiziert wird.

Diese fragwürdige Ehrenrettung nimmt sich allerdings noch harmlos aus gegenüber dem, was Helmut Hlauscheck vorträgt. Er konfrontiert außer Programmschriften der Harts, Conradis, Conrads, Bölsches, Bleibtreus, Herrigs und Kirchbachs eine flüchtige und unsymtomatische Auswahl naturalistischer Selbstäußerungen — unter Bevorzugung biologischer Gesichtspunkte — mit Schriften von Darwin, Wallace, Huxley, Du Bois Reymont, Büchner, Mill und Spencer. In billigem Sozialdarwinismus mündet die Arbeit in einer Verherrlichung des Germanentums. Für den Naturalismus, wie es hier verzerrt gesehen wird, kommen natürlich nur nichtjüdische Schriftsteller in Betracht, auf die sich der Zitatenschatz dann auch beschränkt. Harmlos nimmt sich dagegen der nur zehn Seiten lange Essay „Zur geistesgeschichtlichen Deutung des Frühnaturalismus" (246) von W. Gaede aus, Zwar wird auch hier Wert auf die nationale Hochstimmung der „Kritischen Waffengänge" „Modernen Dichtercharaktere" und mit Einschränkung der Romane Kretzers gelegt. Aber Gaede kommt doch — wenngleich nur thesenhaft — zu dem Ergebnis, daß der deutsche Frühnaturalismus keine Ansammlung von Widersprüchen gewesen sei und erklärt mit Recht, daß nationale Begeisterung und Weltoffenheit sich im Rahmen des tradierten deutschen Kulturbegriffes in den achtziger Jahren noch nicht ausgeschlossen haben müssen. Gaede spricht dem Frühnaturalismus die Erkenntnis der sozialen Problematik ab. Erst der spätere Naturalismus habe — was sein Hauptverdienst sei — die Probleme der industriellen Revolution thematisch für die Literatur entdeckt.

In nationalistisch- völkischen und rassistischen Vorurteilen befangen ist auch die Dissertation von Albrecht Bürkle: „Die Zeitschrift ‚Freie Bühne' und ihr Verhältnis zur literarischen Bewegung des deutschen Naturalismus." (247) Auf 262 Schreibmaschinenseiten werden die

246 W. R. Gaede, Zur Geistesgeschichtlichen Deutung des Frühnaturalismus. In: The Germanic Review 11, 1936
247 Albrecht Bürkle, Die Zeitschrift ‚Freie Bühne' und ihr Verhältnis zur literarischen Bewegung des deutschen Naturalismus. Phil. Diss, Maschinenschrift, 1941

ersten fünf Jahrgänge der Zeitschrift daraufhin befragt, wieweit sie zur „Entfremdung zwischen ‚Literatur' und deutschem Leben" beigetragen hätten. Dabei soll durch eine „Analyse der ästhetischen Diskussion" das Literarische und seine Tendenz zum Unpolitischen" herausgearbeitet werden. Der Kenner von Thomas Manns „Betrachtungen eines Unpolitischen" wird hellhörig, wenn der Autor zu Überlegungen kommt wie der, daß das Interesse der Naturalisten an der Literatur des europäischen Auslandes auf geistigen, nicht aber auf politischem Gebiet zu einer europäischen Gesinnung geführt habe und daß andererseits das Zurückgreifen einiger Naturalisten auf volkhafte Elemente keiner politischen Absicht entsprochen habe. Mit der Tatsache, daß der Zeitschrift dann doch ein gewisses politisches Interesse nicht abzusprechen ist, findet Bürkle sich dadurch ab, daß er erklärt, die Vielstimmigkeit der Positionen habe sich im Medium der Diskussion wechselseitig neutralisiert, und die Forderung nach „exakter Wirklichkeitsdarstellung im Anfang sei im Laufe der Zeit zu Gunsten eines individuellen psychologischen Wahrheitsbegriffes" abhanden gekommen (248). Das Volk bei den Naturalisten sei „die triebhafte Gemeinschaft der Unterdrückten und Leidenden, auch der Beharrenden und Treuen" (249) Der Wahrheitsgehalt solcher Feststellungen wird bedauerlicherweise beeinträchtigt durch antisemitische Klischees wie z. B. die Behauptung, daß die jüdischen Autoren das reflexive, ästhetische, literarische Element — wobei „literarisch" eine implizit negative Bewertung enthält — gesteigert hätten. Bürkle geht so weit, zu behaupten, daß „erstmalig im Naturalismus das Judentum — nunmehr auch soziologisch — einen Bereich fand, in welchem es die Fremdheit zwischen Jüdischem und Deutschem zu eliminieren sucht" (250). Es mag dahin gestellt bleiben, wieviel historisch Richtiges diese Lesart der deutsch-jüdischen Beziehungen an sich enthalten mag, und ob das immer wieder benutzte Wörterbuch des Unmenschen die Maske für tiefere Einsichten des Autors in schwieriger Zeit abgegeben hat. Was dem Autor jedoch bei aller Gründlichkeit im Einzelnen entgegenzuhalten ist, sei nur das eine Bedenken, daß derartige Thesen einer politischen Geistesgeschichte sich

248 Albrecht Bürkle, a. a. O., S. 190
249 ders., a. a. O., S. 241
250 ders., a. a. O., S. 262

nicht an fünf Jahrgängen einer noch so aufschlussreichen Zeitschrift belegen lassen.

Einen ähnlichen Eindruck hinsichtlich des Verhältnisses in national-sozialistischer Sprachregelung zu einem Inhalt, der sich unter dieser Maske das eigene Urteil bewahrt, vermittelt die Arbeit von Ernst Johann: Die deutschen Buchverlage des Naturalismus und der Neuromantik" (251), die wir trotz ihres frühen Erscheinungsjahres, 1935, an den Schluß dieses Zeitabschnittes stellen , weil sie einem literaturgeschichtlich-soziologischen Randthema gewidmet ist. Es ist jedoch gerade unter unseren Gesichtspunkten gesehen interessant, welche Bedeutung Johann dem Verlags- und Publikationswesen für die Wirkung der Literatur in ihrer Zeit zuschreibt, wenn er darauf hinweist, daß vor den Naturalisten Marlitt und die Gartenlaube die Szene beherrscht haben. Er schreibt: „Unberührt von den nun einsetzenden sozialen Kämpfen und der sich ankündigenden literarischen Revolution wickelt sich so in Berlin, harmlos wichtig, eifrig und betriebsam die Angelegenheit der Literatur ab. Mit einem Publikum, dem man nicht den Mut hat, zu sagen, daß es erst erzogen werden müßte, und mit Autoren, für die sich einzusetzen kein Mut gehört. Eine Erscheinung aber fehlt ganz im Gesicht und Getrieb der „vorrevolutionären" Epoche der modernen Literatur: Der Buchverlag. Manchen Verleger gab es, aber es gab keine Verlegerpersönlichkeiten, keinen, der es verstanden hätte, das geistige Leben, das ununterbrochen auch damals flutete, in seinem Verlagshause zu konzentrieren" (252) Nachdem er die vorbereitenden Verdienste des Verlegers Friedrich in Leipzig (seit 1878) für Alberti, Bleibtreu, Walloth, Kirchbach, Conrad und Conradi und für „Die Gesellschaft" (bis 1902) gewürdigt hat, stellt er — 1935 noch unbekümmert um Gnade oder Ungnade, die seine Bewertungen wenige Jahre später gefunden hätten — die Bedeutung von Samuel Fischer für die Literatur der anbrechenden Moderne ins richtige Licht. „Im Laden des neuen Verlegers, der so ungewohnt auf fremde Autoren aufmerksam machte, fanden sich bald die Männer, die sich zu den Wortführern im Inland machten. Zuerst als Fischers Kunden, dann als seine Autoren." „Der Weitblick und Wagemut des damals siebenundzwanzigjährigen

251 Ernst Johann, Die deutschen Buchverlage des Naturalismus und der Neuromantik. Weimar 1935. in: Sammelreihe Literatur u. Leben. Lebensformen/Menschengestaltung/ Soziologie des Schrifttums. 7. Bd.
252 Ernst Johann, a. a. O. S. 19

S. Fischer hat" (253) den Weltruf Ibsens entschieden. Er hebt die Mitwirkung Fischers bei der Begründung der „Freien Bühne" hervor und charakterisiert seine Bedeutung für die Wirkung Gerhart Hauptmanns: „In dem Verhältnis S. Fischer — Gerhart Hauptmann haben wir ein in der Geschichte der deutschen Literatur einzigartiges Beispiel. Ein junger Dichter findet von Anfang an nicht einen Verleger, der ihm das Versprechen abgibt, ihn wohlwollend zu fördern, sondern einen Bundesgenossen, einen Kämpfer im selben Kampf, ums selbe Ziel. Dabei zeichnet S. Fischer nicht eine große Erfahrung aus, sondern nur eine große Zuversicht. Wie Gerhart Hauptmann eine Epoche der *Literaturgeschichte*, so leitet S. Fischer eine Epoche der *Verlagsgeschichte* ein. Er ist der erste der ‚literarischen Verleger', genauer gesagt, er schafft diesen Typus. (254)" Der rassistische Pferdefuß, so stellt er (Fischer) die Liste seiner Autoren nach den beiden Merkmalen zusammen, die ihn selbst sehr deutlich bestimmen: nach der liberalen Einstellung des Weltbürgers und nach der Herkunft aus dem Judentum (255) mag mit einem verständnisvollen Augenzwinkern zur Notiz genommen werden, wenn es vier Seiten später von S. Fischer heißt: Er „diente mit Leidenschaft der Literatur und nicht den Geschäften, er diente dem Geist wo er sich lebendig zeigte . . .." (256)

Nach dem zweiten Weltkrieg äußert sich zu unserem Thema als erste wieder die marxistische Literaturwissenschaft in Gestalt keines geringeren als Georg Lukacs: „Deutsche Literatur im Zeitalter des Imperialismus" (257). Es kann nicht Sache unserer Arbeit sein, den geistesgeschichtlichen Schritt zu markieren, den Lukacs über Franz Mehring hinaus getan hat. Gemeinsam ist beiden die positive Bewertung der Naturalisten als Kritiker der Epigonenliteratur ihrer Zeit. Beide bezweifeln jedoch das sozialistische Engagement unserer Schriftsteller. Lukacs: „Ihr ‚Sozialismus' ist nicht nur verschwommen, ethisch und religiös-messianisch, sondern vermischt sich ununterbrochen mit allerhand unklar gärenden, vorwiegend reaktionären Tendenzen, die den

253 ders. a. a. O. S. 24
254 Ernst Johann, a. a. O. S. 29
255 E. Johann, a. a. O. S. 33
256 ders. a. a. O. S. 37
257 Georg Lukacs, Deutsche Literatur im Zeitalter des Imperialismus. Berlin 1946. Neu in: Skizze einer Geschichte der neueren deutschen Literatur. Berlin 1953 Zitiert nach letzterem.

Übergang des deutschen Kapitalismus zur imperialistischen Periode vorbereiten." (258) Auch darüber, daß die Überwinder des Naturalismus angeblich lediglich dessen Stil, nicht seine angeblich kryptokapitalistischen Ideologien abgelegt haben, besteht Einmütigkeit zwischen Mehring und Lukacs. Ein entscheidender Unterschied besteht jedoch in der Terminologie. Wegen seiner „vorwiegend reaktionären Tendenzen" tut Lukacs den Naturalismus als eine nicht- realistische Literatur ab. Realismus ist für ihn jede „progressive" Literatur. Das eigentlich Bedeutende ist Lukacs' — wenngleich einseitige — Analyse der Ursache für das Scheitern sowohl der naturalistischen als auch der sozialdemokratischen Reformbemühungen. Außerdem rückt er die Bedeutung Nietzsches für das Schicksal der naturalistischen Theoreme ins Licht und behandelt eingehend die Rolle von Fontane.

Etwas wohlgesonnener ist den Naturalisten — um bei der Beleuchtung von links zu bleiben — das 1959 erschienene Buch von Richard Hamann und Jost Hermand: „Naturalismus" (259), der interessante Versuch einer Gemeinschaftsarbeit von Literatur- und Kunstgeschichte. Im Sinne eines moderierten Sozialismus wird der Naturalismus als Sozialkritik positiv bewertet, wobei die ästhetischen Neuerungsbemühungen unserer Schriftsteller etwas zu kurz kommen. So wird im Vorwort gefordert, daß man „mit diesem Terminus (Naturalismus) weniger die ästhetischen oder stilistischen Phänomene als die revolutionären Grundantriebe umschreiben" sollte (260).

Bald nach dem Kriege erschien die als Materialsammlung nicht zu überbietende Dissertation von Erich Kalisch: „Der Gegensatz der Generationen in der Streitschriftenliteratur des deutschen Naturalismus." (261) Kalisch unternimmt den Versuch, die Programmschriften durch ihre Spiegelung eines Generationsgegensatzes zu systematisieren. Die Vielzahl der untersuchten Fragen und Probleme wird in so konzentrierter Form auf nur rund sechzig Seiten zu Ergebnissen gebracht, daß nur ein guter Kenner die Arbeit des Autors wirklich würdigen kann. Die

258 ders. a. a. O. S. 101
259 Richard Hamann, Jost Hermand, Naturalismus. 2. Bd. der Reihe: „Deutsche Kunst und Kultur von der Gründerzeit bis zum Expressionismus. Berlin Akademie-Verlag, 1959
260 ders. a,a,a. O. S. 7
261 Erich Kalisch, Der Gegensatz der Generation in der Streitschriftenliteratur des deutschen Naturalismus. Phil. Diss. Berlin 1947.

hohe Konzentration verführt ihn jedoch zu eindeutigen Aussagen auch da, wo das Material differenzierter und vielschichtiger ist. Die Hauptthese, der Naturalismus sei eine generationsbedingte Einheit, halte ich für ausgesprochen anfechtbar.

Die allgemeine Literaturgeschichte nach dem 2. Weltkrieg: Fritz Martini: „Deutsche Literaturgeschichte von den Anfängen bis zur Gegenwart" (262), die Sammlung von Aufsätzen von H. O. Burger und Hans Schwerte in: „Annalen der deutschen Literatur" (263), der bereits erwähnte Soergel/ Hohoff und die 2. Auflage der Literaturgeschichte von Ernst Alker (264) bringen keine überraschend neuen Gesichtspunkte.

Der Artikel „Naturalismus" bei Merker, Stammler von Rupprecht Leppla (265) bringt Ergänzungen — auch für die theoretischen Programmschriften — zur Literatur bis auf den neuesten Forschungsstand.

Die beiden neuesten Publikationen über den Naturalismus waren für diese Arbeit von besonderer Wichtigkeit und werden in den Anmerkungen wiederholt zitiert. Es handelt sich um: Erich Ruprecht: „Literarische Manifeste des Naturalismus 1880—1892" (266) und Dieter Schickling: „Interpretationen und Studien zur Entwicklung und geistesgeschichtlichen Stellung des Werkes von Arno Holz" (267). Ruprecht bringt eine repräsentative Auswahl der Manifeste, die er durch einen reichhaltigen Anmerkungsteil und einen konzentrierten einleitenden Überblick über die wichtigsten Ziele und Motive der Naturalisten glücklich ergänzt. Am Beispiel der naturalistischen Forderung nach Wahrheit entwickelt er eine Skala der höchst konträren Vorstellungen, aus der die ganze Spannweite der naturalistischen Kunsttheorien ersichtlich wird.

262 Fritz Martini, Deutsche Literaturgeschichte von den Anfängen bis zur Gegenwart. 3. Aufl. Stuttgart 1951
263 Heinz O. Burger, Die Zeit Nietzsches — Reifejahre Fontanes und Hans Schwerte Der Weg ins 20. Jahrhundert. Der neue Ansatz 1889—1895. In Annalen der deutschen Literatur. Hrsg. v.H.O. Burger, Stuttgart 1952, S. 700—719, 722—730
264 Ernst Alker, Die deutsche Literatur im 19. Jahrhundert (1832—1914) 2. verändt. u.verb. Auflg. Stuttgart 1962
265 Rupprecht Leppla, Naturalismus. In Merker Stammler, Reallexikon der deutschen Literaturgeschichte 2. Bd. 2. Aufl. Berlin 1965 S. 602—611
266 Ericht Ruprecht, Literarische Manifeste des Naturalimsus. 1880—1892. Stuttgart 1962. Einleitung: Der deutsche Naturalismus. S. 1—11
267 Dieter Schickling, Interpretation zur Entwicklung und geistesgeschichtlichen Stellung des Werkes von Arno Holz Phil. Diss. Tübingen, 1965

Schickling glaubt eine zunehmende Verdüsterung bei Arno Holz zu sehen, die ihren Ausdruck in der Zerstörung der Sprache als sinnvoller Einheit für die Mitteilung von Gedanken findet. Die Destruktion von Grammatik, Syntax und Sinnvermittlung der traditionellen Sprache wird durch eine gegenläufige Tendenz verzögert, als deren Elemente Schickling die von Holz erarbeiteten Formbestandteile, Zahlenmystik und Rhytmuslehre hervorhebt. Holz habe auf diese Weise zwar die Position eines Künstlers zwischen zwei Zeiten erreicht, ohne sich jedoch im gesuchten Neuland produktiv ansiedeln zu können. Diese individuelle Entwicklung von Holz vergleicht Schickling mit der Situation der deutschen Intellektuellen um die Jahrhundertwende, die durch ihre Abkehr von Gesellschaft und Politik den Boden der Wirklichkeit verlassen haben, um sich in einem imaginativen Reich anzusiedeln. Schickling, der im übrigen in der vorliegenden Arbeit in einer seiner Hauptthesen referiert wurde, so daß eine weitere Behandlung seiner Dissertation sich hier erübrigt, begibt sich mit dieser These, der nur zugestimmt werden kann, in das Zwischenreich zwischen Geistesgeschichte und Soziologie, in das auch die vorangegangenen Darstellungen mit gebotener Vorsicht vordringen möchten.

VIII. ZUSAMMENFASSUNG: DIE BERLINER NATURALISTEN IM SCHATTEN DES BISMARCKREICHES

Die vorliegende Arbeit hat sich bisher sowohl weitgehend einer Bewertung des Naturalismus enthalten als auch befleißigt, weder geistesgeschichtliche noch soziologische Thesen aufzustellen. Es ging ihr darum, die Gruppierungen der Naturalisten, so wie sie absichtlich und zufällig zustande kamen, in ihrer zeitlichen Reihenfolge darzustellen, das bisherige Bild vom Naturalismus durch möglichst reiches und zum Teil neues Material zu ergänzen und vor allem durch Selbstzeugnisse der Naturalisten zu beleuchten.

Wenn zum Schluß der Rahmen einer solchen Materialzusammenstellung doch noch überschritten werden soll, so geschieht das aus dem Bedürfnis, die Berliner Naturalisten vor der Menge ihrer negativen Kritiker im Rahmen der Erkenntnismöglichkeiten, die diese Arbeit eröffnet hat, ins rechte Licht zu setzen.

Es sind, global gesehen, vor allem zwei Vorwürfe, die den Naturalismus von jeher gemacht werden. Der erste ist ein Werturteil: daß ihre poetischen Werke mäßig, wenn nicht gar schlecht seien und daß literarisch außer Hauptmann, Holz und später Dehmel und Wedekind, die in ihrer eigenen Entwicklung den Naturalismus ja eben überwunden hätten, sich kaum einer von ihnen als wertbeständig erwiesen habe. Dem ist entgegenzuhalten, daß das nachträglich Bild eines Stilwollens wohl immer mehr oder weniger von seinen Talenten bestimmt wird und daß diesen wiederum ein Wandel ihrer Anschauungen und Ziele, der schließlich neue Stile heraufbringt, von einer Kritik, die sich an historische Tatsachen hält, denn doch vorbehalten bleibt.

Damit kommen wir schon zu dem zweiten — schwerwiegenderen — Vorwurf gegen den Naturalismus, der immer wieder vorgebracht wird: daß er in seinem theoretischen Wollen gescheitert sei, wobei damit eine Revolution der Literatur im Sinne etwa der Thesen des „Verein Durch" gemeint ist. Demgegenüber erhebt sich die Frage: Wer ist gescheitert? Die Theorie bzw. die revolutionären naturalistischen Forderungen als solche — oder die Naturalisten als die Personen, die sie erhoben haben?

155

Es kann wohl kein Zweifel darüber bestehen, daß die revolutionären Thesen der Naturalisten — führt man sie auf einige Grundelemente zurück: die Forderung nach künstlerischer Wahrhaftigkeit, nach einer würdigen Nationalliteratur ohne Kompromisse und Lobhudelei vor den Mächtigen, das Eintreten für die Erniedrigten und Beleidigten — in ihrem historischen Augenblick waren diese der eben aufgekommene vierte Stand — und schließlich das Verlangen nach Stütze und Hilfe für das Talent, daß man traditionsbedingt Genie nannte, weder etwas ganz Neues und Einzigartiges waren, noch gar seither je ganz aufgegeben worden sind. Nimmt man die Forderungen der Naturalisten einmal so bei ihrem Kern, so sind sie, nur im Kostüm der eigenen Zeit und mit entsprechenden Gewichtsverlagerungen ähnlich wie die der Achtundvierziger, der Sturm und Drang, ja schon der Aufklärung — und werden schließlich neu und anders formuliert wieder vom Expressionismus gestellt. Es sind Forderungen der amerikanischen Literatur zu verschiedenen, jeweils gegebenen Zeiten. Haben die Dichter und Schriftsteller anderer Nationen und Epochen die Erfüllung ihrer revolutionären Forderungen zwar im Rahmen der Literatur kraftvoller und besser erfüllt — womit wir wieder bei der Frage des Talents wären — so kann doch nicht behauptet werden, daß sie auf sozialem Gebiet mehr gewesen wären als Mahner in der Wüste, die bestenfalls für ihre politischen und gesellschaftlichen Forderungen ins Gefängnis, wie Büchner und Zola in die Emigration, wie Dostojewsky in die Verbannung gingen. Beschwört man solche Namen, so zeigt sich allerdings — abgesehen vom individuellen Format — bei den deutschen Naturalisten das merkwürdige Phänomen, daß sie als Personen ihre Forderungen zwar nicht wiederriefen, aber im Verlauf einer relativ kurzen Zeit sozusagen stillschweigend fallen ließen und zusahen, wie sie, noch zu ihrer Lebenszeit, in veränderter Form von anderen, jüngeren Personen im Expressionismus wieder aufgenommen wurden, daß sie sich selbst in Neuromantik, Neuklassizismus, poetisches Kunstgewerbe, Heimatkunst, ja, geradezu in — aus späterer Sicht — reaktionäre Strömungen zurückzogen. Diese Tatsache vor allem ist es wohl, auf die sich der Vorwurf, sie hätten ihr Programm nicht erfüllt, berufen kann. Einem so merkwürdigen Phänomen gegenüber muß sich die Frage erheben: Wie konnte es dazu kommen? Handelt es sich wiederum nur um die Frage des Formates — damit wäre dann im Grunde jede Frage abgeschnitten —

oder handelt es sich vielleicht doch um zeit- und situationsgebundene Ursachen für dieses – zugegebene – individuelle Versagen?

In „Das Deutsche Drama der Neuzeit" (268) markiert Klaus Ziegler den Schritt vom Naturalismus Gerhart Hauptmanns zum Expressionismus Wedekinds folgendermaßen: „Im traditionellen Bereich finden sich die *in*humanen Züge der Gesellschaft doch eigentlich stets mit Elementen echter *Menschlichkeit* verwoben: Wedekind hingegen absolviert die ‚Unmenschlichkeit' der bürgerlichen Gesellschaft zum alleinigen Gesamtmerkmal ihres Wesens. Ferner steht im traditionellen Drama der späteren Neuzeit bis zu Ibsen und Hauptmann hin die kritische Entlarvung eines gesellschaftlichen *Pseudo-* Ethos eigentlich durchweg im Dienst der Verkündigung und Verwirklichung eines *positiven* Ethos. Demgegenüber scheint sich bei Wedekind die reine *Verneinung* aller bürgerlichen, ja vielleicht sogar überhaupt aller modernen Gesellschaftsformen und Gesellschaftsideale absolut zu setzen."

Was hier für die Sozialkritik im Drama gesagt wird, können wir ruhig für die Sozialkritik des Naturalismus überhaupt in Anspruch nehmen, nämlich, daß sie, um noch einmal Ziegler zu zitieren „im Zeichen des zutiefst unverbrüchlichen Glaubens an die objektive Gültigkeit und allgemeine Verbindlichkeit des Ethos der Humanität sowie an die grundsätzliche Fähigkeit des Menschen zu seiner Verwirklichung" (269) steht. Das für unseren Zusammenhang Wegweisende an diesen Feststellungen Klaus Zieglers ist, daß sich so gesehen, der Naturalismus nicht als der Anbruch eines absolut Neuen – wie ihn die Naturalisten selbst sahen – sondern als eine Spätphase darstellt, nämlich als eine im Grunde noch immer aufklärerisch-bürgerliche Form jenes „fortschrittgläubigen Typus der *relativen* Gesellschaftskritik, der durch die desillusionierende Entlarvung dessen, was heute ist, zur Verwirklichung einer besseren und würdigeren Zukunft mahnen möchte." (270)

Nehmen wir das als gegeben, so erscheint es geradezu verführerisch, in die marxistische Kritik an den Naturalisten einzustimmen und ihnen vorzuwerfen, daß sie keine totale – im Gegensatz zur relativen – Gesellschaftskritik geübt haben, daß es ihnen um Verbesserung der

268 Klaus Ziegler, Das deutsche Drama der Neuzeit. In Deutsche Philologie im Aufriss. Hrsg. W. Stammler, Berlin 1954 2. Bd
269 a. a. O., S. 1113,
270 a. a. O., S. 1106

bestehenden Verhältnisse ging, statt um deren Zerstörung, um Reform, statt um Revolution. Eine solche Beurteilung wird nur einem — und sei es der fundamentale — Aspekt der historischen Situation so wie sie sich in der Umwelt unserer Schriftsteller spiegelte — gerecht: dem sozioökunomischen, nicht aber dem konkret-politischen, dem allgemein politischen und nationalen Bewußtsein der achtziger Jahre in Deutschland und Berlin. Man mag ein solches Bewußtsein als Überbau abtun — es war dennoch für jeden einzelnen Deutschen wie für alle ein konkreter Faktor, dem er sich nicht entziehen konnte, an dem er aktiv und passiv teil hatte. Für weite Kreise des Bürgertums bis tief in die gehobene Arbeiterschaft hinein war die Gründung des zweiten deutschen Kaiserreiches geradezu so etwas wie eine innerweltliche Heilserfüllung, an deren gesellschaftlichen oder gar staatlichen Grundbestand zu rütteln ein Sakrileg gewesen wäre. Es ist den naturalistischen Schriftstellern als Verdienst anzurechnen, daß sie schon rund zehn Jahre nach der Reichsgründung eine Diskrepanz zwischen Nationalstolz und sozialer Wirklichkeit überhaupt aufzudecken wagten und — im Unterschied zur Selbstzufriedenheit des Besitzbürgertums — mindestens zu äußerlichen Korrekturen am Bismarckstaat, wenn nicht zu mehr aufrütteln wollten. Dazu kam, daß ihre Gesellschaftskritik mitten in zwei sich kreuzende Spannungsfelder hineintraf: einmal das einer rapiden Industrialisierung, die die Grundlage für die nahezu einmütig angestrebte Weltmachtstellung der jungen Nation bildete, und zum zweiten mitten zwischen Bismarcks Sozialgesetzgebung und Sozialistengesetz, die wohl erstere bis tief ins zwanzigste Jahrhundert hinein als die modernste Europas gegolten hat. Was die Naturalisten also auf der einen Seite hätten anprangern können — Schäden und Härten der Industrialisierung, den rücksichtslosen Polizeiterror des Sozialistengesetzes — wurde ihnen auf der anderen Seite als Positivum repräsentiert: ohne beschleunigte Industrialisierung und sei es auf Kosten sozialer Härten — keine starke Nation — und eine Soszialgesetzgebung von oben, die eben diesen Härten die Spitze nahm, so daß das Sozialistengesetz sich nationalem Bürgersinn gegenüber als berechtigte Schutzmaßnahmen gegen Ruhestörung von unten ausnehmen konnte.

Es mag nicht zuletzt an dieser Konstellation gelegen haben, daß die Sozialkritik der Naturalisten sich statt gegen die Struktur der Gesellschaft, in der sie lebten, gegen die Moral richtete, statt gegen Staats- und Gesellschaftsordnung, gegen staatliches und gesellschaftliches Verfahren und Verhalten — und was die offiziell genehme Literatur in Deutschland betrifft, gegen ihre formale, nicht gegen ihre fundamentale Unwahrhaftigkeit.

Andererseits ist es bezeichnend, daß je enttäuschender die sozialen, vor allem aber auch die kulturpolitischen Verhältnisse im jungen Nationalstaat sich dem aufmerksamen Zeitgenossen zu erkennen gaben, deren Kritik am Detail umso stärker die Bejahung des Ganzen mit ausdrückte. Gerade wer sich an gesellschaftlichen Verhältnissen und polizeistaatlichen Massnahmen rieb, hatte es nötig, vor sich selbst und den anderen zu bekräftigen, wie national er doch gesinnt sei. So konnte es zu der merkwürdigen Schizophrenie im nationalen Bewußtsein zwischen uneigentlicher und eigentlicher Deutschheit kommen. Gerade aus den Fehlern und Unterlassungen des nationalen Staates erhob sich ein fast mystisches Bild des Nationalen, der „wirklichen“, „wahren“ Eigenschaften der Nation. Wir haben gesehen, daß die Brüder Hart 1882 forderten, daß die neue Literatur „echt national“ sei, daß sie „auf dem nationalen Staate basieren“ müsse. Sie waren naiv genug, ein „Reichsamt“ für die neue Literatur zu fordern, dem Henckell etwas später und noch naiver ein „Reichsamt für Volksliteratur“ zum Nutzen der Armen zugesellen will. Ja, die Presse soll uniformiert und kontrolliert werden; ausgerechnet unsere Revolutionäre träumen von der „Allgemeinen Reichs- und Volkszeitung“. Die erste Ernüchterung und Enttäuschung spiegelt sich 1885 bei Bleibtreu, wenn er — gegen die Hartschen Reichsamtsträume — sagt: „Staatssubvention ... erbetteln wir bei Bismarck und seinen Preussen nicht .„. . Vielleicht hat das ideal produktive Wirken des deutschen Dichters es ihm allein ermöglicht, die so lang vorbereitete Einigung Deutschlands an seinen Namen zu knüpfen ...“

Wie „deutsch“ zu einem Inbegriff wird, der selbst an den Realitäten fremder Staatsbürgerschaft, ja, fremder Sprachen, nicht halt macht, beweist Leo Bergs Begeisterung für das Deutsche an Shakespeare und vor allem Ibsen: „Deutsch ist ... Wahrheitsliebe, und der Mut, sie zu bekennen, deutsch ist Mannesmuth ... unbändige Kampfeslust ... Deutsch ist ...Stolz ... aber auch jenes Gefühl ...das Gefühl des Auf sich allein gestelltseins.“

Auch sie waren „auf sich allein gestellt“, die jungen bürgerlichen Idealisten, und der gute Engel obrigkeitlicher Stumpfheit hat sie vor Reichsämtern und Allgemeiner Volks- und Nationalzeitung bewahrt, die ihren Enkeln fünfzig Jahre später beschert wurden. Es war nur zu begreiflich, daß sie sich nach Bundesgenossen umsahen, daß sie ihre natürlichen Verbündeten in den „Erniedrigten und Beleidigten" sahen, für deren Los sie sich mit „Mannesmuth" und „Kampfeslust", vor allem aber mit „deutscher Wahrheitsliebe" einsetzten. Daß sie gerade mit der Wahrheitsliebe, mit der sie die Leiden der unteren Schichten darstellten, bei diesen nicht ankamen, daß ihr guter Wille an der Ehrpusseligkeit der kleinbürgerlichen Selbstauffassung in der Arbeiterschaft und der Parteidisziplin der Arbeiterbewegung mehr oder weniger abprallte, muß besonders enttäuschend gewesen sein. Vielleicht liegt hier eines der Gründe dafür, daß — ganz ähnlich wie das Wort „deutsch" — auch das Wort „Volk" den Realitäten im Volk gegenüber eine mystische Irrealität gewinnt. Das „Volk" und natürlich das „deutsche Volk" ist mehr, tiefer, besser, ursprünglicher als die konkrete Wirklichkeit der Stände, einschließlich des vierten. Im Volksbegriff schwingt sowohl eine nationale als auch eine proletarische Komponente mit — und beide haben einen insgeheim eschatologischen Akzent. „Allvereinend" soll sie — nach Henckell — sein, die „Volkesdichtung, Volkesweisheit, Volkeskunst", und sie muß, wie Wille fordert „in erster Linie den sogenannten produktiven Ständen, dem Industriearbeiter, dem Kleinhandwerkerthum wie dem Kleinbauernthum" zugänglich gemacht werden und zwar „im Dienste wahrer Geistes- und Herzenskultur." Wer diese Impulse und ihren sprachlichen Ausdruck nur an ihren späteren Degenerationen und Perversionen mißt, täte den Naturalisten unrecht. Immerhin sind ihre Bühnenvereine eine bleibende Leistung für das „Volk", dessen „sogenannte produktive Stände" zwar bis auf den heutigen Tag die theatralische Konfrontation mit sich selbst — wenn schon, dann nur als überwundenes Stadium der Geschichte — schätzen, aber immerhin teilhaben konnten an Genüssen, von denen sie bisher ausgeschlossen waren.

Die Tatsache, daß man sich offenbar nach allen möglichen Seiten der Kritik ausgesetzt, Mißfallen und Mißtrauen erregt hatte, mag Anlaß dazu gegeben haben, die eigene Position zu überprüfen. 1887 kommt es im „Verein Durch" zur Revision des Begriffes Naturalismus, der ursprünglich ja nur eine Antithese zum „Formalismus" der Epigonenliteratur, d. h. eine unliterarische Kampfansage gewesen war, die allmählich erst ihren ausgesprochen sozialkritischen Nebensinn erhalten hatte. Es war vor allem dieser Nebensinn, der Anstoß erregt hatte, und so umreißt denn auch Berg 1887 in seinem von Wille protokollierten Vortrag „Idealismus- Realismus-Naturalismus", worauf man sich nun konzentrieren sollte. Idealismus wird nach wie vor abgelehnt, weil er die Natur darstelle, wie sie irgend einem Ideal gemäß sein sollte". Naturalismus dagegen will die Natur darstellen, „wie sie ist". Dabei sei es aber zu einer Verfälschung gekommen, weil — in allzu scharfer Gegenposition zum Idealismus — die Naturalisten mit Vorliebe dargestellt hatten „was so nicht ist, wie es sein sollte, also das ästhetisch und moralisch Beleidigende". Berg empfiehlt seinen Zuhörern „diejenige Geschmacksrichtung, welche die Natur darstellen will, wie sie ist, und dabei auch in Übertreibungen verfällt. Der Realist weiß, daß die Wahrheit allein frei macht . . . Durch die objektive Betrachtung der gesellschaftlichen Verhältnisse wird ferner der Realist in eine Gemütsverfassung geraten, welche ihn über die Stoffe seiner Darstellung eine eigenartige Beleuchtung ausgiessen läßt." Gemeint sind Gerechtigkeitsgefühl und Erbarmen. Diese kunsttheoretischen oder besser kunstmoralischen Überlegungen ergänzt Eugen Wolff 1888: „Unbedingter Naturalismus ist sklavische Wiedergabe der Wirklichkeit." Auch die Brüder Hart wenden sich 1889 gegen „den tendenziösen, einseitig pessimistischen Naturalismus" und wollen „alles Große, Echte, Tiefe."

Mitten in diese Selbstrevisionen — aus denen die Literaturwissenschaft mit ihrer Neigung zu klaren Abgrenzungen von Strömungen bisher nicht genügend gefolgert hat — trifft auf dem Weg über Bölsche die Begegnung mit dem Darwinismus, d. h. mit einer neuorientierten Biologie und Psychologie. Bölsches harte Worte: „Jene Utopien von einer Literatur . . .die . . . unsere Literatur der Convenienz und der sanften Bemäntelung wegfegen soll, ‚bedeuten mir gar nichts" mögen manche allzu einseitigen Literaturrevolutionäre betroffen haben. Wenn er „eine geschickte Bethätigung besseren Wissens auf psychologischen Gebiet" fordert und unumwunden erklärt: „ . . .die Grundlage dazu ist Fühlung mit den Naturwissenschaften", so ist dazu wohl zu sagen, daß unsere Vereins- und Gruppenfreunde selbst die entsprechenden Folgerungen nicht gezogen haben. Sowohl der Realismus als auch „die geschickte Bethätigung psychologischen Wissens" sind die Domänen älterer und jüngerer Dichter geblieben bzw. geworden, wobei in erster Linie an Fontane und den jungen Thomas Mann zu denken wäre. „Gerechtigkeitsgefühl und Erbarmen" haben nahezu alle Personen, von denen unsere Arbeit gehandelt hat, davon abgehalten, jenem gefährlichen

Sozialdarwinismus auf den Leim zu gehen, der so unvermutet wie folgerichtig am Kreuzweg von aufklärerischem Fortschrittsglauben, rasanter Industriealisierung auf liberalistischer Grundlage, biologischem Verständnis des Menschen und nationaler Selbstbehauptung steht. Veranlagung und Neigung trieben die Naturalisten vielmehr auf ein Nebengleis zwischen Literatur und Sozialkritik: die Bildungspolitik ihrer Bühnenvereine, die sich — im Großen und Ganzen gesehen — als gelungen und fruchtbar erwies. Daß es auch dabei zu Meinungsverschiedenheiten kam, daß Maximilian Harden aus dem Verein „Freie Bühne" austrat, weil er ihm zu „rot" war, daß der Zeitschrift „Freie Bühne" nachgesagt wurde, sie sei „zu links", daß organisierte Arbeiter andererseits glaubten, ohne die Schriftsteller auskommen zu können, das ist Rankenwerk des Tagesgeschehens. Von heute aus gesehen mutet noch Willes Sozialismus bürgerlich an, und selbst Franz Mehring hat bildungspolitisch nichts anderes erreicht als bürgerliches Theater für Arbeiter.

Es ist für das Gesamtbild der Berliner Naturalisten nicht ausschlaggebend, ob der eine mehr nach links, der andere mehr nach rechts tendierte, ob Mackay erklärter Anarchist, Eugen Wolff zum engagierten Naturalisten wurde. Beide Tendenzen waren, wie wir gesehen haben, von vornherein angelegt und entwickelten sich im Zusammenspiel von individuellen Umständen, Charakter und den Gegebenheiten des Tages und der Stunde. Ausschlaggebend ist vielmehr der Rückzug in eine gemeinsame Privatheit in Friedrichshagen unter eben den Gegebenheiten von Tag und Stunde. Es handelt sich dabei um keine dramatische Öffentlichkeitsflucht oder eine „innere Emigration". Dazu war die öffentliche Meinung im Kaiserreich denn doch zu polyphon und, nach Aufhebung des Sozialistengesetzes, die Einstellung der Behörden gegenüber Außenseitertum und Extravaganzen denn doch zu liberal. Man kann den Rückzug aus der Großstadt eher objektiv als Ermüdung des Kampfgeistes unserer Schriftsteller werten, die dabei subjektiv durchaus das Gefühl hatten, gerade jetzt zu neuen Ufern vorzustoßen. Nichts ist bezeichnender, als daß Julius Hart Friedrichshagen eine Art „Kamerun für die großstadtmüde junge Berliner Literatur" nennt. Erst jetzt haben sie das Gefühl, Ernst mit der „Kunst, die ganz Natur sein wollte" zu machen. Kamerun, die Kolonien überhaupt, waren Ventile für den Dampf und Überdruck des Industriestaates, Neuland und unberührte Natur, und zu-dem noch Bestätigung des nationalen Prestiges. Es lohnte sich, der Frage einmal nachzugehen, ob der verspätete deutsche Kolonialismus die Naturschwärmerei des ausgehenden alten Jahrhunderts nicht mindestens gefördert hat. Nicht auszuschließen ist auch die Vermutung, daß der Gewinn an Weite und Abenteuer, der ja nur den wenigsten und wohl kaum den Schriftstellern persönlich vergönnt war, im Umschlag die Heimatkunst gefördert hat — nicht im Sinne eines Ressentiments der Zuhausegebliebenen — aber vielleicht als Entdeckungsreise zu den Quellen der Natur ins Vertraute, das man lange nicht beachtet hatte und das es nun mit anderen Augen zu sehen galt.

Zivilisationsmüde schreibt Heinrich Hart von einer Reise in den Norden 1891: „Ich habe ein Stück Erde entdeckt, wo man Mensch sein kann, ja vielleicht es sein muß. Mensch und nicht Staats- oder Gesellschaftstier, nicht Glied oder Nummer, nicht Sklav der Verhältnisse und Meinungen, — nur Mensch. Ein Stück Erde, das Einsamkeit ausströmt, wie eine Steppe Sibiriens. Und doch keine Oede ist." (271) Und zu dem, was sich zu Hause rührt, schreibt Bölsche — es handelt sich um einen Aufsatz von Avenarius im Kunstwart: „In Wahrheit hat das, was Avenarius will, zu Beginn *jeder* unserer vielen Schriftstellerverbände gewollt. Jeder wollte die Elite haben, jeder machte später Conzessionen, jeder erlag den Verhältnissen, die sind. Wollen wir etwas Neues, Niedagewesenes, so ist es: Kritik dieser Verhältnisse. Aber damit gründet man keine Vereine " „Es ist so und bleibt so: *Allein* müssen wir uns durchbeißen. Ein paar Freunde, ein paar Gesinnungsgenossen, bei denen immer auch das Risiko ist, daß sie morgen von uns abfallen, weil wir eigene Wege gehen, — eine Fülle von Consessionen, in denen nur das noch grade retten kann, daß wir uns wenigstens mit Ekel bewußt bleiben, daß es Conzessionen sind, — und ein Bißchen Zukunftshoffnung ein ganz fernes Lichtbild, in dem all die Fünkchen von heute sich einen, ein tiefes unauslöschliches Vertrauen auf *ein* ‚Volk‘, das denn doch noch — sei es auch vorerst schlummernd — hinter jenen ‚Gebildeten‘ steht und an das zu glauben sich bei aller Production im Sinne des alten ‚Auch Einer‘ ‚von selbst versteht‘ — . . . und etwas Humor, der die Dinge nicht allzu Ernst nimmt, da der Mensch doch nun mal leben muß, das dürfte genügen, — *muß* genügen."

271 H. Hart, Hochlandsbriefe aus dem Norden, FB 1891, S. 837—841.
272 W. Bölsche, Vom deutschen Schriftstellerstand, FB 1891, S. 989—990.

LITERATURVERZEICHNIS

Quellen

A. Quelleneditionen

Wolfgang Liepe (Hrsg.) Protokolle des Vereins ,,Durch". Faksimiledruck durch die
  Wissenschaftliche Gesellschaft für Literatur und Theater, Kiel 1932
Hans Röhl (Hrsg.) Aus Bekenntnis und Dichtung. Ein Hilfsbuch für höhere Schulen.
  In: Deutschkundliche Bücherei, Quellenstoffe und Meisterwerke. Hrsg. von
  Dr. G. Wenz, Leipzig 1926
Erich Ruprecht (Hrsg.) Literarische Manifeste des Naturalismus 1880--1892. Stutt-
  gart 1962
Katalog: Gerhart Hauptmann. Leben und Werk. Eine Gedächtnisausstellung des
  Deutschen Literaturarchivs zum 100. Geburtstag des Dichters im Schiller-
  Nationalmuseum, Marbach a. N., 1962 vom 13. bis 31. Oktober 1962

B. Die wichtigsten Publikationsorgane naturalistischer Autoren

	Abkürz.
Deutsche Monatsblätter. Bremen 1878—1879.	
Kritische Waffengänge. Leipzig 1882—1884.	KW
Berliner Monatshefte für Literatur, Kunst und Theater. Leipzig 1885.	
Die Gesellschaft. München 1885.	Gesellsch.
Das Magazin für die Literatur des In- und Auslandes. Ab 1886. München.	Magz.
Litterarische Volkshefte. Berlin. 1887 ff.	Lit. Volksh.
Kritisches Jahrbuch. Hamburg 1889—1890.	Kr. Jb.
Freie Bühne, Die Neue Rundschau. Berlin 1890 b. heute	FB
Der Kunstwart. 1887 Selbstverlag. Ab 1894 München.	

C. Theoretisch-kritische Schriften einzelner naturalistischer oder dem Naturalismus nahestehender Autoren aus den Jahren 1885–1893.

Wilhelm Arent (Hrsg.) Moderne Dichtercharaktere. Leipzig 1885

Conrad Alberti (Pseudonym für Konrad Sittenfeld) Aufzeichnungen über die europäische Gesellschaft (Rez.) Magz. 1885,, S. 711—713.

Unser Geschichtsunterricht. Magz. 1886, S. 449–452.
Zur Pathologie der deutschen Literatur. Magz. 1887, S. 196–198, S. 215–217.
Kunst und Darwinismus. Magz. 1887, S. 313–316, 330–333.
Idealismus und Philistertum. Magz. 1888, S. 141–143.
Die Bourgeosie und die Kunst. Gesellsch. 1888, S. 822–841.
Karl Frenzel und der Realismus. Gesellsch. 1888, S. 1032–1042.
Cicero oder Darwin. Gesellsch. 1888, S. 217.
Die zwölf Artikel des Realismus. Ein litterarisches Glaubensbekenntnis. Gesellsch. 1889, S. 2–9.
Kunst-Patriotismus–Chauvinismus. Gesellsch. 1889, S. 1140.
Zum Glaubensbekenntnis des Realismus. Gesellsch. 1889, S. 1167.

Hermann Bahr
Zur Kritik der Moderne. Gesammelte Aufsätze Bd. 1. Zürich 1890.
Die Überwindung des Naturalismus. Als zweite Reihe von: Zur Kritik der Moderne. Dresden und Leipzig 1891.
Satanismus. FB 1892, S. 383–388.

Leo Berg, Das eiserne Zeitalter der Litteratur. Magz. 1886, S. 529–531
Zur Moral der Kritik. Magz. 1888, S. 722–723.
Haben wir überhaupt noch eine Litteratur? Großenhain und Leipzig 1888.
Zwischen zwei Jahrhunderten. Gesammelte Essays. Frankfurt a. M. 1896
Der Übermensch in der modernen Litteratur. Ein Kapitel zur Geistesgeschichte des 19. Jahrhunderts. Paris, Leipzig, München 1897
Henrik Ibsen, Studien, Köln, Berlin, Leipzig 1901 (erstmalig 1887 Berlin)
Der Naturalismus. Zur Psychologie der modernen Kunst. München 1892.
Das sexuelle Problem in Kunst und Leben. Berlin 1901 (5. stark vermehrte Auflage).
Isten, Asten und Janer. Moderne Blätter, Jg. 1, 1891, H. 7.

Otto Julius Bierbaum
Bemerkungen zu Conrad Albertis ‚Zwölf Artikeln des Realismus‘ Gesellsch. 1889, S. 670–677.
Moderne Pamphletenschreiberei. FB 1893, S. 1330–1333.
Martin Möbius (Pseudonym für Bierbaum). Steckbriefe, erlassen hinter dreizig Uebelthätern gemeingefährlicher Natur. Berlin und Leipzig 1900.

Karl Bleibtreu
Die deutsche Literaturentwicklung (Rez.) Magz. 1885, S. 781 ff.
Andere Zeiten, andere Lieder. Gesellsch. 1885, S. 891 ff.
Das Preussentum und die Poesie. Gesellsch. 1885, S. 18.
Max Kretzer ‚Drei Weiber‘ (Rez.) Magz. 1886, S. 308–310.
Neue Realisten. Magz. 1886, S. 814 ff.
Revolution der Literatur. Leipzig 1886.
Größenwahn des Militarismus. Gesellsch. 1886, S. 92–97.

Nachschrift zum „Größenwahn des Militarismus". Gesellsch. 1886.

Über Realismus Magz. 1887, S. 385 ff.

Das jüngste Deutschland. Magz. 1887, S. 553 ff.

England über Bismarck. Gesellsch. 1887, S. 45—54.

Die deutschen Fehler der Siebenbürger Sachsen. (Rez.) Gesellsch. 1887, S. 219—225.

„Größenwahn". Bemerkungen zu seinem eigenen Roman. Magz. 1888, S. 148 ff.

Realismus und Naturwissenschaft. Gesellsch. 1888, Litterarisch- Kritische Rundschau Nr. 1, S. 2—3.

Wilhelm Bölsche

Die naturwissenschaftlichen Grundlagen der Poesie. Prolegomena einer realistischen Aesthetik. Leipzig 1887.

Charles Darwin und die moderne Aesthetik. Kunstw. 1887/88, S. 125.

Eduard von Hartmanns ,Philosophie des Schönen'. Eine Grabrede auf die schematisierende Aesthetik der Gegenwart. Kr. Jb. 1889, S. 9—29.

Papa Hamlet. (Rez.) Kr. Jb. 1890, S. 106.

Die Poesie der Großstadt. Magz. 1890, S. 622—625.

Moderne Medizin. FB 1890, S. 745—748.

Ein Buch vom deutschen Roman (Rez.) FB 1890, S. 777—781.

Naturforschende Aesthetiker und ästhetisierende Naturforscher. FB 1890, S. 820—823.

Lombroso. FB 1890, S. 875—877.

Widerstrebet nicht dem Übel in der Litteratur. FB 1890, S. 889—892.

Der Naturforscherblick. FB 1890, S. 937—940.

Hamerlings ,Atomistik des Willens'. FB 1890, S. 1149—1153.

Hinaus über den Realismus. FB 1890, S. 1047—1050.

Schliemann. FB 1891, S. 12—14.

Die Weltanschauung der Jahrhundertwende. FB 1891, S. 33—35.

Der ,billige' Schopenhauer. FB 1891, S. 105—108.

Sudermann auf der ,Freien Volksbühne' FB 1891, S. 145—147.

Der Jugendunterricht und die Thatsachen der Embryologie. FB 1891 S. 257—261, S. 310—314.

Ein Wörtchen an Wilhelm Jordan. FB 1891, S. 381—383.

Heiteres zur Psychologie der Zukunft. FB 1891, S. 503—505.

Wilhelm Weber. FB 1891, S. 633—637.

Eine etymologische Lösung der sozialen Frage (Rez.) FB 1891, S. 748—750

Zur Aesthetik der Confusion. FB 1891, S. 771—773.

Vom deutschen Schriftstellerstand. FB 1891, S. 1049—1053.

Häckel's Anthropogenie in neuem Gewande. FB 1891, S. 1097—1104.

Wankt unsere moderne naturwissenschaftliche Weltanschauung? FB 1892, S. 62—67.

Neues zur Erinnerung an Gustav Theodor Fechner. FB 1892, S. 358—366.

Über den Berliner Verein für ethische Kultur. FB 1892, S. 1001—1004.

Ernst Renan. FB 1892, S. 1113—1115.

Vom ethischen Konzil zu Berlin. FB 1892, S. 1192—1201.
Die Angst vor der Aufklärung. FB 1893, S. 206—208.

Otto Brahm

Die Lügen der Presse. FB 1890, S. 104—106.
Raus. FB 1890, S. 317—319.
Der Verein ‚Deutsche Bühne'. FB 1890, S. 325.
Persönliche Beziehungen. FB 1890, S. 338 f.
Goethe Philologie. FB 1890, S. 637—640.
Die Freie Volksbühne. FB 1890, S. 713—715.
Sittliche Entrüstung. FB 1890, S. 817—820.
Naturalismus und Sozialismus. FB 1891, S. 241—243.
Journalistische Fälle. FB 1891, S. 644—646.
Theater. FB 1891, S. 822—823.

Hermann Conradi

Moderne Dichtercharaktere. Leipzig 1885. Daraus Einleitung S. I—IV Unser Credo.
Gesammelte Schriften. 3 Bde. Hrsg. von Dr. Paul Ssymank u. Gustav Werner Peters.
München und Leipzig 1911. Besonders wichtige Einzelbeiträge daraus:
Bd. 1: Vorwort zu: Lieder eines Sünders. 1887, S. 39—47.
Aphorismen. S. 233—238.
Bd. 2: Das deutsche Nationaldrama. 1886, S. 14—24.
Ein Brief aus der Verbannung. 1889, S. 54—79.
Noch ein Brief aus der Verbannung. 1889, S. 79—95.
Daniel Leßmann. 1885, S. 135—181.
Aus der ältesten Hölty-Biographie. 1886, S. 205—221.
Die Dialektdichter der Gegenwart. 1886, S. 276—279.
„Quartett". Dichtungen (Rez.) 1886, S. 283—286.
„Der Dämon des Neides" (Rez.) 1889, S. 384—392.
Zum Begriff der induktiven Literaturpsychologik. 1889, S. 96—122
Bd. 3: Brutalitäten. Vorbemerkung. 1885, S. 57—62.
Wilhelm II und die junge Generation. Eine zeitpsychologische Betrachtung. 1889, S. 309—446.
Ein Kandidat der Zukunft — Uebergangsmenschen (Bruchstück) 1889, S. 449—481
Näheres über den Ersterscheinungsort der Einzelbeiträge ist aus den Gesammelten Schriften zu entnehmen.
„Faschingsbrevier für 1885", Hrsg. von Johannes Bohne u. Hermann Conradi, Zürich 1885/86.

Paul Ernst

Arne Garborg, Produktion und Publikum. FB 1890, S. 138—142.
Ein neues Dogma. FB 1890, S. 349—350.
Frauenfrage und sociale Frage. FB 1890, S. 423—426.
Friedrich Nietzsche. Seine historische Stellung. FB 1890, S. 489—491.
Seine Philosophie. FB 1890, S. 516—520.
Eine neue Moralphilosophie (Rez.) Magz. 1890, S. 259—260.

Ludwig Fulda
Ueber historische und ästhetische Betrachtung. Magz. 1885, S. 675—677.
Moral und Kunst. FB 1890, S. 7—9.

Max Halbe
Polemik. Eine Gesellschaftskrankheit. FB 1890, S. 361—364.

Maximilian Harden
Die Freie Bühne in Berlin. Magz. 1890, S. 209—212.

Heinrich Hart
Neue Welt. Deutsche Monatsblätter 1878, S. 14—23.
Kritische Waffengänge. 1882—1884. H. 1—6, Leipzig. (Heinrich und Julius Hart)
Erstes Heft 1882:
Wozu, Wogegen, Wofür. S. 3—8.
Der Dramatiker Heinrich Kruse. S. 9—58.
Zweites Heft:
Offener Brief an den Fürsten Bismarck. S. 3—8.
Paul Lindau als Kritiker. S. 9—43.
Für und gegen Zola. S. 44—55.
Drittes Heft:
Hugo Bürger. S. 3—51.
Ein Lyriker à la mode. S. 52—68.
Viertes Heft 1883:
Das deutsche Theater des Herrn L'Arronge. S. 3—69.
Fünftes Heft:
Graf Schack als Dichter. S. 3—64.
Sechstes Heft 1884:
Friedrich Spielhagen und der deutsche Roman der Gegenwart. S. 3—74.
Aus Berliner Monatsheften. Minden i. Westf. 1885. Hrsg. H. Hart Zum Geleit.
S. 1—2.
Die neue Litteratur. S. 397—399, 496—499.
Zur Literaturgeschichte Franz Hirsch'. Magz. 1885, S. 781—785
Heinrich Hart Gesammelte Werke in drei Bänden. Hrsg. v. Julius Hart, Wilhelm Bölsche, Dr. Hans Beerli, Wilhelm Holzhamer, Franz Hermann Meißner. Berlin 1907.
Aus Bd. III *Ausgewählte Aufsätze:*
Fürst Bismarck und sein Verhältnis zur deutschen Literatur 1885, S. 257—267
Etwas über Theaterreform. 1887, S. 242—252.
Über den Lebenswert der Poesie. 1889, S. 212—233.
Physignomik und Kulturgeschichte. 1889, S. 233—242.
Am Ausgang des neunzehnten Jahrhunderts. 1890, S. 159—200.
Ein Typus. 1892, S. 285—295.
Höhenaussicht. 1893, S. 125.

Eugen Dühring und die moderne Literatur. 1893, S. 295–315.
Aus: Kritisches Jahrbuch 1889, Vorwort. S. 3–7, H. 1
Die realistische Bewegung. S. 40–56.
Schriftsteller und Dichter. S. 149–155.
„Der Kampf um das Dasein der Literatur" (Rez.) S. 139.
Der Kampf um die Form der zeitgenössischen Dichtung. H. 2, 1890, S. 38–77.
Das Ende der Religion. FB 1891, S. 7–12.
Der Kulturwerth der Musik. FB 1891, S. 185–188.
H ochlandsbriefe aus dem Norden . FB 1891, S. 837–841
Columbus. FB 1892, S. 1083–1088.
M. von Egidy. FB 1892, S. 1288–1293
Mit und ohne Dühring. FB 1893, S. 210--215.

Julius Hart
Aus. Kritisches Jahrbuch 1889
Eine schein-empirische Poetik. S. 29–39.
Das französische Sittendrama. S. 57–72.
Phantasie und Wirklichkeit. S. 72–88.
Max Kretzers ‚Bürgerlicher Tod‘. (Rez.) S. 101–107.
Leo Bergs ‚Haben wir überhaupt noch eine Literatur? ‘ (Rez.) S.147–149
Soziale Lyrik. FB 1890, S. 1079–1082.
Wer ist der Begründer der ‚Freien Volksbühne‘? FB 1891, S. 243–245.
Ein Katechismus für das deutsche Volk. (Rez.) FB 1891, S. 316–328.
Freie Liebe. FB 1891, S. 369–372, 396–400, 445--448.
Der Kampf des Christentums wider den Sozialismus. FB 1891, S. 585–588, S. 609–614, 637–642.
Alte und neue Sittlichkeit. FB 1891, S. 785–789, 863–866.
Ein sozialdemokratischer Angriff auf das ‚jüngste Deutschland‘. FB 1891, S. 913–915.
Licht aus dem Dunkel. FB 1891, S. 1121–1124, 1197–1202
Der Streit um die ‚Freie Volksbühne‘. FB 1892, S. 1226–1229.

Karl Henckell
Die neue Lyrik. 2. Einleitung zu: Moderne Dichtercharaktere. Hrsg. von W. Arent.
Über Volkslitteratur. Berliner Monatshefte 1885. S. 659–571.

Peter Hille
Janssen als Historiker. Gesellsch. 1887, S. 150–152.

Arno Holz
Zola als Theoretiker. FB 1890, S. 101–104.
Die neue Kunst und die neue Regierung. FB 1890, S. 165–168.
Die „dunkle Materie" im Abgeordnetenhaus. FB 1890, S. 344–347.
Die Kunst. Ihr Wesen und ihre Gesetze. Berlin 1891

Max Kretzer
Zur Entwicklung und Charakteristik des „Berliner Romans". Magz. 1885, S. 669—671.
Modelle. Magz. 1886, S. 418—421.
Der litterarische Johannestrieb Paul Lindaus. Magz. 1887, S. 7—9.
„Im neuen Sparta." (Rez.) Magz. 1890, S. 276—278.

Fritz Küster
Ein Stückchen Berliner Zoologie. FB 1891, S. 83.

Gustav Landauer
Religiöse Erziehung. FB 1891, S. 137.

Oskar Linke
Eduard von Hartmann, der Philosoph der Zukunft. Gesellsch. 1887, S. 468—480

Johannes Schlaf
Prüderie. FB 1890, S. 161—164.
Neue deutsche Lyrik. FB 1892, S. 853—862.
Walt Whitman. FB 1892, S. 977—988.

Paul Schlenther
Der Freien Bühne erstes Kriegsjahr. Persönliche Gegner. FB 1890, S. 537—540. Ein Gegner der Sache. S. 561—566
Der Ausgang des Prozesses Häckel—Hamann. FB 1893, S. 1131.
Der Verein Berliner Presse. 1862—1912. Berlin 1912.

Bruno Wille
Die Freie Volksbühne. Magz. 1890, S. 653—656.
Aufruf zur Gründung einer „Freien Volksbühne". FB 1890. S. 260—261.
Der Mensch als Massenglied. FB 1890, S. 865—869.
Das gescholtene Märchen. FB 1890, S. 940—944.
Tolstois Verherrlichung der Körperarbeit. FB 1891, S. 57—62.
Der Naturprediger Guttzeit. FB 1891, S. 376—381.
Tendenz in der Poesie. FB 1891, S. 495—498.
Christlicher Anarchismus? FB 1891, S. 560—566.
Die Freie Volksbühne und der Polizeipräsident. FB 1891, S. 637—677.
Tönnies Kritik des Strafrechts. FB 1891, S. 746—748.
Zur Kellnerinnen-Bewegung. FB 1891, S. 814—817.
Die Mittagsgöttin. FB 1891, S. 841—845.
Die Kaste vom überspannten Hirn. FB 1891, S. 881—885, 905—909.
M. v. Egidys ,Ernstes Wollen'. FB 1891, S. 1169—1173.
Eine Dichtung Mackays. FB 1891, S. 1251—1255.

Philosophie des reinen Mittels. FB 1892, S. 21–31, 145–154, 278–288, S. 406–416, 528–538.
Die Betäubung des Gewissens durch Alkohol und Nicotin (zu Tolstol) FB 1892, S. 983–985.
Moralische Stickluft. FB 1893, S. 816–821.
Socialaristokratie. FB 1893, S. 914–920.

Eugen Wolff
Die jüngste deutsche Litteraturströmung und das Prinzip der Moderne. Vortrag im „Durch". Abgedruckt erstmalig in „Litterarische Volkshefte" 1888, H. 3, 5.
Zehn Thesen. Deutsche Universitätsztg. 1888, Jg. 1, Nr. 1 (Magz. 1886)
Der Naturalismus im Spiegel der Geschichte. Magz. 1888, S. 777–780.
Geschichte der Deutschen Literatur. Leipzig 1896

Ernst von Wolzogen
Humor und Naturalismus. FB 1890, S. 1244–1250.

D. Autobiographien, Tagebücher, Briefe

Hermann Bahr In Erwartung Hauptmanns. Aus: Mit Gerhart Hauptmann. Erinnerungen und Bekenntnisse aus seinem Freundeskreis. Hrsg. von Heinrich Heynen. Berlin 1922.
dergl. Selbstbildnis. Berlin 1923.
Wilhelm Bölsche Hinter der Weltstadt. Friedrichshagener Gedanken zur ästhetischen Kultur. 1904.
Otto Brahm Briefe und Erinnerungen, mitgeteilt von Georg Hirschfeld, Berlin 1925.
Michael Georg Conrad Von Emile Zola bis Gerhart Hauptmann. Erinnerungen zur Geschichte der Moderne. Leipzig 1902.
Hermann Conradi Phrasen. Roman. (autobiographisch) Leipzig 1887.
Richard Dehmel Ausgewählte Briefe aus den Jahren 1883–1902. Berlin 1922.
Paul Ernst Jünglingsjahre. München 1931.
Max Halbe Scholle und Schicksal. München 1933
Adalbert von Hanstein Das jüngste Deutschland. Zwei Jahrzehnte miterlebter Litteraturgeschichte. Mit 113 Schriftsteller-Bildnissen. Leipzig 1900.
Heinrich Hart Literarische Erinnerungen. Berlin 1907.
dergl. Peter Hille. Berlin und Leipzig. 1904.
Julius Hart Vom Schreibtisch und aus dem Atelier. Die Entstehung der „Freien Bühne". Persönliche Erinnerungen. Velhagen & Klasings Monatshefte. 24. Jg. 1909/1910, 1. Bd.
dergl. Vom Schreibtisch und aus der Werkstatt. Mein erster Winter in Berlin. Aus meinen Lebenserinnerungen. Velhagen & Klasings Monatshefte, 33. Jg. 1918/1919, 1. Bd.

dergl. Friedrichshagen. Aus meinen Lebenserinnerungen. Velhagen & Klasings Monatshefte, 33. Jg. 1918/1919, 1. Bd.

dergl. Friedrichshagen II. Velhagen § Klasings Monatshefte, 33. Jg., 2. Bd.

Otto Erich Hartleben Tagebuch. Fragment eines Lebens. 1.—3. Aufl. München 1906.

Carl Hauptmann Leben mit Freunden. Gesammelte Briefe. Berlin-Grunewald 1928.

Gerhart Hauptmann Das Abenteuer meiner Jugend. 2 Bde. Berlin 1937, 1.—5. Auflage.

Arno Holz Briefe. Hrsg. von Anita Holz u. Max Wagner. München 1948

Detlev von Liliencron Ausgewählte Briefe. 1. Bd. Hrsg. von Richard Dehmel, Berlin 1910.

dergl. Briefe an Hermann Friedrichs aus den Jahren 1885—1889. Mit Anmerkungen von H. Friedrichs Berlin 1910.

Wilhelm Friedrich, an Detlev von Liliencron. Dichter und Verleger. Briefe. Hrsg. von Walter Hasenclever. München und Berlin, 1914.

Johannes Schlaf Aus meinem Leben. Band 29 der Halleschen Nachrichtenbücherei. Halle 1941.

Paul Schlenther Wozu der Lärm? Genesis der Freien Bühne. Berlinn 1889

Wilhelm Spohr O ihr Tage von Friedrichshagen! Erinnerungen aus der Werdezeit des deutschen literarischen Realismus. Berlin 1910.

Hermann Sudermann Das Bilderbuch meiner Jugend. Stuttgart und Berlin 1922.

Bruno Wille Aus Traum und Kampf. Mein 60jähriges Leben. Berlin 1920.

dergl. Erinnerungen an Gerhart Hauptmann und seine Dichtergeneration. In: Mit Gerhart Hauptmann. Erinnerungen und Bekenntnisse aus seinem Freundeskreis. Hrsg. von Heinrich Heynen. Berlin 1922.

dergl. Das Gefängnis zum Preussischen Adler. Jena 1914.

Eugen Wolff Zwölf Jahre im litterarischen Kampf. Studien und Kritiken. Oldenburg und Leipzig 1901.

Ernst von Wolzogen Wie ich mich ums Leben brachte. Erinnerungen und Erfahrungen. Braunschweig und Hamburg 1922.

E. Ungedruckte Quellen

Bundesbuch der freien litterarischen Vereinigung „Durch". Gestiftet am 25. Juno 1886. Handschriftlich. (Im Besitz des Schiller-National-Museums Marbach).

Briefe: (Im Besitz des Schiller-National-Museums Marbach)

an Leo Berg

Heinrich Hart, Brief wahrscheinlich vom 29. 10. 1897.

Karl Henckell, Brief vom 25. 9. 1891.

J. H. Mackay, Brief vom 4. 3. 1897.

Johannes Schlaf Brief vom 2. 9. 1888.

Briefe von Richard Dehmel an
Heinrich Hart, Brief vom 1. 9. 1891.
Georg Ebers, Brief vom 26. 8. 1893.

Brief von Wilhelm Bölsche an
Georg Ebers vom 9. 11. 1891

SEKUNDÄRLITERATUR

Schriften über den Naturalismus

1890—1914

JOSEF ETTLINGER, Die neue Freie Volksbühne, Geschichte ihrer Entstehung und Entwicklung. Berlin 1905

FRIEDRICH KIRCHNER, Gründeutschland. Ein Streifzug durch die jüngste deutsche Dichtung. 2. unv. Auflg. Wien Leipzig 1893

SAMUEL LUBLINSKI, Die Bilanz der Moderne. Cronbach 1904

—   Der Ausgang der Moderne. Ein Buch der Opposition. Dresden 1909

FRANZ MEHRING, Zur Literaturgeschichte von Hebbel bis Gorki. Berlin 1929. Darin folgende Aufsätze aus früherer Zeit:

—   Etwas über Naturalismus. S. 103 ff (erstmlg. in „Die Volksbühne" I, 1892/93, H. 2

—   Der heutige Naturalismus. S. 106 ff (erstmlg. in „Die Volksbühne", 1892/93, H. 3

—   Der Naturalismus und die moderne Arbeiterbewegung. S. 294 ff (erstmlg. in „Neue Zeit" XVII, 1. BD. 1899 S. 637)

—   Naturalismus und Neuromantik. S. 108 ff (erstmlg. in „Neue Zeit" XXVI, 2. Bd. 1908)

ALBERT SOERGEL Dichtung und Dichter der Zeit. Eine Schilderung der deutschen Literatur der letzten Jahrzehnte. 5. unveränderte Auflage. Leipzig 1911

WILHELM THAL, Berlins Theater und die „Freien Bühnen". Ein Rückblick. Hagen in W. 1890

1914—1965

ALBRECHT BÜRKEL, Die Zeitschrift Freie Bühne und ihr Verhältnis zur Bewegung des deutschen Naturalismus. Phil. Diss. Heidelberg 1941

HORST CLAUS, Studien zur Geschichte des deutschen Frühnaturalismus. Die deutsche Literatur von 1880—1890. Phil. Diss. Greifswald 1933

LORE FISCHER, Der Kampf um den Naturalismus. (1889—1899). Phil. Diss. Rostock 1930

S. FISCHER, Die Aufnahme des naturalistischen Theaters in der deutschen Zeitschriftenpresse. Phil. Diss. Berlin 1953

W. R. GAEDE, Zur geistesgeschichtlichen Deutung des Frühnaturalismus. The German Review, Bd. 11, 1936

WOLFGANG GROTHE, Die Neue Rundschau des Verlags S. Fischer. In: Archiv für Geschichte und Buchwesens IV, 4/5

MAX GÜNTHER, Die soziologischen Grundlagen des naturalistischen Dramas der jüngsten Vergangenheit. Phil. Diss. Weida 1912

RICHARD HAMANN und JOST HERMAND, Naturalismus. Berlin 1959

HELMUT HLAUSCHECK, Der Entwicklungsbegriff in den theoretisch-programmatischen Schriften des frühen Naturalismus Phil. Diss. München 1941

JOSEF HUNDT, Das Proletariat und die soziale Frage im Spiegel der naturalistischen Dichtung. (1884-1890). Phil. Diss. Rostock 1931

ERNST JOHANN, Die deutschen Buchverlage des Naturalismus und der Neuromantik. Weimar 1935. In: Sammelreihe Literatur und Leben. Lebensformen/ Menschengestaltung/Soziologie des Schrifttums. 7. Bd.

ERICH KALISCH, Der Gegensatz der Generationen in der Streitschriftenliteratur des deutschen Naturalismus. Phil. Diss. Berlin 1947

HELMUT KASTEN, Die Idee der Dichtung und des Dichters in den literarischen Theorien des sogenannten „Deutschen Naturalismus" (Bleibtreu, Conradi, Holz). Phil. Diss. Königsberg 1938

GEORG LUKACS, Deutsche Literatur im Zeitalter des Imperialismus. Berlin 1946. Neu in: Skizze einer Geschichte der neueren deutschen Literatur. Berlin 1953

MARGOT LINDEMANN, Studien und Interpretationen zur Prosa des deutschen Naturalismus. Phil. Diss. Münster 1956

LUDWIG NIEMANN, Soziologie des naturalistischen Romans. Phil. Diss 1932. Germanische Studien 148, Berlin 1934

LOTTE RAUSCH, Die Gestalt des Künstlers in der Dichtung des Naturalismus. Phil. Diss. Gießen 1931

HANS RÖHL, Der Naturalismus. Ein Überblick über die literarische Bewegung in Deutschland gegen Ende des 19. Jahrhunderts Leipzig 1927. Deutschkundliche Bücherei Bd. 27

ALBERT SOERGEL/CURT HOHOFF, Dichtung und Dichter der Zeit. 1. Bd. Vom Naturalismus bis zur Gegenwart. Düsseldorf 1961

WOLFGANG STAMMLER, Deutsche Literatur vom Naturalismus bis zur Gegenwart. Breslau 1924

DIETER SCHICKLING, Interpretationen zur Entwicklung und geistesgeschichtlichen Stellung des Werkes von Arno Holz Phil. Diss. Tübingen 1965

ROBERT SCHLISMANN, Beiträge zur Geschichte und Kritik des Naturalismus. Phil. Diss. 1903

CURT TILLMANN, Die Zeitschriften der Gebrüder Hart. Phil. Diss. München 1923/24

Schriften zur geistigen und gesellschaftlichen Lage der Zeit

JULIUS BAB, Das Theater der Gegenwart, Leipzig 1928

WALTER BENJAMIN, Das Kunstwerk im Zeitalter seiner technischen Reproduzierbarkeit. In: Schriften Bd. 1, Frankfurt 1955

OTTO V. LEIXNER, Soziale Briefe aus Berlin 1888—1891. Mit besonderer Berücksichtigung der sozialdemokratischen Strömungen. Berlin 1891

SAMUEL LUBLINSKI, Die Bilanz der Moderne. Berlin 1904
— Der Ausgang der Moderne. Ein Buch der Opposition. Dresden 1909
MAX NORDAU, Die conventionellen Lügen der Kulturmenschheit. 17. Auflage Leipzig 1899
— Entartung. 2. Aufl. Berlin 1893
HELMUTH PLESSNER, Die verspätete Nation. Stuttgart 1959
HARRY PROSS, Literatur und Politik. Freiburg 1963
HANS WILHELM ROSENHAUPT, Der deutsche Dichter um die Jahrhundertwende und seine Abgelöstheit von der Gesellschaft. Diss. Bern 1939
THEODOR SCHIEDER, Das deutsche Kaiserreich von 1871 als Nationalstaat. Bd. 2o der wiss. Abhandlungen der Arbeitsgemeinschaft für Forschung des Landes Nordrh. Westf. Köln Opladen
LEVIN L.SCHÜCKING, Soziologie der literarischen Geschmacksbildung. 3. neubearb. Aufl. Bern 1961. Dalp Taschenbücher Bd. 354
KLAUS ZIEGLER, Das Deutsche Drama der Neuzeit. In: Deutsche Philologie im Aufriss. Bd. II. Berlin 1954.

Schriften zur Untersuchungsmethode

P.J.BOUMAN, Einführung in die Soziologie. 2. neubearb. Aufl. Stuttgart 1960
LEWIS COSER, The Functions of Social Conflict. London 1956
HANS NORBERT FÜGEN, Die Hauptrichtungen der Literatursoziologie und Untersuchungen zu ihrer Methode. Ein Beitrag zur literatursoziologischen Theorie. Phil. Diss. Mainz 1962
THEODOR GEIGER, Aufgaben und Stellung der Intelligenz in der Gesellschaft. Stutgart 1949
HANS JÜRGEN HAFERKORN, Der freie Schriftsteller. Phil Diss. Göttingen 1959. In: Börsenblatt für den Deutschen Buchhandel 19. Jg. Frankfurt 1963
PETER R. HOFSTÄTTER, Einführung in die Sozialpsychologie. 2. Aufl. Stuttgart 1959
GEORG CASPAR HOMANS, Theorie der sozialen Gruppen. Köln u. Opladen 1960
LEO LÖWENTHAL, Literatur und Gesellschaft. Neuwied 1964
BRUCE. A. WATSON, Kunst, Künstler und soziale Kontrolle. Köln Opladen 1960
Handbuch der Soziologie. Hrsg. v. Werner Ziegenfuß. Stuttgart 1956
Handwörterbuch der Soziologie. Hrsg. v. Alfred Vierkandt. Stuttgart 1959

Literaturgeschichten und Nachschlagewerke

ERNST ALKER, Die deutsche Literatur im 19. Jahrhundert (1832—1914). 2. verändt. u. verb. Aufl. Stuttgart 1962
ALFRED BIESE, Deutsche Literaturgeschichte, 3. Bd. Von Hebbel bis zur Gegenwart. 5. Aufl. München 1913

HEINZ O. BURGER, Die Zeit Nietzsches — Reifejahre Fontanes und HANS SCHWERTE, Der Weg ins 20. Jahrhundert. Der Neue Ansatz 1889—1895. In Annalen der deutschen Literatur. Hrsg. von H. O. Burger. Stuttgart 1952.

PAUL FECHTER, Geschichte der Deutschen Literatur. Vom Naturalismus bis zur Literatur des Unwirklichen. Leipzig 1938. 3. Bd. d. 5. Aufl. der Gesch. d. dt. Lit. von Vogt und Koch.

PAUL HANKAMER, Deutsche Literaturgeschichte 1930.

RUPPRECHT LEPPLA, Naturalismus. In Merker Stammler, Reallexikon der deutschen Literaturgeschichte. 2. Bd. 2. Aufl. Berlin 1965.

WERNER MAHRHOLZ, Deutsche Literatur der Gegenwart. Probleme — Ergebnisse — Gestalten. Berlin 1930.

FRITZ MARTINI, Deutsche Literaturgeschichte von den Anfängen bis zur Gegenwart. 3. Aufl., Stuttgart 1951.

WALTER MUSCHG, Tragische Literaturgeschichte. 2. erw. Aufl 1953.

HANS NAUMANN, Die deutsche Dichtung der Gegenwart. 1885—1923. Stuttgart 1923

ROBERT RIEMANN, Von Goethe bis zum Expressionismus. Dichtung und Geistesleben Deutschlands seit 1800. 3. völlig umgearbeitete Auflg. des: Neunzehntes Jahrhundert der deutschen Literatur. Leipzig 1922

FRITZ SCHLAWE, Literarische Zeitschriften 1885—1910. Stuttgart 1961

OSKAR WALZEL, Die deutsche Literatur von Goethes Tod bis zur Gegenwart. Mit einer Bibliographie von Josef Körner. 5. Aufl. Berlin 1929

JULIUS WIEGAND, Geschichte der deutschen Dichtung nach Gedanken, Stoffen und Formen. 2. Aufl. , Köln 1928

Gruppen-name	Hartkreis	Bund der Lebendigen	Würzburger Bräu	Verein Durch	Ethischer Club	Geniekonvent	Freie Bühne
Gruppen-form	offene Teil-nehmerzahl	feste Teilneh-merzahl	offene Teilneh-merzahl	fester Teilneh-merkreis und Gäste	offener Teil-nehmerkreis	offener Teil-nehmerkreis	fester aktiv offener pass Teilnehmerkr
Gruppen-charakter	lockerer privater Freundes-kreis	lockerer pri-vater Freun-deskreis	lockerer pri-vater Litera-tenkreis	öffentlich be-kannter Lite-ratenkreis	lockerer pri-vater Litera-tenkreis	lockerer privater Literaten-kreis	Projektgebu dener Inter essentenkre
Gruppen-satzung	ohne Satzung	ohne Satzung	ohne Satzung	ohne Satzung, jedoch poli-zeilich ge-meldet	ohne Satzung	ohne Satzung	mit Satzung polizeilich meldet,öffer lich bekannt
Gruppen-leitung	führend: beide Harts		führend: Bleibtreu	Vorsitz Kon-rad Küster Leo Berg Eugen Wolff	führend: Wille	Führend: Wille	Vorsitz Otto Brahm
Gruppen-ziele	gegenseiti-ge Anregung Diskussion Hilfe-leistung	gegenseiti-ge Anregung Diskussion Hilfe-leistung	gegenseitige Anregung Dis-kussion Be-ziehungen Be-kanntschaften	gegenseitige Anregung Dis-kussion Vor-träge nat. Ideen	gegenseitige Anregung Dis-kussion über vorwiegend soz. Probleme	gegenseiti-ge Anregung Diskussion über lit. und soz. Probleme Dichterle-sungen	Aufführung n turalistisch Theaterstück
Gruppen-publi-kation	Mod. Dichter-charaktere (1885)Berl. b.Mappe (1886)	Faschings-brevier f. das Jahr 1885 u. 86	keine	keine	keine lite-rarischen	keine	keine
Gruppen-organ	Berliner Monatshefte (1885)	keins	keins	Lit.Volkshef-te, Akadem. Zeitschr.Magaz. d.In-u.Ausl.	keins	keins	Zeitschrift Freie Bühne
Treff-punkt	Privatwoh-nung	Studenten-buden	Wirtshaus Stammlokal	Stammlokal	Stammlokal	unbekannt, wahrschein-lich Stamm-lokal	Lessingthea geschlossene Vorst. Stamm lokal
Treff-zeit	täglich ohne Regel	mindestens einmal wö-chentlich	mehrere Aben-de in der Woche	einmal wö-chentlich freitags	einmal wö-chentlich	wahrschein-lich einmal wöchentlich	zehnmal jähr lich. Sonnts vormittags

e literarische esellschaft	Zeitschrift Freie Bühne	Deutsche Bühne	Freie Volksbühne	Friedrichshagen	Neue Freie Volksbühne
er Mitglieder- ⸱s und Gäste	offener Mitarbeiterkreis	fester Teilnehmerkern, offener passiver Mitgliederkreis	fester aktiver Teilnehmerkern, offener passiver Mitgliederkreis	fester Teilnehmerkreis und Gäste	fester aktiver Teilnehmerkern, offener passiver Mitgliederkreis
⸱ektgebundener ⸱ressenten- ⸱s	entfällt	Projektgebundener Interessentenkreis	Projektgebundener Interessentenkreis	lockerer privater Freundes- und Literatenkreis	entfällt
⸱Satzungen ⸱zeilich ge- ⸱et	mit Satzung	mit Satzung öffentlich bekannter polizeilich gemeldeter Verein	mit Satzung öffentlich bekannter polizeilich gemeldeter Verein	ohne Satzung	mit Satzung öffentlich bekannter, polizeilich gemeldeter Verein
⸱itz 1891 H. ⸱, G. Karpeles Paul Dobert ⸱resdner	führend 1890 O. Brahm (Paul Schlenther) 1891 W. Bölsche, O. Brahm 1893 J. Hart	führend Bleibtreu Alberti	Vorsitz B. Wille später Franz Mehring		Vorsitz anfangs B. Wille
⸱reitung zeit- ⸱ssischer Wer- ⸱urch öffent- ⸱e Versamml. Vorträge, ⸱iothek mod. ⸱ratur zwang- Veröffent- ⸱ungen des ⸱ins	Veröffentlichung nat. Dichtung und Theorie	Aufführungen deutscher naturalistischer Dramen	Aufführungen moderner und historischer sozialkritischer Dramen zur Bildung des Proletariats	gegenseitige Anregung Diskussion Dichterlesungen gemeinsame Interessenförderung	Aufführungen moderner und historischer sozialkritischer Dramen
⸱kannt	entfällt	keine	keine	keine	entfällt
⸱zin für die ⸱ratur des ⸱und Auslan-	entfällt	keins	Zeitschrift Freie Volksbühne? Zeitschr. Freie B. Magazin f.d.L.d.I.u.A.	Zeitschrift Freie B. und viele andere Organe	Zeitschrift Freie Volksbühne
⸱ne Räume, ⸱ Körner- ⸱ße 2	Geschäftsstelle	Thomastheater Geschäftsstelle	Ostendtheater geschlossene Vorstellung	Privatwohnungen freie Natur Gasthäuser	Bell-Alliance-Theater geschlossene Vorstellungen
⸱ Verein- ⸱ag Benutzung ⸱Vereinsräume ⸱ahl	erschien monatlich	überhaupt nur sechs Vorstellungen	monatlich einmal sonntags	völlig willkürlich sehr häufig	monatlich einmal sonntags

Name	Geburt	Beruf des Vaters	eigene Ausbildung und Beruf	Hartkreis	Bund der Lebendigen	Würzburger Bräu	Ver Dur
Wilhelm Arent	1864	fürstlich Wittgenstein.Forstm.	Schauspieler Schriftsteller	1883 - 86			
Hermann Conrady	1862	Kaufmann	stud.phil.Schriftst.	1884 - 86	1884-86	1885	
Heinrich Hart	1855	Beamter	stud.phil.Dr.phil Redakteur,Schriftst.	1881 - 86		1885	1886
Julius Hart	1859	Beamter	stud.phil.Redakteur Schriftsteller	1881 - 86		1885	1886
Otto E. Hartleben	1864	unbekannt	stud.jur. Jurist, Schriftsteller	1885 - 86			
Karl Henckell	1864	Kaufmann	stud.phil. Schriftsteller	mit Unterbr. 1883 - 85		1885	
Peter Hille	1854	Lehrer	Schriftsteller	1881 - 86			
Arno Holz	1863	Apotheker	Schriftsteller	mit Unterbr. 1884 - 85	1885-86		1886
Oskar Linke	1854	unbekannt	Dr. phil. Schriftsteller	1881 - 86			ca. (1886
Johannes Schlaf	1862	Kaufmann	stud.phil. Schriftsteller	1885 - 86	1885-86		ca. 1886
John H. Mackay	1864	unbekannt	stud.phil. Schriftsteller		1885-86		1886
Karl Bleibtreu	1859	Maler	Redakteur Schriftsteller			1885	
O. Fleischer	unbek.	unbekannt	unbekannt			1885	
Hans Herrig	1845	unbekannt	Schriftsteller	?		1885	
Max Kretzer	1854	Gastwirt	Schriftsteller			1885	
Paul Ackermann	unbek.	unbekannt	Buchhändler				1886
Leo Berg	1862	unbekannt	Kritiker,Journalist Schriftsteller				1886
Wilhelm Bölsche	1861	Journalist	Schriftsteller stud.phil. et nat.				1887
Paul Dunckmann	unbek.	unbekannt	Schriftsteller				1886
Paul Ernst	1866	Pochsteiger	stud.theol.et phil. Dr.phil. Schriftst.				1886
Adalbert von Hanstein	1861	Prof. f. Botanik	stud.nat.et phil. Dr.phil. Schriftst.				1886
Ferdinand Hart	unbek.	unbekannt	unbekannt				1886
August Hattler	unbek.	unbekannt	unbekannt				1886
Gerhart Hauptmann	1862	Gastwirt	Schriftsteller				1887
Rudolf Lenz	1863	unbekannt	Dr.phil. Schriftsteller				1886
Oscar Münzer (Paris)	unbek.	unbekannt	unbekannt				1886
Gustav Schmidt (H. Fabril)	unbek.	unbekannt	unbekannt				1886
Gustav H. Stetter	unbek.	unbekannt	unbekannt				1886
Conrad Küster	1842	unbekannt	Dr.med.prakt.Arzt Schriftsteller				1886
Julius Türk	unbek.	unbekannt	Schauspieler Kaufmann				1886
Adolf Waldauer	unbek.	unbekannt	unbekannt				
Bruno Wille	1860	Versich.Beamter	stud.theol.et phil. Dr.phil. Schriftst.				188
Eugen Wolff	1863	unbekannt	Liter. Historiker Dr.phil. Schriftst.				188
Conrad Alberti	1862	unbekannt	stud.phil.Schriftst. Schausp. Journal.				

scher ub	Genie Konvent	Verein Fr. Bühne	Freie lit. Gesellschaft	Zeitschr. Fr.Bühne	Deutsche Bühne	Freie Volksbühne	Friedrichshagen	N.F.V-Bühne
				189o-?				
88	1888	1889-1895	189C-?	1891-93		1890-92	1890-1898	1892- ?
88	1888	1889-1895	1890-?	1890-93		1890-92	1890-1898	1892 - ?
			1890-?	1891		1890-92	1890-?(Gast)	1892 - ?
							1890-?(Gast)	
			1890-?	1890			1890-?(Gast)	
							1890-?(Gast)	
				1890				
				1892		1890 - ?	1890-?(Gast)	
					1890			
			1890-?					
388	1888		1890	1890-?		1890-92	1890 - ?	1892 - ?
				1890			1890-?(Gast)	
388								1892
		1889-95		1890			(1886 Erkner) 1890	
						1890		
1888	1888			1890 - ?		1890-92	1890 - ?	1892-1905
1888					1890			

Name	Geburt	Beruf des Vaters	eigene Ausbildung und Beruf	Hartkreis	Bund der Lebendigen	Würzburger Bräu	Ve... Du...
Richard Dehmel	1863	Förster	Versicherungsjurist Schriftsteller				
von Gizycki	unbek.	unbekannt	unbekannt				
Franz Oppenheimer	1864	unbekannt	Dr.med. Arzt Schriftsteller				
Wilhelm von Polenz	1861	Klostervogt Kammerherr	Schriftsteller				
Max Stempel	1857	Redakteur	unbekannt				
Ernst von Wolzogen	1855	Intend. des Schwer.Hofthea.	stud.phil. Schriftsteller				
Georg Zimmermann	unbek.	unbekannt	unbekannt				
Otto Brahm	1856	Kaufmann	Dr.phil.Banklehre Lit.hist. Intendant				
Samuel Fischer	1859	unbekannt	Verlagsbuchhändler				
Ludwig Fulda	1862	unbekannt	Dr. phil. Schriftsteller				
Maximilian Harden	1861	Kaufmann	Schauspieler, Kritiker, Schriftst.				
Paul Jonas	unbek.	unbekannt	Rechtsanwalt				
Fritz Mauthner	1849	unbekannt	Jurist, Redakteur Schriftsteller				
Paul Schlenther	1854	unbekannt	Dr.phil., Theater-kritik., Schriftst.				
Julius Stettenheim	1831	unbekannt	Schriftsteller				
Stockhausen	unbek.	unbekannt	Theateragent				
Theodor Wolff	1868	unbekannt	Theaterkritiker Redakteur				
Paul Dobert	1860	unbekannt	Redakteur				
Josef Herzfeld	1853	unbekannt	Dr.jur. Jurist				
Hermann Bahr	1863	Jurist ?	stud.jur.et phil. Schriftsteller				
Franz Held	1862	unbekannt	stud.jur.et phil. Schriftsteller				
Gustav Karpeles	1848	unbekannt	Redakteur, Schriftsteller				
Otto von Leixner	1847	unbekannt	Dr.phil.Redakteur				
Otto Neumann-Hofer	1857	unbekannt	Theaterkritiker Redakteur				
Emanuel Reicher	1849	unbekannt	Schauspieler				
Heinz Tovote	1864	unbekannt	stud.phil.Schriftst.				
Fedor von Zobeltitz	1857	unbekannt	Schriftsteller				
Arthur Braußneck	185?	unbekannt	Schauspieler				
Otto Julius Bierbaum	1865	unbekannt	stud.phil.et jur. Schriftsteller				
Albert Dresdner	1866	unbekannt	Dr.phil.Schriftst.				
Felix Lehmann	unbek.	unbekannt	unbekannt				
Iven Kruse	1865	unbekannt	Redakteur Schriftsteller				
Hermann Heiberg	1840	unbekannt	Schriftsteller				
Ulrich Kracht	unbek.	unbekannt	unbekannt				
Detlev von Liliencron	1844	Gutsbesitzer	Schriftsteller				
Bernhard Mänicke	unbek.	unbekannt	unbekannt				
Curt Baake	unbek.	unbekannt	unbekannt				
Willi Bach	unbek.	unbekannt	Gewerbegerichts-berichterstatter				

...scher ...ub	Genie Konvent	Verein Fr. Bühne	Freie lit. Gesellschaft	Zeitschr. Fr.Bühne	Deutsche Bühne	Freie Volksbühne	Friedrichshagen	N.F.V-Bühne
1888				1890 - ?				
1888								
1888								
1888							1890-?(Gast)	1892- ?
1888			1890- ?				1890-?(Gast)	1892- ?
		1889-1895		1890 - ?		1890-92		
		1889-95						
		1889-95						
		1889						1892- ?
		1889-95						
		1889-95	1892 - ?					1892- ?
		1889-95		1890 - ?				
		1889-95						
		1889						
		1889						
			1892					
			1890					
			1890-?	1890				
			1890					
			1890					
			1890 ?					
			1890 ?					
			1892					
			1890 ?					
			1890 ?					
			1892					
				1890				
			1892					
			1892					
				1890				
			1892					
			1892					
				1890				
						1890 - ?		
						1890 - ?		1892

Name	Geburt	Beruf des Vaters	eigene Ausbildung und Beruf	Hartkreis	Bund der Lebendigen	Würzburger Bräu	Vere Durc
Bernhard Kampffmeyer	unbek.	unbekannt	unbekannt				
Richard Bajinski	unbek.	unbekannt	unbekannt				
Paul Kampffmeyer	1864	unbekannt	Schriftsteller				
Conrad Schmidt	unbek.	unbekannt	unbekannt				
Franz Mehring	1846	unbekannt	Dr.phil. Kritiker Schriftsteller				
Heinrich Wibker	unbek.	unbekannt	Buchbinder-Händler				
Carl Wildberger	unbek.	unbekannt	Tapezierer				
Hanns von Gumppenberg	1866	unbekannt	Dramatiker, Schriftsteller				
(H. Höppener) Fidus	1868	unbekannt	Maler,Bildhauer				
Cäsar Flaischlen	1864	unbekannt	Dr.phil.Schriftst.				
Philipp Franck	1860	unbekannt	Maler, Radierer				
Benedikt Friedländer	1866	unbekannt	Dr.phil.Naturwissen- schaftl.,Nat.ökonom				
Arne Garborg	1851	unbekannt	Schriftsteller				
Hulda Garborg	unbek.	unbekannt	Schriftsteller				
Max Halbe	1865	Gutsbesitzer	Dr.phil.Schriftst.				
Ola Hansson	1860	unbekannt	Schriftsteller				
Laura Marholm	unbek.	unbekannt	Schriftsteller				
Wilhelm Hegeler	1870	unbekannt	stud.phil.Schriftst.				
Herm Hendrich	1856	unbekannt	Maler				
Georg Hirschfeld	1873	unbekannt	Kaufm. Lehre Schriftsteller				
Felix Holländer	1867	unbekannt	Schriftsteller				
Walter Leistikow	1865	unbekannt	Maler				
Meyer-Förster	1862	unbekannt	Schriftsteller				
Wilhelm von Spohr	unbek.	unbekannt	unbekannt				
Frank Wedekind	1864	unbekannt	Schriftsteller Schausp. Dramat.				
Gustav Landauer	unbek.	unbekannt	unbekannt				
Leopold Schönhoff	unbek.	unbekannt	unbekannt				
Werner	unbek.	unbekannt	Buchdrucker				
Emil Lessing	unbek.	unbekannt	Regisseur				
Victor Holländer	unbek.	unbekannt	Kapellmeister				

ischer lub	Genie Konvent	Verein Fr. Bühne	Freie lit. Gesellschaft	Zeitschr. Fr.Bühne	Deutsche Bühne	Freie Volksbühne	Friedrichshagen	N.F.V-Bühne
						1890-92	1890-98	1892- ?
								1892
						1890-92	1890-98	1892 - ?
								1892 - ?
						1892 - ?		
						- ?		
						1890 - ?		1892
							1892 - ?	
							1890 ?	
							1892 - ?	
							1890 ?	
							1890 ?	
							1890 ?	
							1890 ? (Gast)	1892
							1890-?	1890 - ? (Gast)
							1890 ?	
							1890 ?	1892
							1890 ?	1892
							1890 ?	
							1890 ?	
							1890 ?	
							1890 ?	
							1890 - ?	
							1890 - ?	
								1892 - ?
								1892 - ?
								1892 - ?

HANS-DIETER BALSER
Das Problem des Nihilismus im Werke Gottfried Benns
2. verb. u. erw. Aufl. 1970, X, 253 S., kart. DM 33,–; ISBN 3 416 00304 7
Abhandlungen zur Kunst-, Musik- und Literaturwissenschaft, Band 29

BODO BLEINAGEL
Absolute Prosa – Ihre Konzeption und Realisierung bei Gottfried Benn
1969, VIII, 115 S. kart. DM 15,80; ISBN 3 416 00577 5
Abhandlungen zur Kunst-, Musik- und Literaturwissenschaft, Band 62
Diese Studie versucht, den Streit um Gottfried Benn in das Werk selbst als dessen Prinzip
hineinzuverlegen und das Werk vom fundamentalen Begriff der Ambivalenz her zu verstehen.
Am Beispiel der späten Prosa wird die von Benn selber vorgenommene Einordnung in eine
durch Carl Einsteins ,,Bebuquin" und André Gides ,,Pauludes" bezeichnete Tradition der
,absoluten Prosa' überprüft und vom Ergebnis der Diskussion her eine geistesgeschichtliche
Einordnung des Spätwerks (,,Roman des Phänotyp", ,,Der Ptolemäer") versucht.

CHRISTINE COSENTINO
Tierbilder in der Lyrik des Expressionismus
1972, 192 S. kart. DM 26,50; ISBN 3 416 00841 3
Abhandlungen zur Kunst-, Musik- und Literaturwissenschaft, Band 119
Die vorliegende Untersuchung definiert expressionistische Tierdichtung als die Projektion
einer inneren Welt, die völlig frei mit dem Phänomen ,Tier' schaltet und waltet. Das Tier
wird nicht um seiner selbst willen, als Eigenwesen, gestaltet, sondern es dient als Bildfassade
für Seelen- und Bewußtseinsprojektionen der Sichtbarmachung innerer Lagen. Beispiele
dafür bergen die Dichtungen Heyms und Trakls.
Neben dieser Expression ,abwärtsgerichteter Gefühle' steht eine Gestaltung, die im Animali-
schen die Quelle utopischer Bewußtseinslagen sieht, die der Projektion eines neuen Menschen-
bildes dienen, wie etwa bei Toller, Trakl, Werfel und Benn.
Diesen Untersuchungen vorangestellt ist eine Betrachtung der Tierbilder des ,,Zarathustra",
da sich der antithetische Kontrasttypus von Positivem und Negativem bereits bei Nietzsche
vorgeprägt findet. Insgesamt ergibt die Untersuchung: im Tierbild erkennt und gestaltet der
gefährdete Mensch sich selbst.

CHRISTOPH EYKMAN
Die Funktion des Häßlichen in der Lyrik Georg Heyms, Georg Trakls und Gottfried Benns.
Zur Krise der Wirklichkeitserfahrung im deutschen Expressionismus
2. verb. Aufl. 1969, 306 S., kart. DM 36,– (Neuaufl. in Vorb.); ISBN 3 416 00319 5
Bonner Arbeiten zur deutschen Literatur, Band 11

MARTIN GLAUBRECHT
Studien zum Frühwerk Leonhard Franks
1965, 230 S., kart. DM 28,50; ISBN 3 416 00328 4
Abhandlungen zur Kunst-, Musik- und Literaturwissenschaft, Band 34

BOUVIER VERLAG HERBERT GRUNDMANN · BONN

NORBERT HOPSTER
Das Frühwerk Johannes R. Bechers
1969, VIII, 124 S., kart. DM 18,—; ISBN 3 416 00622 4
Abhandlungen zur Kunst-, Musik- und Literaturwissenschaft, Band 78

ANGELIKA KOCH
Die Bedeutung des Spiels bei Else Lasker-Schüler im Rahmen von Expressionismus und Manierismus
1971, VI, 100 S., kart. DM 15,—; ISBN 3 416 00714 X
Abhandlungen zur Kunst-, Musik- und Literaturwissenschaft, Band 107
Auf den entscheidenen Begriff in Else Lasker-Schülers Werk, den des Spiels, von der Forschung bisher übergangen oder einfach als Flucht in die Kindheit gedeutet, wird in der vorliegenden Arbeit der Hauptakzent gelegt. Da dieser Begriff zugleich ein zentraler des Manierismus ist, muß nach einer Analyse des Manierismus untersucht werden, inwieweit in Else-Lasker-Schülers Werk manieristische Elemente Platz haben.

WOLFGANG KORT
Alfred Döblin. Das Bild des Menschen in seinen Romanen
1970, X, 149 S., kart. DM 22,—; ISBN 3 416 00692 5
Studien zur Germanistik, Anglistik und Komparatistik, Band 8

KLAUS MÜLLER-SALGET
Alfred Döblin. Werk und Entwicklung mit der bisher umfassendsten Döblin-Bibliographie
1972, XVI, 516 S., kart. DM 77,—; ISBN 3 416 00632 1
Bonner Arbeiten zur deutschen Literatur, Band 22
Die vorliegende Monographie behandelt das Gesamtwerk Döblins und verfolgt das Ziel, dem landläufigen Vorurteil vom letzlich nicht faßbaren „Proteus" Döblin ein Bild seiner wahren geistigen und künstlerischen Entwicklung entgegenzusetzen. Als Zentral- und Umschlagspunkt dieser Entwicklung erweist sich Döblins philosophischer Naturalismus, der die Periode von 1924 bis 1939 beherrscht.
Die Untersuchung der theoretischen Schriften bildet den Hintergrund für umfangreiche Interpretationen der Dichtungen, namentlich des Frühwerks und der großen Romane. Ausführlich wird der Zusammenhang zwischen Döblins naturphilosophischen Erwägungen, seiner Romantheorie und seinen Erzählformen behandelt. In steter Auseinandersetzung mit der bisherigen Forschung entwickelt der Autor grundlegende Deutungen der Romane, vor allem des Hauptwerks „Berlin Alexanderplatz".
Die Untersuchung bringt sowohl ein neues umfassendes Bild des Dichters und Theoretikers Döblin als auch eine Fülle präziser Einzelinterpretationen. Den Anhang bildet die bisher umfangreichste und zuverlässigste Döblin-Bibliographie.

BOUVIER VERLAG HERBERT GRUNDMANN · BONN

VIVIEN PERKINS
Yvan Goll — An Iconographical Study of his Poetry
1970, VI, 198 S., kart. DM 18,—; ISBN 3 416 00674 7
Studien zur Germanistik, Anglistik und Komparatistik, Band 5

WALTER RIEDEL
Der neue Mensch — Mythos und Wirklichkeit
1970, 128 S., kart. DM 16,80; ISBN 3 416 00682 8
Studien zur Germanistik, Anglistik und Komparatistik, Band 6

ANNALISA VIVIANI
Dramaturgische Elemente des expressionistischen Dramas
1970, VIII, 187 S., kart. DM 24,—; ISBN 3 416 00672 0
Bonner Arbeiten zur deutschen Literatur, Band 21

MONIQUE WEYEMBERGH-BOUSSART
Alfred Döblin. Seine Religiosität in Persönlichkeit und Werk.
1970, XIV, 426 S., kart. DM 56,—; ISBN 3 416 00613 5
Abhandlungen zur Kunst-, Musik- und Literaturwissenschaft, Band 76

JÜRGEN ZIEGLER
Form und Subjektivität im frühen Expressionismus. Untersuchungen zur Gedichtsstruktur
Georg Heyms, van Hoddis' und Johannes R. Bechers
1972, VIII, 243 S., kart. DM 34,—; ISBN 3 416 00871 5
Abhandlungen zur Kunst-, Musik- und Literaturwissenschaft, Band 125
Zu den wichtigsten Ergebnissen dieser Untersuchung gehört die Einsicht, daß die poetischen
Verfahrensweisen frühexpressionistischer Lyrik mit Begriffen wie „Ausdruckskunst",
„Formenzertrümmerung", „Dynamik" nur unzureichend erfaßt werden können. Dies zeigt
schon der Widerspruch, der zwischen der in diesen Begriffen enthaltenen, dem Expressionismus selbst entstammenden Programmatik und der formalen Regelmäßigkeit vieler Gedichte
besteht. Diese Erscheinung macht der Verfasser zum Ausgangspunkt eingehender Struktur-
analysen und gewinnt damit zahlreiche neue Einsichten in das lyrische Werk Heyms, Bechers
und van Hoddis'. Darüber hinaus aber zeigt er die Möglichkeit, die frühexpressionistischen
Gedichte als Ausdruck einer durch technische Produktion gewandelten Wahrnehmungs-
weise zu interpretieren.

BOUVIER VERLAG HERBERT GRUNDMANN · BONN